CHEFIAR,
Simples Assim!...

Mário Donadio

CHEFIAR,
Simples Assim!...

QUALITYMARK

Copyright© 2011 by Mário Donadio

Todos os direitos desta edição reservados à Qualitymark Editora Ltda.
É proibida a duplicação ou reprodução deste volume, ou parte do mesmo,
sob qualquer meio, sem autorização expressa da Editora.

Direção Editorial	Produção Editorial
SAIDUL RAHMAN MAHOMED editor@qualitymark.com.br	EQUIPE QUALITYMARK

Capa	Editoração Eletrônica
RENATO MARTINS Artes & Artistas	ARAUJO EDITORAÇÃO

CIP-Brasil. Catalogação-na-fonte
Sindicato Nacional dos Editores de Livros, RJ

D732c

Donadio, Mário

Chefiar, simples assim!... / Mário Donadio – Rio de Janeiro : Qualitymark Editora, 2011.
240p.; 23cm

ISBN 978-85-7303-022-8

1. Liderança. 2. Profissões – Desenvolvimento. 3. Administração de pessoal.
I. Título.

11-4632

CDD: 658.4092
CDU: 005.322:316.46

2011
IMPRESSO NO BRASIL

Qualitymark Editora Ltda.
Rua Teixeira Júnior, 441
São Cristóvão
20921-405 – Rio de Janeiro – RJ
Tel.: (0XX21) 3094-8400/3295-9800

Fax: (0XX21) 3295-9824
www.qualitymark.com.br
E-mail: quality@qualitymark.com.br
QualityPhone: 0800-0263311

Agradecimentos

Aos companheiros de jornada, presentes ou ausentes, de agora ou de antes, sempre amigos.

Agradeço as contribuições que deram, muitas vezes involuntariamente.

Suas impressões digitais estão em cada página do livro.

Adam Hammonay
Waldimas Galvão
que fazem uma falta danada...

e

Alfredo Moro
Cleia Menniti
Cristina Vecchio
Dorival Donadão
Durval Carrara
Eliana Sader
Elísio Ramos
Fausto Ferreira
Frank Bueno
Giovani Torres
José **Galvão**
Luiz Farias
Malu Gomes
Marcelo Galvão
Marinilza Silva
Moacir Nunes
Rodolpho Rocha
Tatiana Vernikoff
Teresa Vianna
Roberto **Tranjan**
Walmes Galvão
Antonio **Zuvela**

Mário Donadio

LIDERANÇA

Todas as teorias, todas as pesquisas, todas as ferramentas já foram descobertas, relatadas e colocadas em volumosos livros e teses acadêmicas. Assistindo a uma conferência com Peter Drucker ouvi:

> *"Tudo o que eu vou falar hoje eu repito há trinta anos, escrevi em dezenas de meus livros que vocês leram. Estão aqui porque concordam com minhas ideias. Então, eu pergunto: por que não aplicam?"*

Eu sei a resposta. Ser promovido a chefe é como cair no mar entre ondas revoltas: pressão dos subordinados, pressão dos clientes, pressão dos superiores, normas a cumprir, metas a conquistar, prazos incompatíveis com o volume das atividades.

Para um surfista, entretanto, quanto mais alta e revolta for a onda mais ele se entusiasma para entrar no mar e enfrentá-la. Foi com muitos tombos e persistência que ele aprendeu as habilidades fundamentais para surfar e com muito treino que desenvolveu as práticas para fazer as suas manobras radicais. *Simples assim!*

Quem já subiu em uma prancha sabe o vexame que passou na beira da praia. Não adiantaram os gritos entusiasmados e motivadores dos amigos. São como os artigos superficiais em suplementos de negócios dos jornais ou as exortações em livros ligeiros. O que dizem de fato é: *"Vai que você consegue!"* Não basta a decisão de entrar no mar, é preciso conhecer os fundamentos do esporte e quais práticas exercitar.

As ondas têm comportamentos decorrentes da intensidade e da direção dos ventos, posição da Lua e altura das marés. Equilibrar-se na prancha tem explicações nas teorias cinemáticas da física. A coragem para se atirar na direção de uma onda de dez metros de altura pode ser explicada pelos psicólogos. Os gurus escrevem livros de quinhentas páginas sobre fenômenos de liderança, explanando suas pesquisas testadas em empresas gigantes. Quase todas fora da realidade concreta e das necessidades objetivas do chefe.

Em décadas de trabalhos de consultoria em centenas de empresas aprendi que os chefes – coordenadores, supervisores, gerentes, diretores – pedem ajuda para conhecer quais são as habilidades fundamentais para serem bons líderes, quais práticas devem exercitar e o que fazer para contribuir para a estratégia da empresa.

Mário Donadio

CHEFIAR, SIMPLES ASSIM!...

Não querem e não têm tempo para ler todos os gurus e traduzir seus conceitos – que são ótimos e respeitáveis, não há dúvida – em *como fazer* no dia a dia do seu trabalho. Podem imaginar que seus problemas são únicos, pois não têm informação sobre casos semelhantes de seus colegas de outras empresas.

Este livro procura superar estes limites: apresenta os problemas típicos do cotidiano do chefe e os relaciona com a vida empresarial, apresenta casos da realidade do chefe brasileiro e sugere práticas para superá-los.

Os gurus não poderiam ficar de fora. Recortes de suas descobertas e teses são apresentados conforme fundamentam os temas dos capítulos.

Nos últimos meses, enquanto escrevia este livro, testei a pertinência das habilidades fundamentais e a praticidade das ferramentas em seminários e palestras para chefias de vários níveis em muitas empresas. Foram aprovadas com louvor. O mesmo aconteceu com os extratos teóricos. Provocaram indagações e vontade de se aprofundarem nas obras dos autores citados. Era o objetivo.

Foi sugestão dos chefes que eu fornecesse uma lista comentada de livros que eu recomendaria. Como toda lista, os livros relacionados na *Estante do Chefe* são os da minha preferência.

OBRIGADO
Cleia
Elísio
Fausto
Galvão
Malu
Marcelo
Walmes

Pedi sugestões ou entreguei cópia dos rascunhos de alguns capítulos para colegas consultores, experientes técnicos em suas especialidades. Suas informações ajudaram a selecionar o que era de fato essencial. Certas teorias para serem plenamente expostas ocupariam centenas de páginas, que os chefes não teriam tempo de ler e que fugiam ao escopo do livro de ser ferramenta de trabalho e não um texto acadêmico. Melhor que fossem beber diretamente na fonte.

Quando perguntei a líderes das áreas de RH, ouvi que suas expectativas eram sobre como deveriam ser planejados e realizados os treinamentos e desenvolvimentos para liderança. Eles acham, e eu concordo com eles, que nem todas as empresas tratam este estratégico nível de chefia com o mesmo cuidado dedicado aos altos níveis hierárquicos. Há um capítulo especialmente dedicado ao tema, inclusive com sugestões bibliográficas específicas.

Muito obrigado a todos e boa leitura!

Mário Donadio

Sítio do Esquilo, outono de 2011

Sumário

NAVEGAR NO LIVRO: MANUAL DO PROPRIETÁRIO 1
  Uma situação típica do dia a dia do chefe 1
  Causas e razões: a problemática 2
  Casos, histórias e exemplos 2
  O que dizem os gurus 2
  Receitas práticas 2
  Não prossiga sem saber disto 2

PARTE I:
HABILIDADES FUNDAMENTAIS DO LÍDER 3
  Estante do chefe 4

Capítulo 1: A VOCAÇÃO PARA LIDERAR 5
  Ser ou não ser chefe, eis a questão 5
  Você tem vocação para ser chefe? 6
  O técnico que não sabia que era líder 8
  Charan; Kurt Lewin; Drucker; Shein: valores do chefe 8
  Desenvolver valores e mudar as práticas 11
  Falso dilema: ser chefe ou ser líder 12

Capítulo 2: PERCEPÇÃO E LENTES GERENCIAIS 15
  O Gestor Saci chefia com uma perna só 15
  A profecia autorrealizável 16
  Quando cumprir metas não é tudo 16
  Likert; MacGregor: comportamentos e atitudes 18
  Contratar o desempenho, a primeira tarefa de um líder 21
  Quais desempenhos devem ser contratados 23

Capítulo 3: INTELIGÊNCIA E COMPETÊNCIA EMOCIONAL 25
  Ninguém é de ferro, uma hora estoura 25
  Impulsos do cérebro e do coração 26
  Tamanho não é documento, inteligência sim 27
  Gardner; Goleman; Salovey: fatores críticos além do
    conhecimento e da estratégia 28
  Aplicar cinco habilidades das competências emocionais 30
  Valores, crenças e inteligências: base das habilidades
    de chefia e liderança 32

Capítulo 4: MOTIVAÇÃO, PARTICIPAÇÃO E COMPROMISSO 33
   O dia da divulgação dos bônus por resultados 33
   O desempenho do chefe depende da vontade de trabalhar de seus subordinados 34
   É impossível contentar subordinados mal-agradecidos 34
   Maslow & Herzberg: ninguém motiva ninguém 35
   Dar significado ao trabalho dos subordinados 38
   Motivação não basta 41

Capítulo 5: DESEMPENHO, AVALIAÇÃO E POTENCIAL 43
   Garrafas ao mar com pedido de socorro 43
   Por que avaliar desempenho é essencial para o chefe 44
   Mudanças das competências essenciais 45
   Gary Hamel & C. K. Prahalad: aceita um CHA? 46
   Avaliar desempenho e estimar potencial 49
   A prática e a utilidade da avaliação do desempenho 51

Capítulo 6: MATURIDADE GRUPAL E ESTILOS DE LIDERANÇA 53
   Um dia como outro qualquer 53
   A caixa de ferramentas do chefe 54
   Não tratar todos igualmente, mas tratar desigualmente os desiguais 54
   Hersey & Blanchard; Black & Mouton: não basta ter estilo ... 56
   Superar metas e desenvolver competências 59
   Depois dos fundamentos e das habilidades, as práticas 63

PARTE II:
FERRAMENTAS E PRÁTICAS DE LIDERANÇA 65
   Estante do chefe 66

Capítulo 7: COMUNICAÇÃO, FEEDBACK E ASSERTIVIDADE 67
   Comunicação não é apenas tecnologia de informação 67
   Computação, doença infantil da comunicação 68
   As barreiras à comunicação em um processo de fusão de empresas 69
   Whitaker; Joseph Luft & Harry Ingham: feedback, feedforward, comunicação e relacionamento interpessoal 71

Ser assertivo e manter o bom relacionamento
   interpessoal 76
Feedback, assertividade e mudança 80

Capítulo 8: COACHING PARA MELHORAR DESEMPENHOS 81
Não dará tempo de esperar o treinamento 81
Mais além do feedback, diferente do treinamento 82
Se não souber a resposta, mude a pergunta 82
Dennis C. Kinlaw; Zeus, Perry & Skinffington Suzane:
   competências, desempenho e compromissos 84
Desenvolver competências através do coaching 86
Foco no desempenho e nas competências 88

Capítulo 9: ADMINISTRAÇÃO EFICAZ DE CONFLITOS 91
Conflitos, nem sempre como o chefe gostaria que
   fossem 91
Conflitos são inevitáveis na vida e nas empresas 92
Uma empresa única, onde não existiam conflitos 93
Thomas Kilmann & Likert: solução de conflitos 93
Administrar e solucionar conflitos 96
Conflito e negociação: muito diferentes, quase iguais 98

Capítulo 10: ESTRATÉGIAS E PRÁTICAS DE NEGOCIAÇÃO 99
A impossibilidade de ter tudo o que se quer na empresa 99
Os jogos que jogamos na empresa 100
Todos queriam ganhar tudo, até que um chefe perdeu
   a vida 101
Lewicik; Hian; Olander; Fisher; Ury; Patton: negociar
   é a solução 102
Negociar eficazmente na empresa e fora dela 105
Negociar com os próprios subordinados 107

Capítulo 11: GRUPOS, EQUIPES E TIMES EFICAZES 109
Não desista do trabalho em equipe 109
Por que muitos trabalhos em equipe fracassam 110
Trabalho em equipe é ótimo quando gera caixa 111
Katzenbach & Smith: grupo, equipe e time 112
Gerenciar eficazmente equipes e construir times 116
Times e delegação 118

Capítulo 12: TEMPO, DELEGAÇÃO E EMPOWERMENT 119
   A arte de trabalhar muito e produzir nada 119
   Falta de tempo não é falta de prioridades 120
   Um mau e perigoso exemplo de delegação 121
   Peter Block: delegação, parceria e empowerment 122
   Delegar: do controle, pela parceria, à autonomia 126
   Conhecer o caminho para chegar ao destino 129

Capítulo 13: REUNIÕES, PARTICIPAÇÃO E COMPROMISSO 131
   Socorro... outra reunião! 131
   A inutilidade das reuniões sem sentido 132
   O presidente que matava reuniões 133
   Pichón; Jay Hall; Doyle & Straus: qualidade,
      compromisso e aprendizado 135
   Conduzir reuniões motivadoras, úteis e produtivas 139
   Caminho para desenvolver competências estratégicas 142

PARTE III:
LÍDER PARCEIRO ESTRATÉGICO **143**
   Estante do chefe 144

Capítulo 14: ATITUDES DO CHEFE NA ESTRATÉGIA
      EMPRESARIAL 145
   Ser ou não estrategista, eis a questão 145
   Líder parceiro estratégico 146
   Novas estratégias, nova liderança: azar da concorrência 147
   Igor Ansoff; Michael Porter: estratégia empresarial,
      cadeia agregadora de valor 148
   Chefe: parceiro estratégico do negócio da empresa 150
   De chefe operacional a líder corporativo 153

Capítulo 15: METAS E OBJETIVOS ESTRATÉGICOS 155
   Chuta na área que o centroavante se vira! 155
   Por que muitos planos de metas não funcionam 156
   Chefes demitidos, empreendedores felizes 158
   Kaplan & Norton: integração e balanceamento
      de objetivos e metas 159
   Definir metas para otimizar o resultado global
      do negócio 162
   Sem processos as iniciativas não funcionam 166

Capítulo 16: QUALIDADE, METAS E PROCESSOS 167
    Quando o chefe de vendas não consegue vender 167
    A arte de fanatizar processos, irritar os chefes e perder clientes 168
    Nada mais ineficaz do que fazer eficientemente aquilo que não deveria ser feito 170
    Whiteley; Rocha & Albuquerque: sincronismo organizacional, processos, qualidade e clientes 172
    Shewart; Deming: kaizen e melhoria contínua 175
    Corrigir desvios operacionais e melhorar continuamente metas e processos 175
    Os quatorze princípios de Deming 178
    Não se atole nos processos, suba para projetos 179

Capítulo 17: O FATOR HUMANO NA GESTÃO DE PROJETOS 181
    Diga não ao impossível, planeje o possível 181
    O que significa gerenciar projetos 182
    A professora líder de projeto 183
    Guia PMBOK: planejamento e gestão de projetos 185
    Planejar e gerenciar projetos 187
    Concorra ao seu próprio cargo 191

Capítulo 18: MUDANÇA PESSOAL E ORGANIZACIONAL 193
    O caso do tablet novo 193
    Desculpe, um pouco de antropologia 194
    Por que mexer em time que está ganhando 196
    Prichard & Beckard; Kotter; John P.; Daryl R. Conner: tudo muda, tudo passará... 197
    Mudar a cultura e o clima 201
    Simples assim! 204

Capítulo 19: LÍDERES DE TREINAMENTO E DESENVOLVIMENTO 205
    Sorrir, sem deixar a peteca cair 205
    Chefe não é líder de segunda classe 206
    Bom, enquanto durou 208
    Paulo Freire; Ludojoski; Knowles: educar adultos 210
    Elaborar treinamentos que funcionam: sucesso de público e de crítica 212

Donadio: comunidade de aprendizagem fecundadora de lideranças 213
Transformar a empresa em celeiro de líderes 214
Ensinar os chefes a aprender 215
O líder é um instrutor e um parceiro de asas 220

NAVEGAR NO LIVRO: MANUAL DO PROPRIETÁRIO

Este livro foi escrito com a intenção primeira de ser prático. Será útil seja qual for a área da empresa onde você trabalhe, nível hierárquico que ocupe ou número de subordinados que tenha. O último capítulo é o único especializado: destina-se aos líderes dos programas de treinamento e desenvolvimento, visto a grande responsabilidade que têm na formação das demais lideranças.

Está organizado em três partes:

- **Parte I – Habilidades fundamentais do líder**
  Os valores de um líder são diferentes dos valores de um técnico. Tópicos sobre crenças e percepções que afetam a relação com os subordinados. Inteligências e competências emocionais. Motivação própria e dos subordinados. Avaliação de desempenho. Maturidade grupal.

- **Parte II – Ferramentas e práticas de liderança**
  Comunicação, feedback, assertividade. Conflitos e negociação. Liderança de equipes. Delegação e empowerment. Liderança de reuniões. Obtenção de compromisso.

- **Parte III – Líder parceiro estratégico**
  Pensar estrategicamente. Liderar para o resultado global do negócio. Qualidade dos processos, produtos e serviços. Liderar projetos. Liderar mudanças. Liderar treinamentos.

Pode ser lido do primeiro ao último capítulo se a intenção for adquirir conhecimento sistematizado sobre fundamentos, habilidades, práticas e ferramentas necessárias a um chefe e líder. Sua compreensão não será prejudicada se você tiver interesse em temas específicos de cada uma delas e alterar a ordem de leitura. Esta observação vale também para escolher um ou outro tópico dos dezenove capítulos.

Após o título de cada capítulo há algumas linhas introdutórias. Você decidirá se vale a pena ler o capítulo; talvez haja algo que o inquiete mais ou seja de seu interesse imediato. Prossiga a leitura ou procure outro capítulo e deixe este para depois. Se decidiu ler fique atento aos ícones e notas à margem para orientar sua navegação.

Uma situação típica do dia a dia do chefe

Problemas do cotidiano do chefe, situações que encontra e que deve enfrentar, sejam elas provocadas pelos subordinados, pelas políticas da empresa ou pela sua própria falta de habilidades. Será sempre uma das facetas com que o problema se apresenta e o tema será ampliado e explorado nos tópicos seguintes.

NOTAS À MARGEM

Ao lado dos tópicos e parágrafos serão encontradas notas que explicam termos, dão créditos aos autores dos conceitos explorados, citam bibliografia e outros comentários.

As margens grandes têm a finalidade também de dar espaço para suas próprias anotações. Faça isso!

Causas e razões: a problemática

Geralmente nenhum problema enfrentado pelo chefe tem uma só causa. Uma problemática é um conjunto de problemas relacionados, que envolvem múltiplas causas, múltiplas consequencias, muitas pessoas. Esta problemática antecipa os conceitos que serão aprofundados nos tópicos *O que dizem os gurus* e *Receitas práticas*.

Casos, histórias e exemplos

São relatadas situações reais enfrentadas pelos chefes em diferentes empresas. Os casos são todos verdadeiros. Cuidou-se de alterar nomes de empresas, circunstâncias e perfis das pessoas envolvidas. Ocorreram em empresas de vários países da América do Sul. Se você pensa que identificou a empresa tenha certeza de que está equivocado. As soluções que encontraram podem ser úteis como referências a serem seguidas ou não. O cuidado a se tomar é que são específicas e corretas naquelas situações únicas e não servem como modelos gerais.

O que dizem os gurus

Leia estes parágrafos caso se sinta com vontade de conhecer os conceitos e a fundamentação das teorias presentes nos capítulos. Embora tenha havido o cuidado de usar linguagem comum, muitas vezes o texto poderá aborrecer quem procura apenas ferramentas práticas. No início de cada uma das três partes há sugestões para a *Estante do Chefe*. São livros de leitura mínima para quem deseja se aprofundar nos tópicos abordados.

Receitas práticas

Você encontrará aqui gráficos, tabelas e roteiros que permitirão aplicar imediatamente as informações do capítulo para aperfeiçoar a sua atuação. Quando for útil, haverá breve instrumento de autoconhecimento que o ajudará a tomar decisões para desenvolver sua competência como chefe e líder.

Não prossiga sem saber disto

O conhecimento de soluções e das aplicações práticas traz sempre efeitos benéficos para a atuação do chefe e líder. Porém é insuficiente caso alguns cuidados não forem tomados. Encontram-se aqui alertas para as armadilhas mais comuns e informações sobre em quais capítulos do livro estes cuidados serão tratados.

PARTE I
HABILIDADES FUNDAMENTAIS DO LÍDER

- Superar comportamentos do técnico e adotar atitudes de chefe
- Contratar desempenho com os subordinados
- Aplicar as competências emocionais
- Dar significado ao trabalho dos subordinados
- Avaliar desempenho e estimar potencial
- Superar metas e desenvolver competências

Estante do chefe

DRUCKER, PETER
O MELHOR DE PETER DRUCKER – Nobel

O mais influente autor sobre liderança e administração. O conhecimento humano é criativo, participativo e transformador: forma, transforma e constitui a grande riqueza a ser multiplicada para o acesso de um número cada vez maior de pessoas.

CRÉDITOS AOS AUTORES e suas obras serão apresentados nas notas à margem. Alguns gurus são destaque pela influência que têm nas teorias sobre liderança, educação, antropologia. Muitos clássicos lamentavelmente não são mais encontrados nas livrarias; porém, a partir das referências, podem ser pesquisados em sites de busca na Internet. Nesta página estão listados os mais importantes como bases conceituais dos próximos capítulos sobre HABILIDADES FUNDAMENTAIS DO LÍDER

GOLEMAN, DANIEL
INTELIGÊNCIA EMOCIONAL – Objetiva

Trata questões da mente humana com argúcia e profundidade. Tradução de recentes descobertas neurológicas para pessoas não especialistas. Orienta novas propostas de aprendizado e liderança de pessoas.

McGREGOR, DOUGLAS
O LADO HUMANO DA EMPRESA – Martins Fontes

Fundamenta a tese de que o lado humano da empresa é um todo coerente. As percepções das chefias sobre seus subordinados influenciam a cultura da empresa e a qualidade de sucessivas gerações de líderes.

CHARAN, RAN; MAHLER, WALTER e DROTTER, STEPHEN
PIPELINE DE LIDERANÇA, O DESENVOLVIMENTO DE LÍDERES COMO DIFERENCIAL COMPETITIVO – Campus

O caminho de desenvolvimento de um verdadeiro líder passa por uma série de experiências variadas. Cada etapa do pipeline exige não só novas habilidades e conhecimentos, mas também mudanças na forma de pensar, agir e de encarar seu papel.

SCHAIN, EDGAR H.
CULTURA ORGANIZACIONAL E LIDERANÇA – Atlas

O papel crucial que os líderes exercem na aplicação bem-sucedida dos princípios da cultura para atingir metas organizacionais. Também enfrenta a questão de como uma cultura existente pode ser mudada – um dos desafios da liderança.

Capítulo 1
A VOCAÇÃO PARA LIDERAR

A vocação dos líderes, o salto a ser dado nas habilidades técnicas, uso do tempo e valores quando se é promovido a chefe. Como fazer para se motivar a utilizar as novas práticas, aprender novos significados e mudar as próprias atitudes. Declaração da filosofia de trabalho.

Ser ou não ser chefe, eis a questão

Chega um momento na carreira de uma pessoa no qual ela deve tomar uma decisão crucial. Esta palavra, do latim *cruciale*, tem sua origem em marcos, no formato de *cruzes*, colocados nas encruzilhadas que apontavam direções diferentes para se chegar a algum lugar. Na vida empresarial esta escolha está entre seguir uma carreira executiva ou continuar sendo um técnico cada vez mais qualificado. As empresas procuram evitar que bons empregados se desmotivem, quando não demonstram potencial de liderança, criando a chamada *carreira em Y*. O que ocorre na verdade é que o *braço técnico do Y* é bem mais curto do que o braço executivo. Os técnicos acabam encalhados em Y, com promoções dentro dos limites da função. Exceções são técnicos de competência extraordinária em suas especialidades. As áreas de recursos humanos inventam soluções criativas para mantê-los na empresa, por fora dos planos de carreiras e faixas salariais.

Os cargos mais promissores, em termos salariais e desenvolvimento profissional, estão nas carreiras executivas. É natural a busca por postos de chefia, mesmo por pessoas que deveriam escolher outro caminho. Muitas empresas cometem o erro pior de, tentando *recompensar* bons profissionais – muitos deles ótimos –, os colocarem em posições de comando em que fatalmente serão infelizes e confundirão seus subordinados.

Algumas empresas, geralmente grandes burocracias, adotam métodos bizarros para escolher seus executivos. Não são mal-intencionadas. Por razões que elas julgam corretas, definem critérios que pretendem evitar protecionismos, injustiças, reclamações trabalhistas, problemas sindicais ou recursos administrativos. Muitas vezes conseguem atender aqueles critérios, mas só por muita sorte selecionam bons chefes. A consequência é que, ao longo do tempo, os postos de comando estarão ocupados por pessoas com pouco compromisso com os resultados; sem fortes vínculos com os valores da empresa; centradas na manutenção das benesses do cargo; escravas das normas e inapetentes para liderar.

Métodos bizarros:

1 – Segundo o plano de carreira, depois de alguns anos a pessoa tem o direito de ser promovida. Pleiteia a vaga para ganhar um aumento.

2 – Os candidatos a chefe se preparam em cursinhos e participam de concursos. Se aprovados, são promovidos; então começam a fazer novos cursinhos para pleitear novas promoções. Assim sobem na hierarquia.

3 – A corrente política que venceu as eleições tem o direito de indicar chefes para os cargos de confiança.

CHEFIAR, SIMPLES ASSIM!...

Mesmo neste caldo de cultura podem despontar talentos que batalham por inovações, querem fazer as coisas acontecer, enfrentam os preguiçosos e os aproveitadores do imobilismo. Eles não podem desanimar; têm um dos principais atributos dos chefes: vontade. Precisam apenas conhecer as melhores ferramentas para liderar, desenvolver habilidades para aplicá-las bem e, quem sabe, ser agentes das mudanças.

Você tem vocação para ser chefe?

Um bom começo de conversa é identificar a razão verdadeira de você já ser um chefe, ter sido convidado para a promoção ou estar batalhando para que isto aconteça. Se não foi por qualquer método bizarro, é muito provável que seu ótimo desempenho técnico, sintonia com valores da empresa e influência positiva sobre seus colegas tenham despertado a atenção de seus superiores. Há bons meios para diminuir subjetividades aplicando instrumentos de estimativa de potencial e criando comitês de avaliação. Entretanto, essencialmente, sua indicação foi definida por razões de confiança em sua competência e aposta de que seria capaz de ajudar seus colegas a realizar um bom trabalho.

DRUCKER, PETER
Gerenciar é obter resultados através de pessoas.
O técnico sabe fazer; o chefe sabe fazer que façam.
A competência crítica de um chefe é dar significado ao trabalho dos subordinados.

Quando aceitou a promoção, qual a sua expectativa? Ganhar mais? Subir um degrau na carreira? Respostas positivas demonstram honestidade, mas – que pena! – não são estas as melhores razões para desejar a nova posição e garantir seu sucesso como chefe. Sem falsas ilusões, é preciso assumir que ninguém, ao ser promovido, está preparado para ser chefe; não conhece os fundamentos e as ferramentas, tampouco tem habilidades e atitudes apropriadas. Porém, todas estas capacidades podem ser aprendidas e este livro pode ajudar – *simples assim!* A pergunta fundamental é: você gosta de liderar?

No momento em que você disse o *sim*, algumas coisas mudaram: talvez direito a outra mesa ou sala, quem sabe ter uma vaga no estacionamento, mudar a cor do capacete, do crachá ou do colarinho de seu uniforme. Esperemos que tenha havido também algum aumento no salário. No manual de cargos e funções da empresa suas novas atribuições estão delineadas; não deixe de lê-las, mas elas não ajudarão muito se você não tiver vocação que o ajude a superar situações não descritas, mas que realmente são desafios a enfrentar e mudanças a acontecer:

- **Amizades** – seus antigos amigos não são mais seus colegas; agora são seus *subordinados*. Você deverá avaliá-los e julgá-los pelo critério de desempenho, não pelas afinidades. Caberá a você encaminhar promoções, decidir escalas de trabalho e – um dia vai acontecer – ter que demitir alguém, por uma ordem de cima ou por sua iniciativa.

- **Poder** – você terá influência sobre as pessoas e processos. Seus colegas e subordinados irão solicitar que você use este poder para ajudá-los em algum pleito. Na maioria das vezes terá que dizer não, cause ou *não* desconforto a você ou a eles, e justificar o *sim* para seus superiores.
- **Confiança** – no chopinho das sextas-feiras, se você ainda for convidado, as pessoas esperarão você sair para expor suas opiniões sobre as políticas da empresa e sobre você, que tem que ser seu defensor. Da sua parte, também não poderá desabafar e dizer o que pensa, pois, como nos filmes policiais: "tudo que disser poderá ser usado contra você".
- **Autoridade** – chefiará sua equipe, porém estará limitado pelas ordens que receber de seus superiores, políticas da empresa e metas a atingir. Por mais que você possa ter outra opinião, terá que fazê-las ser cumpridas. Para seu consolo, o presidente da empresa – pode ter certeza – também *engole alguns sapos*.

Se estes aspectos assustam um pouco, não parecem barreiras intransponíveis quando há vocação para chefiar. Quanto mais se galga os níveis hierárquicos em uma empresa, mais há oportunidades para transformar valores em ação e exercitar comportamentos estimulantes para um líder.

Esta lista não é de obrigações a cumprir, mas de prêmios pelos quais vale a pena ser chefe:

- **Inovar e criar** – poder transformar o estabelecido e propor mudanças que levam a novos padrões de eficiência dos processos, melhoria dos produtos, vantagens competitivas. Ter o direito de correr riscos e ousar fazer diferente.
- **Vencer desafios** – autonomia para estabelecer a você mesmo altas metas de desempenho e vibrar quando conquistá-las.
- **Trabalhar em equipe** – oportunidade de envolver, estimular, ter seguidores para seus alvos e ser reconhecido pelos gols conquistados por todos com sua liderança, aprender com os subordinados.
- **Fazer acontecer sua visão** – inspirar comportamentos, conquistar confiança, fazer valer seus princípios.

O técnico que não sabia que era líder

Depois de uma palestra em uma convenção de final de ano de uma grande empresa do ramo financeiro, fui consultado por um jovem formado em mecatrônica em uma das mais importantes universidades do país. Ocupava um posto de *gerente sem subordinados*, um artifício usado pelas empresas para dar status a bons técnicos sem posto de chefia. Ele me informou que estava sendo *ameaçado* – palavra dele... – de ser promovido a chefiar um departamento com mais de quarenta programadores e analistas de sistemas de controles do movimento da bolsa de valores. Haveria um substancial aumento no seu salário e grandes desafios profissionais que o entusiasmavam.

Era ouvido por colegas e superiores, e suas orientações respeitadas. Contudo, não queria largar seus computadores, parar de solucionar problemas de alta complexidade e até de ajudar companheiros com dificuldades técnicas. Identifiquei nele alguns potenciais de um líder, menos a vontade de ser um controlador que ele imaginava ser obrigação de um chefe. Pedi sua autorização para conversar com o diretor do departamento de tecnologia onde seria lotado quando promovido.

Não havia saída. Na cultura da empresa, recusar uma promoção era *queimar a carreira*. Palavra do diretor, que não entendia como alguém tão inteligente poderia desperdiçar tal oportunidade. Convenci a ambos que tratassem do assunto pessoalmente e fiquei torcendo para que tudo fosse resolvido com vantagens para o técnico e para a empresa. Algumas semanas depois o jovem foi demitido.

Seu currículo não parou muito tempo na pasta de pendentes dos caça-talentos; recusou muitos convites, até que um grande laboratório de desenvolvimento de tecnologia ofereceu um posto de... gerente de pesquisa, chefiando um grupo de mais de vinte profissionais de altíssimo padrão, ansiosos por um chefe de envergadura técnica. Hoje, gerencia fazendo o que gosta e não precisa controlar ninguém como temia.

Tenho certeza de que seu sucesso está garantido desde que, ao lado de continuar estudando os avanços tecnológicos de sua especialidade, adquira algumas habilidades de chefia, aprendizado que, certamente, lhe dará o mesmo prazer.

Charan; Kurt Lewin; Drucker; Shein: valores do chefe

Os adolescentes em suas intermináveis jornadas na frente dos computadores trocam informações entre si sobre como avançar para o nível seguinte nos videogames. Nas empresas nem sempre

CHEFIAR, SIMPLES ASSIM!...

são ensinados os truques para avançar nos níveis que vão desde as funções técnicas às de diretor corporativo. De gerente a diretor, embora possa levar algum tempo, os saltos não são complicados. Difícil é dar o primeiro passo, quando se é promovido a supervisor, chefe ou gerente. Este obstáculo costuma derrubar promissoras carreiras e confirmar o jargão: "Perder um ótimo técnico e ganhar um péssimo chefe". Não precisa ser assim.

CHARAN, DROTTER, MAHLER
Pipeline de Liderança
Campus

O primeiro salto de nível é superar as habilidades, disciplinas e atitudes que o técnico aprendeu em sua formação acadêmica e experiência profissional. Um bom técnico tem competências para:

- utilizar com propriedade habilidades, conhecimentos teóricos e práticos e operar segundo as melhores técnicas;
- dominar os métodos mais adequados para ser produtivo e solucionar problemas de desvios de padrões estabelecidos;
- ter disciplina para cumprir prazos e respeitar normas e procedimentos administrativos indicados pela empresa e por sua chefia;
- trabalhar em equipe de forma a contribuir equilibradamente com seu tempo, experiência e conhecimento para os resultados comuns.

Ser um excelente técnico é contar com você mesmo para cumprir as tarefas. Quando promovido a chefe, essa competência é insuficiente e muitas vezes impeditiva da produtividade. É natural a tendência de continuar a realizar as atividades do jeito que garantiu o sucesso passado. A barreira a superar é aceitar que um chefe alcança resultados *fazendo que façam*. Para que produza resultados é preciso desenvolver competências em gestão e liderança de pessoas (Figura 1):

- Delegar tarefas integrando sua equipe aos projetos, orçamentos e objetivos de sua área.
- Selecionar pessoas e construir suas equipes, avaliar desempenho, identificar necessidades de melhoria individual e remanejamento de tarefas.
- Ter tempo para os subordinados e orientá-los em suas dificuldades com as tarefas, corrigir falhas, coaching, feedback, assertividade, comunicação, negociação, dar significado ao trabalho das pessoas.
- Definir prioridades para seu grupo de subordinados, *fazer acontecer* resultados, prazos e cumprimento de metas;

SHEIN
"A mudança acontece em três etapas:
1 – Criação de motivação para a mudança.
2 – Aprendizado de conceitos e significados novos.
3 – Interiorização de conceitos e significados novos."

Mário Donadio

CHEFIAR, SIMPLES ASSIM!...

- Fazer cumprir e elaborar, em conjunto com seus subordinados, planos e orçamentos.
- Traduzir para sua equipe os objetivos e as estratégias empresariais.
- Desenvolver relacionamentos positivos, buscando o interesse de sua unidade, com os níveis hierárquicos superiores e pares de outras unidades.

Figura 1
A principal mudança de nível de técnico qualificado para gestor.
Adaptado de CHARAN

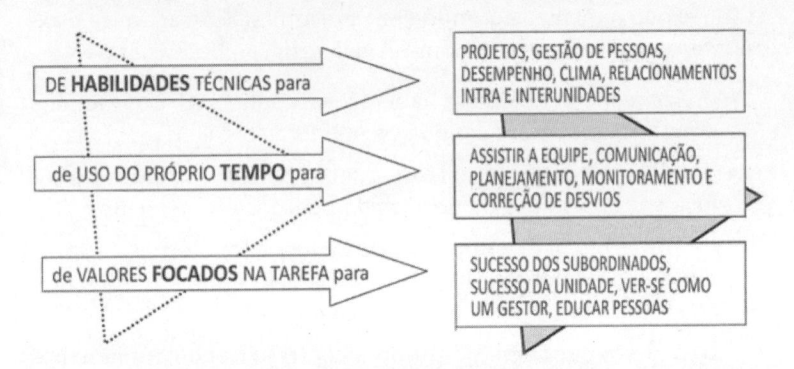

DE **HABILIDADES** TÉCNICAS para → PROJETOS, GESTÃO DE PESSOAS, DESEMPENHO, CLIMA, RELACIONAMENTOS INTRA E INTERUNIDADES

de USO DO PRÓPRIO **TEMPO** para → ASSISTIR A EQUIPE, COMUNICAÇÃO, PLANEJAMENTO, MONITORAMENTO E CORREÇÃO DE DESVIOS

de VALORES **FOCADOS** NA TAREFA para → SUCESSO DOS SUBORDINADOS, SUCESSO DA UNIDADE, VER-SE COMO UM GESTOR, EDUCAR PESSOAS

As rotinas operacionais, sejam em atividades tipo *chão de fábrica*, segurança ou as burocráticas nos escritórios costumam estar descritas em processos e padrões previamente definidos e que o técnico sabe cumprir. O chefe deve interpretá-las para os subordinados, fazê-los cumprir e corrigir suas imperfeições.

Outras habilidades devem ser desenvolvidas. Os autores clássicos costumam chamá-las de *administrativas*: compreender e trabalhar na direção da visão, missão, políticas e estratégias da empresa. Atuar com sinergia em relação aos objetivos das outras unidades, integrando o cumprimento de suas metas às metas de outras chefias. Servir bem os clientes internos, fazer de sua unidade um elo da cadeia agregadora de valor, satisfazer plenamente os clientes externos da empresa.

O paradoxo é que quanto mais competente for um técnico maior será sua resistência em mudar suas atitudes para as de um chefe. Complicado, pois aquele que mais tem conhecimentos técnicos talvez seja o mais promissor líder. A razão é que as atitudes decorrem de valores implícitos e construídos ao longo da vida de uma pessoa. Mudar a si mesmo, portanto, é o maior, mais importante e mais desafiador compromisso do chefe, seja ele recém-promovido ou veterano; seja ele supervisor, gerente ou diretor.

CHEFIAR, SIMPLES ASSIM!...

Desenvolver valores e mudar as práticas

Sendo um chefe veterano ou tendo chegado agora, não importa: é preciso um momento de reflexão sobre você, sua visão, suas práticas. Essas sugestões podem ser seguidas de uma maneira tranquila, *preguiçosa* – conhecer agora para, quem sabe, um dia aplicar – ou *efetiva*, para começar imediatamente a melhorar seu desempenho como chefe.

Linha do tempo – você talvez não se lembre de seu comportamento no tanquinho de areia da pré-escola, mas deve se lembrar de outros momentos de sua infância e adolescência. Você puxava as brincadeiras, os colegas gostavam de sua companhia, pediam ajuda para fazer as tarefas de casa? Organizava as brincadeiras de rua? Quando o grupo de trabalho falhava, assumia a responsabilidade e fazia por todos? Brigou na empresa júnior, inconformado com o amadorismo de alguns colegas? Na hora de uma encrenca pesada, assumiu responsabilidades para livrar a cara de um amigo mais frágil? Fez estágio para ganhar experiência e não visando à efetivação na empresa?

Em cada um destes momentos houve ações fortes suas que influenciaram o curso dos fatos.

- Registre quais foram e em que época e circunstâncias aconteceram. São sintomas de liderança e pistas de como você foi desenvolvendo sua vocação. Indicam, ao mesmo tempo, quais habilidades são mais fortes em você. Que espécie de liderança você exerce, que estilo é mais confortável para você.

Visão e valores – se você tivesse muito poder para fazer as coisas acontecerem segundo a sua vontade, o que faria? Nada de pedidos como aqueles das candidatas a miss, tipo *livrar o mundo das guerras* ou *acabar com a fome das criancinhas da África*. Não se trata de fazer pedidos ao gênio da lâmpada, mas de esclarecer quais valores são importantes no seu trabalho.

- Liste onde e como gostaria de aplicar sua competência para dar **significado** ao trabalho que você executa. O que você contaria orgulhoso para seus amigos e filhos sobre o que você está fazendo?

- Liste que **impactos** que você gostaria de promover nos comportamentos de seus subordinados, colegas e superiores. Pense também nas transformações que gostaria de conseguir nos comportamentos daqueles que têm visões diferentes das suas.

JUANA BORDAS
Power and Passion: Finding Personal Purpose
John Wiley & Sons

DOMENICO DE MASI
"Não existe líder nato. Observe a história dele e verá que foi assumindo encargos, lidando com situações e circunstâncias que permitiam que fizesse aquilo. Você não nasce líder, você se torna líder no processo de vida com os outros."

PETER BLOCK
Gerentes Poderosos – A arte de emanar poder
McGraw-Hill

Mário Donadio 11

CHEFIAR, SIMPLES ASSIM!...

- Liste seus compromissos com a **aprendizagem** para superar o que você considera seus pontos fracos e potencializar os pontos fortes em sua atuação de chefe e líder.

> **RITOS DE PASSAGEM**
> *Expressão difundida pelo antropólogo alemão **ARNOLD VAN GENNEP**: "Cerimônias que marcam pontos de desprendimento. Velhas atitudes são abandonadas e novas devem ser aceitas. A convivência com algumas pessoas deve ser deixada para trás e novas pessoas passam a constituir o grupo de relacionamento direto."*

Todas as culturas têm *ritos de passagem*. São momentos nos quais se firmam compromissos e se demonstram que houve uma mudança, ou lembrança de fatos notáveis que marcaram uma transformação: a diplomação de um presidente da República, feriados nacionais com paradas militares ou singelas reuniões de despedida de solteiro e festas de formatura.

Não é costume difundido nas empresas marcar a promoção para a chefia com um ritual. Antropologicamente é um erro. Não é preciso contratar uma banda de música e tocar o Hino Nacional, mas um dirigente apresentando o novo chefe e explicando por que foi escolhido é o mínimo que deve acontecer.

Nessa hora, você faria sua parte declarando sua filosofia de trabalho. Se não houve este rito, na primeira oportunidade deixe claro para todos o que é importante para você e o que espera de seus subordinados.

- **Filosofia de trabalho** – transforme suas listas de visão e valores em um texto caprichado com a declaração de sua filosofia de trabalho. Nada de objetivos, estratégias, metas isso não é significativo neste instante. Evite o *PowerPoint*. Inspire-se – mas nunca repita ou copie – no formato das declarações estratégicas de sua empresa. Seja honesto, autêntico e breve. Boa sorte!

Falso dilema: ser chefe ou ser líder

Velhos manuais ensinavam que há diferenças entre ser chefe e ser líder. É uma dúvida sem muita utilidade, mas que pode perturbar mentes acadêmicas e os condenados a redigir TCC (*Trabalhos de Conclusão de Curso*) nas faculdades. Gerentes, chefes, supervisores, diretores são posições com direito a caixinhas no organograma. Para legitimar seu poder usam a descrição de suas atribuições nos manuais de cargos e funções. Líderes têm seguidores espontâneos que compartilham de seus valores, cumprem suas ordens, aceitam suas decisões.

> *Não é relevante estabelecer a linha nítida que separa as competências do gestor e do líder. Vamos dizer assim: chefe é cargo ou função; líder é atitude.*

Alguns palestrantes *motivacionais* – nada de errado com eles, são bons no que fazem – costumam animar suas apresentações com trechos de filmes onde um general, ou um chefe de tribo, ou um líder político ou religioso, diante de pessoas céticas, faz discurso emocionante que transforma todos em seguidores embevecidos.

CHEFIAR, SIMPLES ASSIM!...

Imagine-se invadindo o refeitório da empresa montado em um cavalo branco. Sua secretária à frente, exibindo um estandarte com a logomarca de seu departamento e o boy batendo um tambor para chamar a atenção. Cavalgando de um lado para outro, você bradará:

> *"Exorto a todos a esmagar os vilões da concorrência aumentando nossas vendas em cinco por cento. Nossa empresa está em perigo, reduziremos nossos custos e demitiremos pessoas. Não prometo nada, apenas mais trabalho."*

A essas palavras, todos empunharão seus garfos e facas e, aos gritos de "Viva nosso líder", partirão para suas máquinas, computadores e clientes para lutar pela "glória de nosso presidente!".

Nos filmes épicos, é assim que os heróis conseguem seguidores. Na vida real das empresas, a liderança é construída lenta e pacientemente pelos chefes que a conquistam pelo exemplo, persistência, histórico de acertos, solidez de valores, consistência nas orientações e bom relacionamento interpessoal.

Na definição restrita dos termos, chefes sem atitudes de líder são desastrosos; líderes sem conhecimento e habilidades de chefes são perigosos.

Capítulo 2
PERCEPÇÃO E LENTES GERENCIAIS

Tudo o que o chefe sabe de seus subordinados deriva dos comportamentos observados. As avaliações que faz sobre os desempenhos deles decorrem das crenças que possui e que foram aprendidas durante sua experiência profissional anterior. As percepções influenciam sua forma de gerenciar. As políticas de muitas empresas reforçam os valores pessimistas dos chefes sobre os subordinados, focando exclusivamente o cumprimento das metas e dos processos. Em pouco tempo se instala a cultura que confirma as percepções. O desafio do chefe é reconhecer e quebrar este paradigma.

O *Gestor Saci* chefia com uma perna só

Periodicamente os chefes são chamados a participar de eventos, um pouco técnicos, um pouco festivos, com o objetivo de fazer um balanço dos resultados do exercício anterior. Um mês antes começam a compilar números para apresentar, mostrando o cumprimento de suas metas, o aperfeiçoamento tecnológico, a melhoria da produtividade e outros indicadores objetivos.

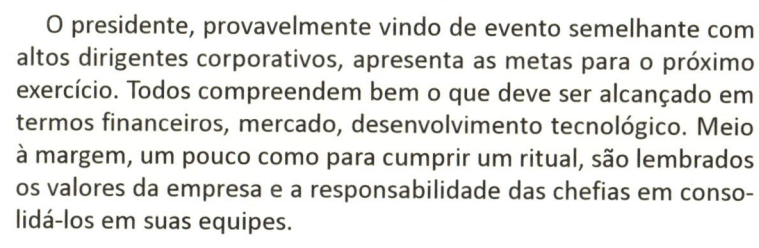

O presidente, provavelmente vindo de evento semelhante com altos dirigentes corporativos, apresenta as metas para o próximo exercício. Todos compreendem bem o que deve ser alcançado em termos financeiros, mercado, desenvolvimento tecnológico. Meio à margem, um pouco como para cumprir um ritual, são lembrados os valores da empresa e a responsabilidade das chefias em consolidá-los em suas equipes.

Pode ocorrer que, um pouco antes ou um pouco depois, sejam anunciados os bônus. Todos vinculados aos indicadores tangíveis do desempenho passado. Não são premiados a consolidação dos valores empresariais, a contribuição para o desenvolvimento da cultura, os estímulos aos potenciais para ocupar futuras chefias e a qualificação dos subordinados para futuras exigências. Ainda que se insista na afirmação de que a gestão de pessoas é incumbência dos chefes, na prática ela é apenas uma intenção declarada pela área de Recursos Humanos, sem muita clareza de metas e projetos.

Os chefes aprendem que pessoas não são verdadeiramente importantes e, portanto, devem ser tratadas como mero recurso e, com estes paradigmas, medem seus subordinados e definem sua prática de gestão. Como sacis, gerenciam usando apenas uma das pernas do que é efetivamente resultado e o que fazer para alcançá-lo integralmente.

A profecia autorrealizável

As chefias da linha de frente têm enorme responsabilidade estratégica, pois são responsáveis por decisões em vários processos, desde a qualidade dos resultados de sua área a relacionamento com clientes e fornecedores, pois estão na fronteira dos negócios da empresa. Internamente, são cobradas por seus superiores hierárquicos, ou colegas para quem prestam serviços, além de viverem em situações de conflito com entregas de outras áreas para que possam atingir suas metas. Todos estes atores estão sujeitos às mesmas pressões.

> **Profecia autorrealizável**
> Prognóstico que se torna uma crença e provoca sua própria concretização.
>
> **ROBERT K. MENTON**
> Social Theory and Social Structure
> "... é, no início, uma definição falsa da situação, que suscita um novo comportamento e, assim, faz com que a concepção originalmente falsa se torne verdadeira".

Pela razão lógica de serem mais capazes do que os seus subordinados – do contrário não seriam chefes –, tendem a ter visão pessimista em relação ao que esperar e o quanto podem confiar no trabalho deles. Deficiências de desempenho reforçam essa percepção e estimulam que restrinjam sua atenção apenas em um aspecto do que é esperado de sua gestão: controle, sistemas, estruturas, ordem etc.

Outra razão é a biografia dos gestores: que orientação eles tiveram, o que aprenderam a entender, e, portanto, como agir, sobre o que é ser um bom chefe? Eles contaminam seus sucessores com esses valores. Sabem que devem cobrar resultados, mas muito poucos percebem a importância de contratar com seus subordinados quais os resultados esperados e, se o fazem, centram-se nos limites da operação.

Se os subordinados têm competências ainda a serem desenvolvidas, como a prática do chefe constata, ele decide que o melhor é manter o controle de forma a não dar margem a falhas de procedimento. Essa cultura instalada cria instrumentos de avaliação do desempenho das chefias limitados ao volume produzido, prazos, custos e qualidade. Nada de errado, principalmente se o critério de medição de qualidade for a satisfação do cliente. Entretanto, a falta de estímulos ao desenvolvimento e comprometimento dos empregados cria neles comportamentos que confirmam a percepção do chefe de que são descomprometidos e incapazes de iniciativa. Em pouco tempo, toda a cadeia hierárquica funciona dessa forma. Confirma-se a profecia.

Quando cumprir metas não é tudo

Uma empresa petroquímica do Nordeste propiciou uma comparação raramente possível: a influência das percepções dos gestores sobre os resultados de uma empresa. A empresa possuía duas operações semelhantes: uma utilizava matéria-prima líquida e outra em pó. O processo industrial tinha diferenças sutis que não influenciaram as conclusões sobre liderança que puderam ser constatadas. Trabalhavam em cada uma das fábricas pouco menos de mil empregados, e as funções administrativas eram centralizadas com cerca de duzentos funcionários.

Cada fábrica era chefiada por um gerente divisional, gerentes operacionais, chefias técnicas e supervisores em número aproximado de cem pessoas. Salários, benefícios e normas de pessoal eram equivalentes, os empregados faziam refeições no mesmo restaurante e usavam os mesmos ônibus para ir e voltar do trabalho.

Havia apenas uma única diferença entre as duas operações: os estilos de chefia dos gerentes divisionais e, consequentemente, a influência que exercem nos comportamentos dos gerentes operacionais e supervisores. Essas diferenças não afetavam os indicadores de desempenho que mantinham padrões de qualidade e produtividade equivalentes. Um deles, o *Sr. X*, tinha a convicção de que os supervisores deveriam se preocupar apenas com o controle rígido dos processos para o cumprimento das metas; o outro, o *Sr. Y*, pedia aos supervisores que superassem as metas, estimulando os operários a serem criativos, responsáveis, atentos ao aperfeiçoamento do trabalho.

O planejamento estratégico apontou uma grande oportunidade de aumento da demanda em dois anos e que, para ser aproveitada, exigia a construção de uma terceira planta. Os recursos financeiros estavam garantidos e o projeto estava encaminhado, quando o diretor de Recursos Humanos jogou um balde de água fria no entusiasmo dos funcionários: deveriam ter, para início das novas operações, cerca de oitocentos novos operários, sendo trezentos qualificados e – encrenca maior – pelo menos oitenta novos postos de chefia, entre supervisores e gerentes. Não seria possível selecionar no mercado tantos profissionais em tão pouco tempo. A oportunidade corria o risco de não ser aproveitada.

A encomenda que me fizeram foi inteligente: em dois anos seria possível investir pesado no treinamento de operários com potencial para que estivessem no nível de competência necessária. Preencher os postos de menor qualificação seria mais fácil. Ao mesmo tempo, os novos chefes seriam prata da casa: em pouco mais de um ano, um programa de desenvolvimento de lideranças daria conta do desafio.

CHEFIAR, SIMPLES ASSIM!...

Em poucas semanas um processo de assessment estimou potenciais de operários, chefias e outros possíveis de serem incluídos no programa de desenvolvimento. Aí começou o drama: de trezentos operários prontos para o treinamento apenas vinte pertenciam à divisão do Sr. X; dos cem potenciais para postos de chefia, todos pertenciam à divisão do Sr. Y.

Em reuniões com a diretoria foi tomada uma decisão de alto risco, mas politicamente necessária para não provocar um clima desastroso na empresa: selecionar operários e supervisores de ambas as divisões, mesmo aqueles com baixo potencial. Três meses antes da inauguração da nova planta o quadro de operários estava contratado; os novos estavam qualificados; os supervisores, chefes e gerentes tinham sido promovidos.

Um ano depois, em processos normais de acompanhamento, algumas áreas da nova planta estavam abaixo da média de desempenho, além de problemas disciplinares, péssimo clima, falta de compromisso, reclamações trabalhistas e problemas com o sindicato. Todas as chefias e operários problemáticos, sem exceção, eram antes subordinados ao Sr. X.

Likert, MacGregor: comportamentos e atitudes

Tudo o que a pessoa sabe vem das informações que obteve através das suas observações. A questão é como as pessoas interpretam essas informações e as transformam em decisões gerenciais. O chefe deve influenciar os comportamentos de seu grupo para que eles produzam resultados, mas o que o chefe sabe verdadeiramente sobre as razões das atitudes de seus subordinados? E se nos colocarmos nos sapatos dos subordinados, o que eles sabem e como interpretam os comportamentos observados em suas chefias?

MUELLER
"Percepção sensorial é o conjunto de fenômenos pelos quais discriminamos e retratamos o mundo dos objetos e eventos físicos, que servem de estímulos, através dos sentidos orgânicos, ao comportamento psicofísico."

As atitudes do chefe e dos seus subordinados são basilares. Entretanto, na prática gerencial não podemos ter certeza alguma sobre elas, pois são implícitas e serão improfícuas as tentativas de modificá-las. A única certeza real são os comportamentos, e somente sobre eles temos influência. As relações interpessoais são, de fato, relações entre percepções.

Essa dinâmica que transforma percepções em decisões gerenciais ocorre dentro de um espaço empresarial no qual o chefe deve estabelecer *contratos de desempenho* com os seus subordinados; é mais intricado do que cumprir metas ou respeitar padrões e processos normatizados

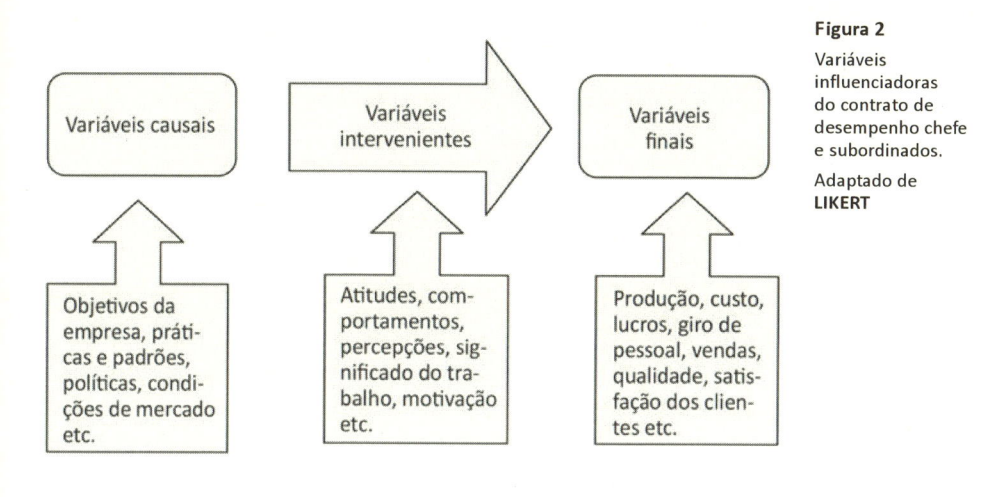

CHEFIAR, SIMPLES ASSIM!...

```
[Variáveis causais] → [Variáveis intervenientes] → [Variáveis finais]
     ↑                        ↑                          ↑
Objetivos da           Atitudes, com-            Produção, custo,
empresa, práti-        portamentos,              lucros, giro de
cas e padrões,         percepções, sig-          pessoal, vendas,
políticas, condi-      nificado do tra-          qualidade, satis-
ções de mercado        balho, motivação          fação dos clien-
etc.                   etc.                      tes etc.
```

Figura 2
Variáveis influenciadoras do contrato de desempenho chefe e subordinados.
Adaptado de **LIKERT**

Os *contratos de desempenho* não ocorrem de forma isolada das variáveis causais, intervenientes e finais. São dependentes também das *percepções sensoriais e sociais* presentes desde os primeiros acordos e durante os momentos de julgamento do cumprimento ou não do contratado. Há como se fosse uma lente entre os estímulos sensoriais recebidos e as respostas consequentes que pode acurar ou deturpar a percepção e os comportamentos construtivos nas relações chefe e subordinado (Figura 3).

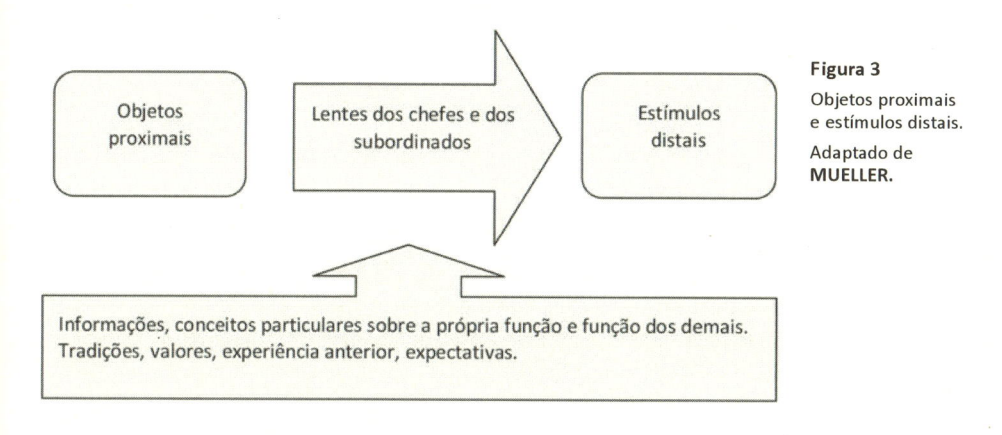

```
[Objetos     ] → [Lentes dos chefes e dos] → [Estímulos]
[proximais   ]   [subordinados           ]   [distais   ]
                          ↑
         Informações, conceitos particulares sobre a própria função e função dos demais.
         Tradições, valores, experiência anterior, expectativas.
```

Figura 3
Objetos proximais e estímulos distais.
Adaptado de **MUELLER.**

- *Objetos proximais* – estímulos iniciais diretos: visão, audição, tato, olfato, gosto.
- *Estímulos distais* – percepções que orientam as decisões gerenciais.

CHEFIAR, SIMPLES ASSIM!...

Conhecer as próprias lentes gerenciais é essencial à eficácia do líder. Muitas vezes é uma forma de desembaraçar-se de preconceitos que levam a estímulos distais perniciosos. Todo chefe deveria refletir bastante antes de responder: "qual a percepção que tenho a respeito dos meus subordinados?" De uma forma mais direta: se a tarefa do chefe é *fazer que façam*, quais são as escolhas para conseguir que seus subordinados desempenhem bem aquilo que se espera deles?

DOUGLAS MCGREGOR
O Lado Humano da Empresa
Martins Fontes

Caso o chefe acredite que seus subordinados tenham aversão natural ao trabalho e precisem ser coagidos e ameaçados de punição para que se esforcem, perceberá os comportamentos proximais observados como estímulos distais que reforçam as decisões de controle e direção rédeas curtas. É dado o nome de *Teoria X* a essa lente. É muito provável que na experiência profissional do técnico tenha sido esse o tratamento recebido de suas chefias e talvez assim tenha sido criado seus preconceitos sobre o que seria um bom líder.

Este é o primeiro modelo mental que o chefe, novo ou veterano, deve superar. Toda a moderna literatura e pesquisas sobre gestão e liderança apontam para outras concepções sobre as pessoas e seus motivos para o trabalho. Subordinados são seres humanos, nunca recursos manipuláveis. É possível integrar os objetivos individuais aos objetivos organizacionais desde que o chefe acredite que o segredo para fazer que façam é dar significado ao trabalho de seus subordinados. Para tanto, ele precisa substituir suas crendices por conclusões científicas que confirmam a lente chamada *Teoria Y*.

Os subordinados são estimulados por desafios inerentes ao próprio trabalho, gostam de se autodirigir e de se autocontrolar, buscam responsabilidades, são capazes de ser criativos e de ter engenhosidade na solução de problemas.

Não se trata de o chefe ter gestão passiva e permissiva, mas não estão na autoridade e punição os únicos meios de fazer cumprir metas e operar adequadamente os processos. Isto pode ser mais bem conquistado na medida em que os subordinados estiverem comprometidos e perceberem significado nas tarefas.

Quando, através de comportamentos gerenciais decorrentes da lente do tipo *Teoria X*, essas qualidades gerenciais não são exercidas, as percepções dos subordinados sobre o que de fato importa para a empresa levam-nos a ter comportamentos que fazem o gerente confirmar seus preconceitos. O círculo vicioso se instala.

Contratar o desempenho, a primeira tarefa de um líder

Se você chefia uma equipe há algum tempo, aproveite uma oportunidade qualquer, como aniversário de contratação, correção salarial, volta de férias, início ou fim de ano, começo de um novo projeto, para seguir os passos seguintes. Chame uma pessoa de cada vez. Reserve um local adequado e tempo suficiente para não serem interrompidos. Os resultados serão compensadores. Mas a melhor ocasião é quando você recebe um empregado novo. Talvez o tenha entrevistado antes, para elegê-lo entre outros candidatos.

Depois, ele ficará alguns dias ou algumas horas no *treinamento de integração* recebendo informações sobre a empresa, suas políticas, regras e quais seus direitos e obrigações. Assistirá a filmes que vendem a imagem de pujança da empresa, suas ramificações mundiais e ouvirá uma gravação com as boas-vindas do presidente afirmando que é um privilégio poder contar com este novo companheiro etc.

Kit do empregado nas mãos, crachá pendurado no peito, será recebido pela secretária do departamento que lhe apresentará os colegas e o local de trabalho. O extrovertido da turma dirá onde ficam o banheiro e a sala de café, contará os primeiros mexericos sobre colegas, sobre você e seu estilo de liderança. Em uma semana terá ouvido uma porção de histórias – verdades sobre a empresa que contrariam tudo o que haviam contado para ele no processo de integração.

- **Primeiro passo – polir as lentes do subordinado.** Evitar que esse conjunto de informações e não-informações embace a *lente* com que ele enxerga você e a empresa. Corrigir percepções que – de um modo *implícito* – ensinarão quais os melhores comportamentos para se sair bem no relacionamento com você e sobreviver na empresa.

- **Segundo passo – polir suas próprias lentes.** Primeiro corrija suas *lentes X* sobre o que imagina ser um bom gerente. Todavia, existem outros preconceitos: manifestam-se quando rimos de piadas que se referem a sexo, nacionalidade, características físicas, torcidas de futebol, profissões. Gracejos podem ser inofensivos; são perigosos quando prejulgamos nossos subordinados não pelo que são, mas pelas *lentes* formadoras das percepções que – de um modo *implícito* – influenciarão nosso relacionamento com ele.

Implícito
"Tipo de comportamento que não é facilmente observável por outras pessoas, mas que é expresso através de manifestações indiretas."
Dicionário Técnico de Psicologia
Cultrix

Explícito
"Expresso formalmente, claro, explicado."
Dicionário Aurélio
Nova Fronteira

Mário Donadio

- **Terceiro passo – explicitar o implícito.** Elimine o *Princípio de Fechamento*, quando, na ausência de informações sobre uma situação, completamos os espaços vazios com as percepções decorrentes de nossas *lentes* (Figura 4). Faça isso conversando com ele antes de qualquer atribuição de tarefa a cumprir ou metas a alcançar. Pergunte e ouça com muita atenção sobre o que ele pensa, quais as expectativas que tem sobre o relacionamento de vocês dois e perspectivas profissionais na empresa. Forme sua opinião depois.

**Figura 4
Triângulo de Kaniza**

O Princípio de Fechamento

Vemos um triângulo branco sobreposto à figura, embora ele só seja sugerido por falhas nas demais formas que as compõem.

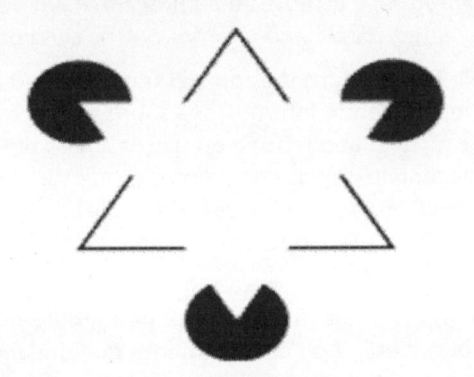

- **Quarto passo – contratar o desempenho.** Resista à tentação de aproveitar este momento, onde você é a parte forte do diálogo, para impor suas opiniões. Ensinar como o respeito – na verdade subserviência – às normas da empresa influenciará o sucesso de sua carreira; ser político nos contatos com colegas e chefias de outras áreas ou prometer recompensas pela lealdade a você. Não! Combinem como ambos serão parceiros para que o trabalho seja coerente com a visão, a missão e os valores da empresa. O que vocês poderão fazer juntos para que as atividades sejam de fato agregadoras de valor aos clientes internos e externos. Como farão para que a relação seja honesta e franca, mesmo em situações de falhas de qualquer um de vocês. De que forma o respeito às suas ordens não engessará a iniciativa e a criatividade do subordinado e como lidarão com os erros.

- **Quinto passo – ajustar o foco.** Os contratos devem ser revistos periodicamente. Combine uma nova conversa para acontecer após alguns meses. Marque desde agora. Siga exatamente a mesma sequência sugerida anteriormente. Não é muito aconselhável misturar esses passos, cujo foco é a liderança, com a avaliação de desempenho regular da empresa. O pessoal de

Recursos Humanos insiste, avisa e se preocupa em desvincular procedimentos normativos de aumentos salariais, promoção e bônus; mas os rituais, prazos e formulários que os chefes são obrigados a preencher todos os anos podem confundir sua equipe. Se não tiver jeito, paciência, mas não perca o foco de que seu objetivo primordial é criar clima que favoreça sua liderança e contribua para dar significado ao trabalho de seus subordinados.

Quais desempenhos devem ser contratados

Não faz sentido avaliar desempenho se não houver antes um contrato sobre quais os critérios que serão definidos e quais os indicadores que serão utilizados para medir estes desempenhos. O contratado deve incluir valores e principalmente compromissos do subordinado para seu desenvolvimento.

Um erro comum dos chefes, quando recebem informações sobre as crenças, é confundi-las com contratação de altas metas no caso de terem uma *lente X*, e acordos paternalistas com metas pouco exigentes, quando possuir uma *lente Y*. Pelo contrário: se a crença for *X*, não há por que se preocupar com contratos – simplesmente impõem-se as metas e pronto. Para haver contratação, o chefe tem a crença *Y* de que os subordinados podem superar desafios maiores e são interessados em desenvolver para tanto suas competências.

Ainda que resultados imediatos possam ser equivalentes e até mesmo um pouco melhores em chefias descrentes dos potenciais das pessoas, é por essa razão que em médio prazo haverá estagnação nos níveis de desempenho e inibição do surgimento de talentos.

Capítulo 3
INTELIGÊNCIA E COMPETÊNCIA EMOCIONAL

O dia a dia de um chefe é repleto de situações onde sua emoção é colocada em xeque. Ninguém está livre das pressões. A tendência natural é tentar se blindar, isolando-se dos contatos sociais perturbadores e se dedicando apenas aos aspectos técnicos do trabalho. Além de ser impossível, é inútil, pois as interferências que quebram essa harmonia fogem do controle racional.

Além do mais, a própria obtenção do que é visto como resultado substantivo no trabalho – metas, procedimentos, melhorias – depende de lidar produtivamente com as emoções.

Ninguém é de ferro, uma hora estoura

Naquele dia o trânsito estava mais infernal do que de costume; ao chegar à empresa você percebeu que havia deixado o seu crachá no carro, estacionado a três quarteirões; o segurança, que o conhece há cinco anos, impediu que você entrasse e você teve que ir buscá-lo – não adiantou brigar; você chegou atrasado na reunião com seu superior, que fez comentários irônicos sobre sua pontualidade – você fingiu que não entendeu; você recebeu a informação de que haveria cortes em seu orçamento e teve que explicar por que algumas metas não foram alcançadas – você engoliu o sapo; chegando à sua sala, você encontrou um de seus subordinados reclamando que as datas pedidas para suas férias não foram atendidas – você disse para ele que não era problema seu; no computador, dezenas de e-mails a serem respondidos, muitos deles com a marca de urgente – você ignorou; você abriu a correspondência trazida de casa e encontrou o boleto do condomínio que sua esposa esqueceu de pagar com instruções de que somente poderia fazê-lo em dinheiro no escritório da administradora no outro lado da cidade – você falou um palavrão baixinho; você recebeu um telefonema do comitê da ISO convocando para uma reunião preparatória da visita da auditoria – e você fala um palavrão bem alto, mas sabe que tem que ir; na sua mesa, você vê quatro planilhas para serem preenchidas – você olha para cima e suspira fundo.

Neste momento, sua esposa telefona perguntando se você pode emprestar o dinheiro que o irmão dela precisa para dar entrada em um carro. Ele bateu o dele e não tinha feito seguro. Você desabafa tudo o que pensa sobre o seu cunhado e os demais parentes – ela começa a chorar do outro lado da linha.

ARISTÓTELES
"Qualquer um pode ficar irado – isto é fácil. Mas ficar irado com a pessoa certa, no grau certo, na hora certa pelo motivo certo e da maneira certa não é nada fácil."

CHEFIAR, SIMPLES ASSIM!...

Impulsos do cérebro e do coração

O linguajar comum faz distinção entre os impulsos do cérebro e os do coração. Estes dois modos mentais definem as respostas comportamentais das pessoas. O chamado racional é o modo em que as pessoas têm consciência, podem administrar, ponderar e refletir. O emocional é poderoso, às vezes aparentemente ilógico. Há equilíbrio nos impulsos, mas, quanto mais dominante é o lado coração, mais os comportamentos são descontrolados e produzem resultados indesejados nas relações chefe e subordinado e no clima da empresa.

Adaptado de comentários de
DANIEL GOLEMAN
Inteligência Emocional
Objetiva

Alguns antropólogos explicam que, há milhões de anos, era mais vantajoso para a sobrevivência do ser humano que a intuição e as emoções guiassem a reação imediata frente a situações de perigo. Parar para pensar poderia custar a vida do nosso parente das cavernas. Não justifica o Brucutu berrando com o subordinado que cometeu um erro ou mandando, sem pensar nas consequências, um e-mail malcriado para o colega... com cópia para toda a empresa.

É errado e impossível afogar ou ignorar as emoções; elas dão alegria à vida e energia para gerenciar pessoas. Chefes com inteligência emocional conseguem o equilíbrio cérebro/coração. Nossas avós nos aconselhavam a contar até dez antes de falar ou agir frente a situações conflituosas. Melhor contar até cem; pensar e, depois, não deixar de agir.

Nos filmes, séries de TV e peças teatrais os autores criam caricaturas exagerando os perfis dos intelectuais, brilhantes no domínio da mente, mas totalmente indigentes nas relações sociais: os cientistas malucos, chefes implacáveis, pais ausentes das famílias. São produtivos e ambiciosos, obstinados e insensíveis aos sentimentos alheios; também são inibidos e aborrecidos, pouco à vontade com o sexo oposto e emocionalmente frios. As mulheres têm interesses egoístas, colocando a carreira acima de qualquer outra razão de vida, têm ataques de fúria ante qualquer adversidade, são agressivas e ciumentas nas relações afetivas e fracassadas sexualmente.

Os perfis dos personagens emocionalmente inteligentes, ainda que também sejam exagerados, exaltam as virtudes: são socialmente equilibrados, comunicativos e animados, solidários e éticos em seus relacionamentos e se sentem à vontade no ambiente em que vivem. As mulheres são francas e doces, assertivas e expressam suas ideias amorosamente, são brincalhonas e desinibidas sexualmente.

Ninguém corresponde, felizmente, a qualquer um destes perfis – temos um pouquinho de cada um destes componentes em nossa personalidade. Ser equilibrado intelectual e emocionalmente é ser capaz de aplicar a inteligência para ter imagem precisa de suas virtudes e fraquezas e saber aplicá-las para estabelecer boas relações com as pessoas.

Tamanho não é documento, inteligência sim

A diretora de Recursos Humanos tivera um enorme sucesso no processo de privatização em empresa anterior antecipando e superando os conflitos de cultura. Implantara um programa vitorioso de alinhamento estratégico, desenvolvimento das competências de gestão e liderança, trabalhos em equipe, remuneração associada a resultados.

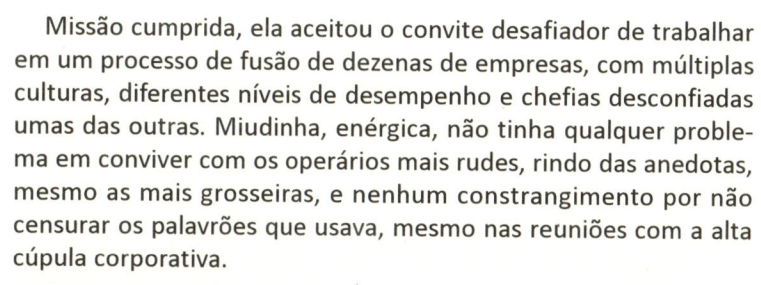

Missão cumprida, ela aceitou o convite desafiador de trabalhar em um processo de fusão de dezenas de empresas, com múltiplas culturas, diferentes níveis de desempenho e chefias desconfiadas umas das outras. Miudinha, enérgica, não tinha qualquer problema em conviver com os operários mais rudes, rindo das anedotas, mesmo as mais grosseiras, e nenhum constrangimento por não censurar os palavrões que usava, mesmo nas reuniões com a alta cúpula corporativa.

Sua primeira decisão foi convidar-nos para ajudar no programa de renovação e integração das letárgicas áreas de Recursos Humanos, funcionalistas e inchadas. Criou um dinâmico grupo de consultores internos com visão sistêmica e de negócio. Depois, com seu time novo, investiu na renovação da estrutura de cargos e funções.

O mais impressionante era sua *autodisciplina* para manter a tranquilidade e reagir com assertividade e bom humor a toda pressão que recebia, fosse de defensores de interesses de grupos ou níveis superiores contrariados.

Muitas vezes ela teve de recuar em suas propostas, mas não desistia; *persistia*. Em alguns momentos, o problema vinha de sua própria equipe, desanimada diante das resistências às mudanças, ou a acusando de ser complacente com ordens superiores que eram obrigados a cumprir, mesmo sabendo que eram equivocadas. Ao invés de impor sua autoridade, tinha *empatia* suficiente para tratar das diferenças individuais, respeitando as opiniões de todos, mas não deixando de confrontá-las com os seus próprios pontos de vista.

CHEFIAR, SIMPLES ASSIM!...

No seu jeito brincalhão, dizia que seu trabalho era muito menos técnico – que sua equipe tocava muito bem – e mais parecido com o de uma mulher rendeira. Era o nome que dava à sua *habilidade social*, sempre em contato com todos, fora e dentro da empresa, ouvindo suas necessidades, antecipando resistências e conseguindo aliados para seus projetos inovadores.

Gardner; Goleman; Salovey: fatores críticos além do conhecimento e da estratégia

O quociente de inteligência, ou QI, é utilizado para classificar a pessoa em uma posição relativa às demais sob o critério de desenvolvimento intelectual. Os testes se baseiam em indicadores expressos pela capacidade de solucionar problemas, lógica, memória, vocabulário, raciocínio abstrato. Entretanto, o QI não explica o superior desempenho dos grandes atletas, músicos, escultores, artistas plásticos e outros gênios e, muito menos, o sucesso dos executivos vitoriosos. É preciso pensar em uma nova sigla: *CE – Competência Emocional* (Figura 5).

Figura 5
Adaptado de
HOWARD GARDNER
Inteligências Múltiplas
Artmed

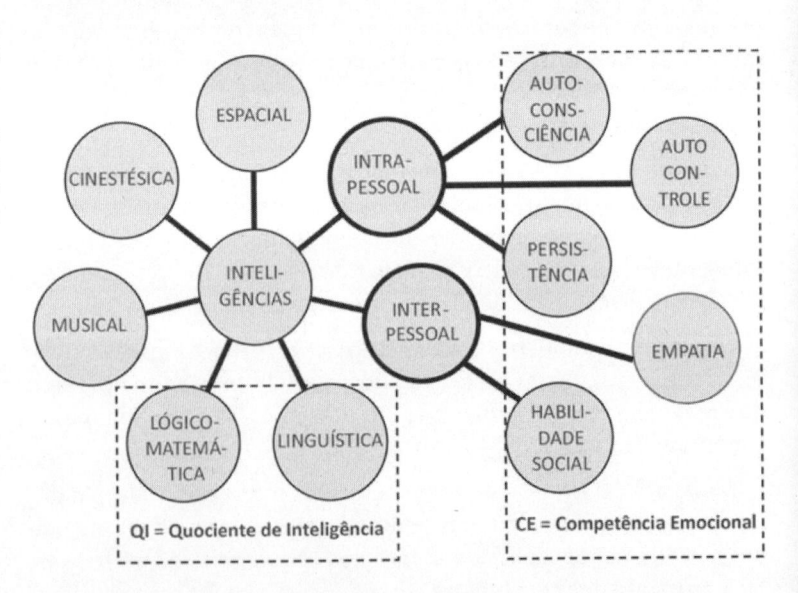

[Diagrama: Inteligências conectadas a ESPACIAL, CINESTÉSICA, MUSICAL, LÓGICO-MATEMÁTICA, LINGUÍSTICA, INTRAPESSOAL (AUTOCONSCIÊNCIA, AUTOCONTROLE, PERSISTÊNCIA), INTERPESSOAL (EMPATIA, HABILIDADE SOCIAL). QI = Quociente de Inteligência; CE = Competência Emocional]

SALOVEY, PETER
CARUSO, DAVID R.
Liderança com Inteligência Emocional
M. Books

As pessoas têm inteligências múltiplas além da lógico/matemática e verbal/linguística. Uma lista não abrangente mostraria outras: corporal/cinestésica, musical/rítmica, visual/espacial. Duas são importantíssimas para o bom desempenho gerencial: *intrapessoal* e *interpessoal*.

CHEFIAR, SIMPLES ASSIM!...

Nos anos 90 do século passado várias pesquisas demonstraram que existem algumas habilidades específicas que podem trazer resultados positivos a quem as possui. Essas habilidades são responsáveis por mais de setenta por cento da eficácia do desempenho dos chefes:

- **Perceber e compreender** os estados emocionais de si mesmos e dos outros.
- **Regular, controlar e usar** essas emoções para que seus objetivos sejam alcançados.

Outros estudos investigaram quais capacidades individuais eram significativas para elevar a atuação dos chefes a níveis excepcionais de desempenho. Foram agrupadas em três categorias:

- **Técnicas** – conhecimento do negócio, processos industriais, finanças, administrativas, visão estratégica.
- **Cognitivas** – raciocínio analítico, lógico e linguístico.
- **Emocional** – trabalhar em equipe, liderar mudanças, iniciativa.

McCLELLAND
Citado por
MARK DAVIS
Teste sua Inteligência Emocional
ARX

Em quase duzentas empresas foram selecionados chefes cujos resultados eram acima da média. Entrevistas e outros métodos de assessment identificaram que as capacidades técnicas e cognitivas eram as orientadoras da visão global e de longo prazo. Contudo, correspondiam a menos da metade dos fatores para a excelência do desempenho. Nos níveis mais altos da hierarquia, chegavam a menos de vinte por cento dos fatores de sucesso.

Em uma empresa global de alimentos e bebidas, quando os superiores níveis gerenciais tinham alto nível de *inteligência emocional*, suas divisões conseguiam superar as metas de ganhos anuais em mais de vinte por cento. Aqueles que não as possuíam tinham indicadores de desempenho inferiores na mesma porcentagem. Para refletir: esses fatores eram mais necessários nos níveis mais altos, ou os chefes chegavam lá devido a possuir anteriormente essa *competência emocional*?

As inteligências são características com as quais as pessoas nascem e que permitem a elas tomar decisões frente a novas situações e operar conceitos abstratos. Emoções estão associadas a impulsos internos neurológicos e moldam respostas comportamentais. Essas afirmações provocam discussões científicas carregadas de ideologias e valores dos pesquisadores. Se as inteligências são potenciais existentes, as *competências* são socialmente construídas.

DANIEL
GOLEMAN
"Competência emocional é uma capacidade aprendida baseada na inteligência emocional que tem como resultado um rendimento superior no trabalho."

Mário Donadio

Há muitos debates em torno de uma pergunta: as pessoas nascem líderes ou aprenderam a liderar? A resposta não é ambígua: as inteligências e emoções impactadas pelos estímulos sociais constroem competências diversificadas.

O chefe pode aprender a ser líder desenvolvendo conhecimentos, habilidades e atitudes necessários para conhecer seus pontos fracos e fortes, compartilhar visão com suas equipes, dar significado ao trabalho dos subordinados.

Aplicar cinco habilidades das competências emocionais

Você usa sua inteligência emocional para obter um rendimento superior em seu trabalho. É impossível substituir córtex, amígdalas, tálamo e outros componentes neurológicos que são responsáveis por suas emoções. Também não será possível regredir no tempo e refazer todas as experiências de vida que fizeram você ser o que é hoje. Moral da história: há poucas *chances* de alterar sua inteligência emocional.

Não desanime, você tem todas as possibilidades de desenvolver as *competências emocionais* necessárias para ser um bom chefe e líder. Mas, para tanto, é preciso ter vontade de aprender. Sintoma de burrice emocional é a frase: "Eu sou assim mesmo!...". As pessoas costumam ter consciência de que devem mudar depois de uma crise: um relacionamento amoroso desfeito, a perda de emprego, ser descartadas para uma promoção ou rejeitadas em uma entrevista.

São apenas duas competências que abrigam cinco habilidades. Elas podem ser desenvolvidas em treinamentos e, de modo mais efetivo, em processos de coaching. Com disciplina, um método de autoaprendizagem produzirá bons resultados. Será preciso um bloco de notas e canetas coloridas. Não espere a crise, comece já!

Competência pessoal: ter domínio de você mesmo

- **Conhecer a você mesmo** – faça uma pausa no seu trabalho diário – melhor fora da empresa e em lugar calmo onde não possa ser interrompido. Desligue o celular. Descreva de uma maneira honesta, detalhada e específica seus comportamentos, sentimentos e como eles afetaram nos últimos meses suas relações com seus subordinados, colegas e superiores. Circule com tinta azul as emoções que contribuíram para seu bom humor e faça um X vermelho naquelas que lhe deram desprazer.

CHEFIAR, SIMPLES ASSIM!...

- **Autodisciplina** – anote durante algumas semanas, assim que ocorrerem, todas as situações em que você explodiu ou falou de um modo áspero ou irônico com alguma pessoa do seu relacionamento. Descreva também as vezes em que você segurou a agressividade e se conteve, mas ao preço de desordenar sua harmonia interna e confundir suas ações posteriores. Volte aos seus apontamentos anteriores e avalie quais das suas emoções foram violentadas quando você explodiu ou quando segurou a agressividade. Reflita sobre os seus recursos internos que podem ser acionados para administrar positivamente as emoções.

> Instintos e pulsões geram tensões que devem ser resolvidas. As preferências individuais são mais complexas, inseridas ou decorrentes do contexto social, história da pessoa, e devem ser satisfeitas. Pulsões e preferências são os motivos ou significados para as escolhas e a energização.

- **Persistência** – os nadadores e os corredores de maratona sabem que existe um momento em que todo o organismo pede que desistam da prova. Seu treino faz com que eles compreendam que estão em um momento de renovação das energias que os impulsionarão à vitória. No trabalho do chefe também ocorrem essas crises. Encare cada obstáculo como um desafio a ser superado, perseguindo seu objetivo pelo gosto da conquista, muito mais do que pelo dinheiro ou pela posição. Anote, de agora em diante, todas as vezes que tudo impeliu você a desistir e o que fez para persistir. Isso aumentará seu otimismo para enfrentar situações difíceis, mesmo aquelas em que houver fracasso, comparando com o histórico de vitórias.

Competência social: administrar os relacionamentos

- **Empatia** – alugue dois filmes aos quais você ainda não tenha assistido. Um deles com artistas canastrões e outro com atores consagrados pelos seus altos predicados de interpretação. Os filmes não devem ser legendados. Bloco de notas na mão, assista ao filme com os maus atores, tire o som da televisão e acompanhe o desenrolar da história. Os teóricos de dramaturgia dizem que há poucas expressões faciais e que elas são universais: medo, raiva, felicidade, surpresa, tristeza, desagrado e nojo. Os canastrões exageram nos trejeitos, será mais fácil para você exercitar sua habilidade de identificar emoções. Anote quais delas os atores estavam tentando transmitir. Depois, assista novamente ao filme, agora com som e legenda, e confirme. Divirta-se observando como alguns fazem a mesma careta em todas as cenas, ou expressam nojo quando deveriam demonstrar felicidade. Em seguida, faça o mesmo com o filme de bons atores; eles exigirão mais de você, pois são sutis e técnicos. Você não estará treinando para ser crítico de cinema, mas desenvolvendo habilidades para identificar as emoções dos outros e agir de modo mais adequado nos relacionamentos com seus subordinados, colegas e superiores.

> Prova quádrupla
> Do que nós pensamos, dizemos ou fazemos
> 1 – É a verdade?
> 2 – É justo para todos os interessados?
> 3 – Criará boa vontade e melhores amizades?
> 4 – Será benéfico para todos os interessados?
> *Rotary Club*

Mário Donadio

- **Habilidade social** – desenvolver *networks* você sabe que é essencial para a empregabilidade de uma pessoa. Os mais atilados diriam que ter visibilidade na empresa é o melhor caminho para ser lembrado em promoções e em outras oportunidades profissionais. Mas não é por essas razões que você deve participar dos encontros sociais. É para ter amigos, comungar valores, encontrar prazer em viver em sociedade. Vá às festinhas da empresa com fornecedores e clientes – sempre haverá oportunidade de encontrar alguém interessante. Participe de congressos, mas assista somente às palestras que têm realmente algo a acrescentar aos seus conhecimentos; melhor aproveitar o tempo conhecendo pessoas. E não se esqueça: o chopinho semanal com a turma é sagrado!

Valores, crenças e inteligências: base das habilidades de chefia e liderança

Não é possível definir fronteiras ou relações precisas de causa e efeito sobre quais são e como se relacionam as habilidades fundamentais de chefia. São fenômenos integrados de visão e valores associados ao seu papel de líder, crenças sobre a natureza humana no trabalho e competências emocionais de cada um. Esse complexo de sentimentos influencia outras percepções e atitudes sobre como motivar pessoas e comprometê-las com as tarefas a cumprir. São elas também que dão significado ao trabalho do chefe, fazendo que seja exercido como um jogo estimulante ou um peso a ser suportado, causando prazer ou infelicidade.

Poderiam ser vistas como assessórias pois são menos visíveis do que outras, como tomar decisões corretas a partir de avaliação de aspectos técnicos e atitudinais dos subordinados. Entretanto, valores, crenças e emoções constituem a base de todas as habilidades fundamentais, inclusive os estilos de liderança e as práticas de trabalhar em equipe, comunicação, coaching, tratamento de conflitos e negociação e interesse por ser ou não parceiro estratégico na gestão da empresa.

Capítulo 4
MOTIVAÇÃO, PARTICIPAÇÃO E COMPROMISSO

Ter subordinados motivados e comprometidos com o trabalho é desejo de todo chefe, pois ele sabe que depende deles para que seus resultados sejam alcançados. Sabe também que sua gestão será mais tranquila se o clima for de satisfação com as tarefas que serão realizadas. Finalmente, a aspiração maior é que os subordinados se dediquem com afinco para atingir e superar as metas de sua área.

O dia da divulgação dos bônus por resultados

Acabam de ser divulgados os bônus relacionados à participação nos lucros proporcional ao desempenho, medido por um conjunto de critérios definidos com o máximo de rigor técnico e com boas intenções de acertar. Ao olhar o seu bônus talvez o chefe pense com seus botões se ele realmente compensou todo o seu esforço no exercício passado. Conversando com sua equipe, nota os mesmos sintomas de desconsolo.

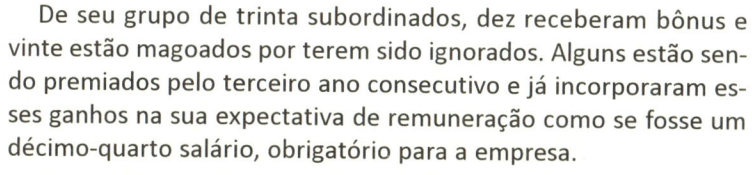

De seu grupo de trinta subordinados, dez receberam bônus e vinte estão magoados por terem sido ignorados. Alguns estão sendo premiados pelo terceiro ano consecutivo e já incorporaram esses ganhos na sua expectativa de remuneração como se fosse um décimo-quarto salário, obrigatório para a empresa.

Seu colega de outro departamento está com problema maior. Sua equipe não alcançou a pontuação mínima para receber bônus. A situação do mercado, independentemente do esforço e da dedicação, comprometeu o alcance das metas.

A desmotivação era geral e o clima péssimo, todos jurando que no próximo ano iriam apenas cumprir sua obrigação, já que seu empenho não era reconhecido.

Conversas de corredores contam que em outro departamento o chefe estimulou a competição durante o ano e, agora que as premiações estão ocorrendo, aqueles não vencedores comentam que no ano seguinte será na base do "cada um por si!".

Em um terceiro departamento, onde o chefe, para não ter problemas de descontentamento, fez o rateio por média aritmética, a reclamação era de que não adiantava se esforçar, pois mesmo quem "não faz nada, recebe a mesma coisa". Embora a folha de pagamento seja resguardada, todos comentam os bônus dos dirigentes da alta administração e comparam com os seus próprios bônus.

ABRAHAM MASLOW
Sua obra é, desde 1954, um dos mais conhecidos modelos de motivação, junto com **FREDERICK HERZBERG** e seus conceitos de higiene e motivação.

O desempenho do chefe depende da vontade de trabalhar de seus subordinados

É natural que o chefe se perturbe quando, olhando os resultados de sua área, bons ou ruins, se dá conta de que é dependente da vontade de seus subordinados em fazer bem feito o que deve ser feito, cumprir os prazos, cuidar dos detalhes e produzir com qualidade.

Acerta quando pondera que o problema está relacionado à motivação das pessoas e imediatamente tenta encontrar a maneira de fazê-las – como é dito nas empresas – vestir a camisa. A solução que parece mais adequada é a premiação dos melhores desempenhos e, para tanto, procura encontrar indicadores e sistemas que diminuam a subjetividade da avaliação.

Erra quando imagina que os problemas de motivação estariam resolvidos se o sistema de recompensa e os critérios de avaliação do desempenho fossem aperfeiçoados. Eles contribuem, mas não são os únicos fatores intervenientes. Outro erro é aceitar argumentos de que é dele a responsabilidade de motivar seus subordinados.

A motivação é obtida através de um sistema complexo que integra políticas empresariais, salários e benefícios, oportunidade de carreira, sentimento de justiça nas relações com as chefias, oportunidades de crescimento pessoal e outros fatores implícitos às personalidades e expectativas específicas e individuais de cada pessoa.

É impossível contentar subordinados *mal-agradecidos*

As festividades da Páscoa pareciam uma boa oportunidade para o gerente de uma central de atendimento aos clientes melhorar o péssimo clima de seu departamento: reclamações e brigas dos supervisores das *ilhas* – agrupamento de pessoas para facilitar o controle – entre si e com os atendentes. Para motivá-los, contratou uma empresa organizadora de festas. Uma semana antes, enfeitaram o salão, onde trabalhavam centenas de moças e rapazes, com bandeirolas e figuras de coelhinhos penduradas. O ponto alto da festa seriam ovos de Páscoa em cada uma das posições. Foram distribuídas camisetas com frases alusivas a compromisso e satisfação com a empresa. Tudo parecia perfeito, não fosse que na Páscoa todos vieram trabalhar vestindo roupas pretas e os ovos devolvidos e empilhados na porta da sala do gerente.

CHEFIAR, SIMPLES ASSIM!...

Quando fui conversar com o gerente, ainda havia nas escadas e corredores patinhas de coelho pintadas no chão. Queria um programa de comunicação, pois – assim imaginava – "os mal-agradecidos não reconheciam tudo o que era feito para motivá-los". E contou o que fizera.

Primeiro ele criou um prêmio para os *campeões do mês*, medidos pelo menor tempo que levavam no atendimento – logados – dos clientes. No começo eram vales para serem usados em uma pizzaria famosa da cidade. No mês seguinte ninguém mais se importava; aumentou para um liquidificador, depois para um aparelho de som e já estava oferecendo um televisor portátil. Cada premiação apenas aumentava o descontentamento com o valor do brinde. O pior da história é que começou a haver gozação com os vencedores e reclamação dos clientes nos jornais por atendimento apressado e problemas não resolvidos.

Ele brigou com o diretor de Recursos Humanos, que recusou sua proposta de promoção, fora do plano de carreira, de empregados mais leais a ele, e criou um grupo chamado *Gold Stars*. Seus membros recebiam privilégios de não serem escalados nos feriados e turnos da madrugada. Isto criou atritos com a supervisora do grupo de atendentes especializados para clientes VIP. Eles conheciam e eram capazes de indicar qual o melhor lugar para comprar ingressos de um teatro em Nova York ou Paris e qual hotel era mais bem localizado em Roma ou Barcelona.

Como resistiram ao novo critério de avaliação, o gerente castigou o grupo espalhando os atendentes entre as posições que atendiam ligações com pedido de troca de pneus nas estradas. Em poucas semanas todos tinham ido trabalhar para a empresa concorrente e os clientes VIP – não por acaso com maior consumo – preferiram ir embora também.

Expusemos nosso ponto de vista sobre a origem do clima ruim, o altíssimo *turnover*, mesmo para os padrões de um callcenter, das reclamações dos clientes e sobre sua resistência às políticas e valores da empresa. Nossa proposta foi recusada e, para proteger os culpados, fica para outra vez contar o que houve depois com o gerente.

Maslow & Herzberg: ninguém motiva ninguém

Há vários truques para alguém conseguir que um cachorro faça alguma coisa. Um deles seria o *TC*, ou *Truque do Chicote*: dê uma surra no cão e, assim que você o ameaçar de novo, o medo fará com

CHEFIAR, SIMPLES ASSIM!...

que ele obedeça. Muito grosseiro, ninguém chamaria isto de *motivação*. Outra ideia é o *TS*, ou *Truque da Sedução*. Dê uma guloseima cada vez que o cachorro fizer o que você quiser. Muitos diriam que você *motivou* o bicho, pois, na expectativa de ganhar outra recompensa, ele fará o desejado por você. Muito elegante, além de o dono do cachorro ser considerado uma pessoa gentil pelos seus amigos. Entretanto, o animal não estará motivado, mas *adestrado*.

> Inspirado no artigo clássico de
> **FREDERICK HERZBERG**
> *On more time: how do you motivate employees?*
> Harvard Business Review

Usar o *TC* pode ser perigoso pela reação possível de um cão bravo, ou do subordinado agressivo revidando a grosseria. Melhor ardil, na empresa, seria usar o *TS*: recompensar os subordinados com brindes quando conquistam metas ou são obedientes às normas. Qual é o problema? – perguntaria uma pessoa cética. Afinal, gerenciar é *fazer que façam*; a astúcia leva os subordinados a trabalhar, através de adestramento ou não. Todavia, ambos os truques não funcionam para sempre e trazem problemas sérios de gestão no futuro.

O *TC* só funciona quando o chefe está por perto acenando com o chicote. Quanto ao *TS*, em alguns meses os subordinados incorporam as recompensas recebidas ao seu pacote natural de benefícios e as tomam como nada além da obrigação da empresa. Para que mantenham o poder de sedução a quantidade de guloseimas deve ser aumentada sempre, assim como os viciados necessitam de doses maiores de drogas.

Se um gato cometer a insensatez de pular no quintal de uma casa, os cachorros, sem que haja recompensas extrínsecas, se atirarão sobre ele, pois – sabe-se lá por quê... – essa ação tem *significado* para os cães. Dessa forma, sempre que aparecer um gato, eles escolherão caçá-lo e se energizarão para tanto, querendo o dono ou não. Agora, sim, falamos de motivação.

> **DOMENICO DE MASI**
> *"A plenitude da atividade humana é alcançada somente quando nela coincidem, se acumulam, se exaltam e se mesclam o trabalho, o estudo e o jogo; isto é, quando nós trabalhamos, nós aprendemos e nos divertimos, tudo ao mesmo tempo."*

Saindo da metáfora, e voltando para o mundo real: não é tarefa de um chefe motivar os subordinados, tampouco é possível que seja capaz de fazê-lo. As pessoas se mobilizam no trabalho para satisfazer motivos intrínsecos gerados por suas tensões internas – que chamaremos aqui de *necessidades simples*. Ou decorrentes de expectativas e valores socialmente desenvolvidos – que chamaremos aqui de *necessidades complexas*. Políticas equivocadas de Recursos Humanos da empresa, que não atendem às *necessidades simples*, têm o poder deletério de desmotivar os empregados. Chefes com gestão canhestra, não orientada para satisfazer as *necessidades complexas* dos subordinados, provocam apatia, desinteresse pelo trabalho e conformismo na equipe.

Se as políticas de Recursos Humanos da empresa não desmotivarem os empregados, e poucos chefes têm poder de modificá-las, é possível aperfeiçoar a forma de gestão, dando significado ao trabalho das pessoas ao invés de ameaçá-las ou seduzi-las.

As *aspirações simples* – alguns autores as chamam de necessidades higiênicas – são desmotivadoras quando não satisfeitas:

- *Fisiológicas ou básicas*: fome, sede, sexo, abrigo. Na empresa: salário, conforto, recompensas financeiras, prêmios.

- *Segurança ou garantia*: saúde, proteção. Na empresa: continuidade do emprego, justiça das chefias e regras, previsibilidade.

As *aspirações complexas* – alguns autores as consideram as únicas verdadeiramente motivadoras – são:

- *Afeto ou participação*: identificação, afeição, associação. Na empresa: equipes de trabalho, objetivos compartilhados, estímulos à cooperação.

- *Ego ou de diferenciação*: êxito, prestígio, amor-próprio. Na empresa: reputação, reconhecimento do valor, autoridade sobre o próprio trabalho; avaliação e valorização dos gols e ganhos.

- *Autorrealização*: satisfação pessoal, aprendizado, progresso individual. Na empresa: *empowerment*, oportunidades de treinamento e desenvolvimento, trabalhos desafiadores, liberdade de atuação, envolvimento no processo decisório.

Essas necessidades estão em uma hierarquia, isto é: somente quando as mais básicas são satisfeitas é que as demais passam a guiar e energizar as ações das pessoas.

Milhares de gestores de todos os níveis hierárquicos de centenas de empresas grandes, pequenas e médias, em vários países da América Latina, foram solicitados a responder dois questionários cuja tabulação resultava em gráficos ilustrando como eles categorizavam os motivos, seus e dos subordinados, para o trabalho (Figura 6).

Enquanto os subordinados declaravam que suas aspirações profissionais eram *complexas* e estavam relacionadas à participação, ao amor-próprio e ao crescimento profissional, os chefes as percebiam como aspirações *simples* e empregavam truques *TC* (chicote) ou *TS* (sedução), acenando com ameaças, privilégios, prêmios e castigos.

CHEFIAR, SIMPLES ASSIM!...

Figura 6
Conflito entre as percepções dos gestores (linhas tracejadas) sobre as motivações dos subordinados, e as respostas dadas por eles sobre o que os motivam (linhas cheias).

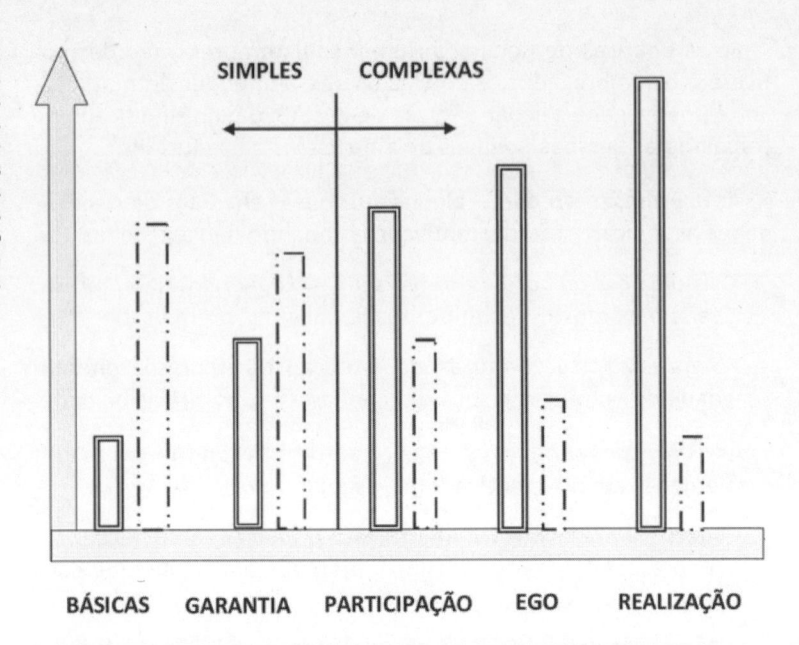

BÁSICAS   GARANTIA   PARTICIPAÇÃO   EGO   REALIZAÇÃO

Os questionários são utilizados nos seminários como formas de trazer a realidade dos participantes para ilustrar os conteúdos programados. Ainda que sem os controles necessários para que sejam tomados como conclusões científicas, os resultados apontam para uma verdade inquietante sobre como os gestores necessitam aperfeiçoar suas percepções e seus métodos para dar significado ao trabalho de seus subordinados.

A. H. MASLOW
"É bem verdade que o homem vive somente de pão – quando não há pão. Mas o que acontece com os desejos do homem quando há abundância de pão e quando seu estômago está absolutamente cheio?"

Dar significado ao trabalho dos subordinados

Enriquecer as aspirações de seus subordinados é uma das responsabilidades do chefe para levar seu pessoal a níveis excelentes de desempenho. A grande dificuldade é saber quais aspirações – *simples* ou *complexas* – estão presentes no seu grupo e quais têm significado para cada pessoa.

Existem bons instrumentos de identificação de perfis motivacionais, mas nem sempre são necessários para a ação prática do chefe. É importante observar o grupo e as pessoas e, cuidando para evitar prejulgamentos, buscar indicadores de quais necessidades parecem estar guiando e energizando seus comportamentos.

Sintomas de aspirações simples

- Predominância do foco em salário, benefícios e gratificações.

CHEFIAR, SIMPLES ASSIM!...

As *aspirações simples* podem contribuir para o bom desempenho e, muitas vezes, para o alto desempenho. Algumas empresas são agressivas em vincular diretamente a remuneração variável aos resultados operacionais. Com o tempo, consolida-se a cultura estimuladora da competição e de valores que privilegiam a maximização dos ganhos individuais.

Os compromissos com estratégias, metas e resultados da empresa são perseguidos desde que – *e só se!* – forem recompensados por ganhos financeiros. Caso você seja chefe em uma delas, provavelmente foi selecionado e promovido por compartilhar dessa política. Claro que, nesse contexto, a última coisa que lhe importa são discussões relativas à ética e humanização do trabalho, porém considere sua responsabilidade sobre a qualidade de vida de seus subordinados.

Se isto não for argumento, compreenda que você estará obtendo resultados pela metade: chefiar não é só propor e conquistar metas mais altas a cada ciclo orçamentário; é desenvolver as competências das pessoas, gerar sinergia pelo trabalho em equipe, formar sucessores. A ausência dos componentes das *aspirações complexas* (afeto, participação, diferenciação, autorrealização) pode ser a causa da alta rotação de pessoal e de reclamações trabalhistas.

Se ainda não estiver convencido, esqueça este capítulo. Estabeleça metas mais exageradas a cada ano; premie com gratificações polpudas os vinte por cento que as superarem; ameace os cinquenta por cento que as atingiram, demita os trinta por cento de menores desempenhos. E que Deus tenha piedade da sua alma!

As *aspirações simples*, em outros contextos empresariais, podem ser perniciosas quando substituem a orientação para o desempenho pela manutenção de políticas paternalistas de gestão de pessoas:

- Defesa, como se fossem direitos, dos privilégios de folgas e abonos a faltas.
- Valorização excessiva do descanso e conforto em detrimento da dedicação aos objetivos.
- Defesa de regras que permitam progressão automática na carreira e salários independente de critérios de desempenho.
- Apego a normas, regulamentos, regimentos internos justificando segurança e postergação de decisões.
- Corporativismo profissional e alegação de direitos de estabilidade derivados de normas coletivas quando questionados sobre desempenho.

Práticas bizarras de motivação
Burocracias emperradas se estruturam em carreiras rígidas com cargos preenchidos por tempo de casa ou concursos. Seus ocupantes garantem sua permanência, promoção, estabilidade e prêmios por novos concursos, avaliações impessoais de desempenho ou direitos regimentais. Há desânimo das chefias em cobrar metas, prazos, qualidade. Como consequência, maus resultados são resolvidos por contratação de mais pessoas e não por melhoria das competências ou motivação.

CHEFIAR, SIMPLES ASSIM!...

Nessas empresas, os interesses corporativistas são mais importantes do que metas, prazos e orientação para o cliente. O desempenho é medido pelo respeito às normas e os resultados vinculados ao cumprimento do orçamento. Cuidado! Avalie honestamente se você está impregnado desses valores bizarros e se os utiliza na relação com seus subordinados.

Dê um choque de dignidade à sua gestão. Cabe a você romper o círculo vicioso perpetuador da incompetência de seus subordinados e equipe. Dentro de sua área e nível de responsabilidade, esvazie o paternalismo e o corporativismo, comece a incentivar os valores empreendedores associados às *aspirações complexas*.

Sintomas de aspirações complexas

A. H. MASLOW
"Se as necessidades mais elevadas – aspirações complexas – não forem atendidas, os subordinados podem regredir sua atenção para as necessidades de nível mais simples, expressando-as em comportamentos e reivindicações de menor maturidade."

- As pessoas se encontram espontaneamente para comemorar eventos ou para convivência social.
- Preferência por tarefas cooperativas e natural ajuda a colegas com excesso de trabalho ou dificuldades técnicas.
- Discreto, mas evidente, esforço para mostrar competência pessoal em tarefas difíceis e de grande responsabilidade.
- Empenho em se oferecer para trabalhos que demandam criatividade, inovação e novos desafios.
- Interesse em participar de programas de treinamento e desenvolvimento ofertados pela empresa.
- Participação em cursos de aperfeiçoamento, mesmo os não patrocinados pela empresa.

As *aspirações complexas* são resultado primeiramente da biografia do subordinado e secundariamente pelas políticas de Recursos Humanos da empresa. Porém, é de total responsabilidade do chefe desenvolvê-las e atuar de forma a que contribuam para os subordinados verem significado no trabalho:

- Evite criar programas de incentivos à produtividade com prêmios individuais por alcance de metas ou diminuição de erros. Eles tiram o foco do trabalho, estimulam a competição e rapidamente perdem o efeito motivador. Não confunda com comissão e bônus sobre aumento das vendas; são formas peculiares de remuneração da função dos vendedores que as consideram fazendo parte do salário, não mais do que isto.
- Participe de reuniões sociais de sua equipe – espere ser convidado – e nunca as aproveite para tratar de assuntos da empresa.

- Estimule trabalhos em equipe e as comemorações singelas quando metas importantes forem cumpridas, mas não as banalize; comemore apenas os *gols de virada* e os *que decidiram o campeonato*.

- Reconheça publicamente os melhores desempenhos, seja justo e não exagere. Dê preferência a valorizar contribuições dos times para os ganhos.

- Distribua, considerando as diversidades de competência, mas de maneira equitativa, novas responsabilidades e tarefas desafiadoras entre seus subordinados.

- Esteja atento aos potenciais de seus subordinados, converse francamente com cada um sobre oportunidades de crescimento profissional e busque inscrevê-los em programas de treinamento internos ou para bolsas em cursos externos.

- Cuidado! Nunca vincule um curso ou treinamento à recompensa por bom desempenho. Uma coisa nada tem a ver com a outra. Não confunda as aspirações, não estrague o aprendizado e a motivação do subordinado.

Motivação não basta

Sem querer desanimar ninguém, é bom colocar as coisas nos seus devidos lugares. É melhor ter equipes e subordinados motivados, comprometidos, vestindo a camisa e aceitando pacificamente a sua liderança em um clima saudável, do que não ter.

A questão fundamental de sempre é que precisamos de pessoas e equipes motivadas para que os resultados sejam concretizados. A felicidade das pessoas é uma boa causa para se defender na justificativa para se trabalhar. Entretanto, se não existirem resultados, para o chefe e para a empresa, de nada adianta a motivação.

Motivação se explicita através de comportamentos que impulsionam na direção correta os conhecimentos e as habilidades dos subordinados. Essa direção correta é determinada pelas escolhas que o chefe faz em seus processos de liderança.

Assim como é possível desenvolver os conhecimentos e as habilidades, é possível fazer evoluir as atitudes – vale dizer, as aspirações – de seus subordinados para níveis mais complexos de competências.

Capítulo 5
DESEMPENHO, AVALIAÇÃO E POTENCIAL

Importante ferramenta para a gestão e liderança, a avaliação de desempenho muitas vezes é confundida com processo periódico e rotineiro de preencher formulários irritantes. A avaliação formal é necessária para a gestão estratégica de Recursos Humanos. Para o chefe, é tarefa diária para desenvolver competências.

Mesmo quando não há sistemas integrados às declarações estratégicas da empresa, ou os modelos são limitados a subjetividades e descrição de cargos e funções, o chefe pode atuar eficazmente, bastando aplicar os conceitos fundamentais da gestão das competências.

Garrafas ao mar com pedido de socorro

Da mesma forma que o Natal todos os anos é comemorado em 25 de dezembro, e deixamos para depois do dia 20 começar a fazer as compras, todos os anos os chefes recebem um conjunto de formulários para preencherem: é a *avaliação de desempenho*. Deixam nas suas gavetas até o último dia do prazo, preenchem do jeito que puderem e os devolvem para a área de Recursos Humanos.

Quando o sistema foi implantado, há muito tempo, receberam treinamento sobre como preencher todos os campos e quadradinhos, e que, após responderem a avaliação, deveriam expor suas opiniões para os subordinados. Nos processos mais sofisticados, esses comentários seriam em 360°: o chefe avaliaria seus superiores hierárquicos, avaliaria e seria avaliado por seus pares e por seus subordinados. Em resumo, todo mundo avaliaria todo mundo; preencheriam formulários sobre todos; dariam feedbacks uns aos outros; devolveriam os formulários no prazo para a área de Recursos Humanos e jamais voltariam a saber deles até o próximo ano, quando novos formulários seriam distribuídos.

Teoricamente, as informações seriam processadas e serviriam para o planejamento estratégico da gestão das competências, embora no íntimo todos esperassem que os bons desempenhos fossem recompensados com promoções e bônus. Como isso não acontece, fica a sensação de que todo o trabalhão foi inútil.

Disse-me um chefe com mais de cinquenta subordinados diretos em três turnos de uma grande aciaria: *"Pra fazer como eles querem, durante um mês eu e minha turma não faríamos outra coisa a não ser preencher papéis e fazer reuniões. Depois, não acon-*

teceria nada. Parece o náufrago jogando uma garrafa no mar com uma mensagem pedindo socorro. Não tem a menor ideia se alguém vai encontrá-la ou fazer alguma coisa para ajudar".

Por que avaliar desempenho é essencial para o chefe

Primeiro ponto a enfatizar é não diminuir a importância da avaliação de desempenho formal, documentada e periodicamente feita pelas empresas. Sem ela, seria de fato impossível ter elementos concretos não só para os processos de gestão de competências e conhecimento, mas também para a elaboração de bancos de dados, planos de carreiras, movimentação de pessoal e planejamento estratégico dos Recursos Humanos. Nem pensar em administrar sem ela.

Porém, todas essas razões técnicas e indispensáveis não são percebidas pelas chefias como úteis ao seu trabalho prático de gestão. Quanto aos subordinados, além de vincularem bom desempenho com promoção e melhoria salarial, não enxergam como os formulários preenchidos e os comentários das suas chefias se relacionam com os treinamentos para os quais serão convocados ou remanejamentos de funções. Uma honesta ponderação mostra que se ambos – chefe e subordinado – vissem utilidade na avaliação de desempenho não resistiriam tanto ao processo instituído.

Três interesses, todos legítimos, estão competindo:

- **Gestão das competências** – uma das mais importantes necessidades para a gestão estratégica de Recursos Humanos.

- **Gestão dos resultados** – avaliação do cumprimento de metas e qualidade dos processos, e correção de comportamentos relacionados aos conhecimentos, habilidades e atitudes dos subordinados.

- **Gestão do clima** – harmonia entre as expectativas profissionais e o significado do trabalho dos subordinados, aos seus níveis de desempenho e aproveitamento de seu potencial.

Os chefes – de qualquer nível hierárquico – de fato precisam compreender que sua responsabilidade estratégica vai além de cumprir eficientemente suas atribuições operacionais. As avaliações de desempenho formais têm essa função. As áreas de Recursos Humanos, se quiserem realmente ajudar as chefias a proceder estrategicamente, podem simplificar os procedimentos, focando-os na obtenção das informações estritamente necessárias.

Os chefes não gerenciam pelos formulários – ainda bem! São bons líderes quando tomam decisões no calor da hora da verdade na relação com seus subordinados e, todos os dias, todas as horas, em todas as oportunidades, avaliam desempenho, gerenciam os resultados e o clima de sua área.

Mudanças das competências essenciais

Era uma empresa familiar que em poucas décadas se transformara em uma rede de varejo com milhares de funcionários trabalhando em dezenas de lojas esparramadas pelo país. No começo, em uma pequena cidade do interior, os proprietários conquistaram a confiança dos clientes pela qualidade dos tecidos que vendiam. Cresceram e ampliaram os negócios com artigos de cama, mesa e banho em filiais nas cidades próximas. Os clientes se encantavam com o atendimento pessoal da família. Já na segunda geração, as instalações eram grandes lojas vendendo fogões, geladeiras, televisores.

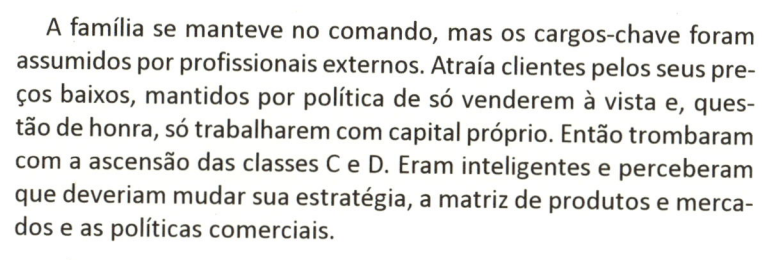

A família se manteve no comando, mas os cargos-chave foram assumidos por profissionais externos. Atraía clientes pelos seus preços baixos, mantidos por política de só venderem à vista e, questão de honra, só trabalharem com capital próprio. Então trombaram com a ascensão das classes C e D. Eram inteligentes e perceberam que deveriam mudar sua estratégia, a matriz de produtos e mercados e as políticas comerciais.

Adotaram um sistema de carnês para vendas a prazo, de administração cara e complexa, que aumentou o custo das operações e arruinou o fluxo de caixa. Pela primeira vez tiveram que procurar os bancos, não em busca de alavancar investimentos, mas para saldar dívidas com folha de pagamento e fornecedores. A administração financeira ficou complexa e contrataram um diretor que veio da área de cartões de crédito. Ele reestruturou o departamento de crédito. Nos primeiros meses de sua gestão, uma surpresa: as vendas ainda não davam conta de suprir os custos; os lucros vinham dos resultados financeiros provenientes dos financiamentos aos clientes.

Essa história me foi contada com muita emoção por um dos filhos mais velhos do fundador. Não estava resistindo à mudança necessária. Dizia que ainda bem que seu pai não estava vivo para assistir ao fato de a natureza do negócio já não ser cama, mesa, banho, geladeiras, fogões e eletrodomésticos, mas vender crédito.

Todas as competências que transformaram a lojinha de tecidos em forte rede de varejo estavam obsoletas e era necessário um programa de gestão das competências que revisasse desde a visão e missão até a requalificação de todo o quadro de chefias.

Em poucos meses foram redefinidas visão, missão e políticas. Todos os antigos valores foram preservados. As velhas e volumosas descrições de cargos e funções foram substituídas por poucas descrições de competências individuais e grupais subordinadas às novas competências essenciais. Os níveis gerenciais mais altos foram privilegiados, por serem estratégicos e formadores de opinião, em avaliações de adequação aos novos padrões e às estimativas de potencial. Essas informações instruíram remanejamentos, promoções, políticas de contratação, treinamentos e processos de coaching.

Gary Hamel & C. K. Prahalad: aceita um CHA?

As boas empresas trabalham em equipe, têm um marco de referência para o planejamento e estão fortemente orientadas para a qualidade dos serviços prestados aos clientes. Essas condições apenas as fazem competir em pé de igualdade com as demais: estão prontas para empatar o jogo, não para vencer. Equipe, foco e qualidade devem ser estrategicamente administrados, mas a vantagem competitiva está na capacidade que a empresa tem de pôr em ação suas *competências essenciais*.

HAMEL & PRAHALAD
Competindo pelo Futuro
Campus

Quando uma empresa não é capaz de se conceber em termos das competências essenciais, corre os seguintes riscos:

- Truncar as oportunidades de crescimento.

- Não conseguir escalar as pessoas para as unidades (áreas e departamentos) onde elas realmente possam contribuir com o máximo de seu potencial.

- Centrar-se em processos estanques. As competências ficam fragmentadas e enfraquecidas.

- Centrar-se em produtos, mercados e serviços. Não investir adequada e suficientemente em novas competências essenciais capazes de estimular o crescimento futuro.

As competências essenciais são a alma da empresa e precisam fazer parte do processo administrativo como um todo. Os chefes devem ser capazes de descrevê-las em termos semelhantes e partilhar com os subordinados os conhecimentos, as habilidades e as atitudes relacionadas a ela (*CHA*).

As competências essenciais são da empresa; a capacidade de operá-las é das pessoas. São os conhecimentos, as habilidades e as atitudes das pessoas que transformam intenções em resultados (Figura 7).

A gestão por competências é um processo complexo que:

- considera as declarações estratégicas da empresa (visão, missão, objetivos, estratégias);
- define as competências essenciais da empresa (vantagem competitiva, aprendizagem organizacional, tecnologia);
- lista as competências individuais ou grupais (requisitos para seleção, corporativas, departamentais, processos, projetos);
- avalia o nível atual das competências e seu impacto nos desempenhos individuais ou grupais das pessoas para exercê-las;
- estima o potencial para atuação futura;
- elabora planos de seleção de talentos e educação para que superem as deficiências atuais;
- elabora planos de desenvolvimento para levar as pessoas a níveis de prontidão para os desafios futuros.

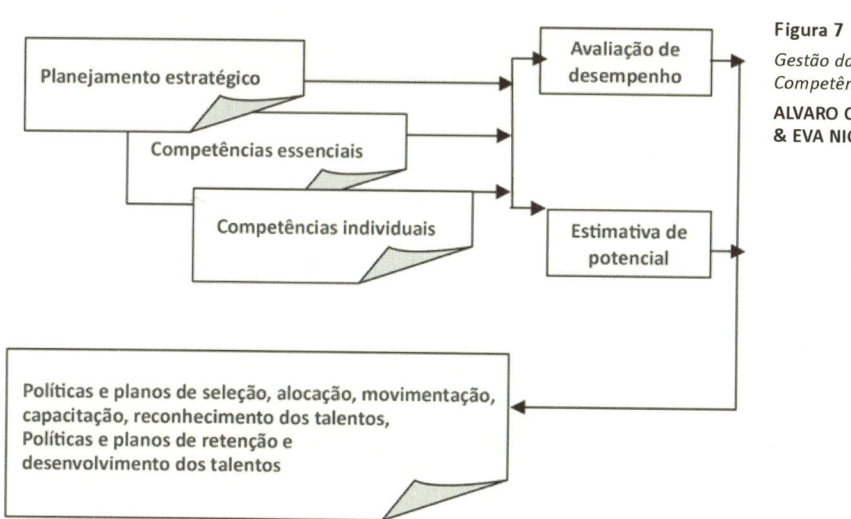

UNICONSULTORES
Gestão das Competências
www.uniconsultores.net

Figura 7
Gestão das Competências
ALVARO CABRAL & EVA NICK

A gestão por competência costuma se relacionar a planos e políticas de remuneração, incentivos, treinamento e desenvolvimento, carreiras, sucessão. É comum as empresas se limitarem – o que não é uma falha, mas uma etapa – a ter a gestão do conhecimento – na verdade, o enriquecimento dos tradicionais planos corporativos de treinamento. Essas transformações são complexas e afetam principalmente a gestão de Recursos Humanos. Os chefes dessas áreas responsáveis pelas mudanças devem ter, além das competências gerenciais, sólidos conhecimentos e habilidades em gestão estratégica de Recursos Humanos e capacitação como consultores internos corporativos.

Porém, não é um assunto que interessa somente às gerências da área de gestão de Recursos Humanos. Seria ótimo se o chefe tivesse boas descrições derivadas das competências essenciais da organização. Na vida real, talvez tenha de se contentar com descrições de função, requisitos de cargos ou procedimentos operacionais elaborados pelas áreas de processos. No mundo ideal, teria participado das análises e da redação das competências ou padrões. Sendo ou não sendo assim, não tem escolha: precisa avaliar o desempenho e estimar o potencial de seus subordinados e equipes.

Uma descrição prática das competências – de forma que sejam úteis para os chefes – é considerar que elas possuem três componentes. São conhecidos pela sigla CHA. Estas definições são importantes:

Dicionário Técnico de Psicologia
Cultrix

- **Conhecimento** é resultado do saber ou conhecer. Pode ser obtido através da apreensão que inclui a percepção. Formas mais complexas de conhecimento podem ser a compreensão ou o entendimento das relações e dos significados.

- **Habilidade** é a capacidade para realizar complexas tarefas motoras ou mentais com facilidade, precisão e adaptabilidade à variação de condições. A habilidade é avaliada pelos resultados obtidos, ou desempenho. Está relacionada – ou é quase outra forma de denominar – à capacidade, ou seja: o poder efetivo para realizar um ato físico ou mental, decorrente ou não do aprendizado. É eficaz quando dá condições para que uma tarefa seja desempenhada aqui e agora, se as necessárias condições externas o impuserem e sem que seja preciso um aprendizado adicional. A habilidade ou capacidade decorre do grau de maturidade da pessoa para a tarefa, aprendizagem, experiência.

- **Atitude** é uma predisposição adquirida e relativamente duradoura para responder de um modo coerente a dada categoria de situações ou pessoas. Inclui crenças e valores afetivos ou emocionais. A atitude não é diretamente observada mas inferida a partir da coerência das respostas dadas a determinadas situações, não pelo que elas são realmente, mas como a pessoa as percebe. Representa uma fusão de elementos afetivos e comportamentais que não foram adquiridos formal e conscientemente, mas de modo incidental no meio em que a pessoa viveu.

A única maneira de avaliarmos o *desempenho* de um subordinado, e, principalmente, medi-lo, é através dos resultados obtidos – metas cumpridas, por exemplo – e comportamentos observados. Um desempenho inferior ao desejado indica deficiências de capacidade ou habilidade e certamente está relacionado ao conhecimento das pessoas e à sua atitude em relação à tarefa a ser executada.

O chefe deve estar atento aos subordinados que demonstram *potencial* para ocupar posições futuras de maior responsabilidade ou executar tarefas de maior complexidade. A avaliação de desempenho se refere à competência da pessoa no passado, enquanto o *potencial* é uma *estimativa* sobre como a composição de conhecimentos, habilidades e atitudes presentes aponta para a capacidade futura resultante do amadurecimento, aprendizagem e acúmulo de experiência.

Avaliar desempenho e estimar potencial

É comum nas empresas a afirmação de que *a gestão de pessoas é responsabilidade dos chefes*. O que não é comum é dar informação, treinamento, recursos e tempo para que ele execute bem essas atribuições. Dependendo das boas práticas de gestão de Recursos Humanos, você deve ter sido envolvido nas discussões para definir as competências essenciais de sua empresa ou, pelo menos, as avaliações das competências individuais suas e de sua equipe. O mesmo deve ter ocorrido para o alinhamento da visão, missão, valores e outras declarações estratégicas. Caso contrário, deveríamos dar um puxão de orelhas no pessoal responsável pela gestão por competências.

Conhecê-las é imprescindível para que você execute bem algumas funções de gestão de pessoas, como: *selecionar bons profissionais; alocar pessoas, segundo seus perfis, em tarefas adequadas; avaliar desempenhos e estimar potenciais; reter talentos*. Seja qual for seu nível hierárquico, ou nomenclatura no organograma, o chefe tem a função estratégica de gerenciar as competências, das essenciais às individuais.

Comece a seguir esta lista de tarefas, dependendo de em que ponto do processo sua empresa está ou você foi envolvido:

CHEFIAR, SIMPLES ASSIM!...

1 – Alinhe-se às estratégias empresariais. Estude cuidadosamente as declarações estratégicas da empresa: *visão, missão, valores, políticas, crenças, diretrizes*. Além da documentação técnica, elas estão nos folhetos e quadrinhos esparramados pelas paredes. Não se preocupe com a terminologia, muitas vezes quem as escreveu leu os livros errados. O que importa é que elas expressam o pensamento estratégico da empresa. Para que não sejam apenas frases bem-intencionadas, devem estar alinhadas com a prática da área que você chefia. Reúna sua equipe, combinem e escrevam o que deverão fazer para que todos os *objetivos, metas, iniciativas* estejam rigorosamente coerentes com as estratégias empresariais.

2 – Identifique as competências individuais. Não as confunda com descrição de cargo ou funções. Concentre-se nas habilidades e conhecimentos necessários para que os objetivos, metas e iniciativas sejam eficazmente concretizados. Detenha-se com carinho nas atitudes. Uma boa lista não deve ter menos de cinco ou mais de dez competências descritas. Não caia no erro comum de descrever responsabilidades do cargo ou descrição das tarefas.

3 – Avalie as competências atuais de seus subordinados. Existem excelentes instrumentos de assessment. As empresas costumam aplicá-los apenas nos níveis gerenciais mais altos. Mas você pode caminhar por você mesmo. Faça uma lista em ordem decrescente dos subordinados pelo critério histórico de melhor desempenho. Para os do final da lista, responda a três perguntas:

- Ele sabe o que tem que ser feito?
- Ele tem habilidade ou experiência para fazer o que deve ser feito?
- Ele tem atitude, motivação ou vontade de fazer o que deve ser feito?

Não trate dessas avaliações agora, reserve para mais tarde.

4 – Estime as possibilidades futuras de desempenho. Os mais bem classificados em sua lista podem ter potencialidades para serem aproveitadas. Responda com toda honestidade:

- Seria uma boa aposta investir para aumentar seus conhecimentos?
- Seria uma boa aposta investir para aumentar sua experiência e habilidades?
- Ele estaria disposto a investir nele mesmo e motivado a aproveitar essa oportunidade?

Veja se pode fazer uma repescagem com aqueles do meio. Cuidado com os preconceitos. Lembre-se de que essa sua estimativa deverá ser refeita a qualquer momento diante de novas observações.

5 – Remaneje posições e responsabilidades. Coloque as pessoas certas no lugar certo segundo suas competências. Explique os critérios e assuma suas decisões. Faça que saibam e acreditem que nada é imutável e haverá mudanças posteriores, dependendo da dinâmica dos processos empresariais e do desempenho futuro.

6 – Defina estratégias de desenvolvimento. Baseado nas suas percepções – de novo, cuidado com os preconceitos –, combine com sua equipe os meios de superar os desníveis de competência e desenvolver os potenciais. Articule-se com o pessoal de Recursos Humanos, eles ficarão surpresos e felizes por encontrar alguém que faça o que eles o tempo inteiro tentam conseguir das chefias. Quem sabe colocarão você na lista deles dos bons potenciais.

7 – Enriqueça suas reuniões. As reuniões regulares de acompanhamento de metas e correção de processos não podem deixar de avaliar também o cumprimento das declarações estratégicas, tão importantes quanto os números das planilhas e orçamentos. Aproveite a oportunidade para rever suas observações e decisões.

A prática e a utilidade da avaliação do desempenho

Algumas empresas não têm um sistema de gestão das competências funcionando, mas não se colocam por essa razão na categoria das empresas mal administradas. Utilizam ferramentas clássicas para descrever cargos, funções e atribuições que podem funcionar.

Ainda se encontram sistemas de avaliação de desempenho – como sempre recheados de formulários a serem periodicamente preenchidos – medindo os subordinados pelos critérios de o quanto atendem o descrito nas responsabilidades do cargo, nos atributos das funções ou nos indicadores genéricos como pontualidade, cumprimento de prazos, respeito às ordens das chefias etc. Há também sistemas mal desenhados, mas não nos interessa criticá-los neste momento.

Seja qual for o nível técnico do processo formal de avaliação de desempenho, o chefe precisa dela para desempenhar bem o seu papel. Além da evidente razão de avaliar para a gestão dos resultados e dos motivos, é através dela que instrumenta suas decisões de acordo com o seu estilo de liderança.

Capítulo 6
MATURIDADE GRUPAL E ESTILOS DE LIDERANÇA

O chefe pode ficar confuso com tantas orientações conflitantes sobre qual o seu verdadeiro papel e como tomar decisões apropriadas a um líder. A única coisa que tem certeza é de que nunca será cobrado pelo seu estilo de liderança, mas sim pelos resultados.

Desanima quando, na pressão do dia a dia, não consegue aplicar o que ensinam os livros de autoajuda, o que lê nas revistas de negócios e ouve em palestras motivacionais nos encontros de chefia no final do ano. Teme que, ao ser exigente e cobrador, seja chamado de tirano; ou, se ouvir sua equipe e procurar ter gestão participativa, ser acusado de displicente.

Um dia como outro qualquer

O gerente de loja do hipermercado chega duas horas antes da abertura para o público. Verifica as gôndolas e vê que há produtos vencidos ainda não substituídos, descobre pontas de cigarro escondidas debaixo do balcão de frios. Anota mentalmente que precisa ter uma séria conversa com os supervisores de cada área.

Passando pela divisão de eletrônicos tem um arrepio: o funcionário encarregado de preparar os cartazes com preços e promoções tinha pendurado nos varais dezenas de bandeirolas com a logomarca da rede – que é vermelha – pintada de verde e amarelo, e outros com o slogan da empresa no lugar do *Ordem e Progresso* da Bandeira Nacional. Se isso fosse para a imprensa, seria um prato cheio para os patriotas de plantão. Manda o segurança retirar os cartazes e resolve que, antes do final do dia, terá uma conversa com o artista, que começara a fazer dessas coisas inspirado no seu curso de arte e comunicação.

Uma hora depois, chega a secretária. Chorosa, ela diz que não pode concluir a planilha de vendas que deveria ser enviada antes do almoço para a matriz, pois tivera um problema com o computador e o técnico da área de informática tinha dito *"para ela se virar, pois qualquer idiota tinha obrigação de saber aquilo"*. Não é a primeira vez que ele se recusa a colaborar com os colegas. Outro assunto para resolver.

Em sua mesa encontra um relatório perfeito, com posição de estoque, estatística de vendas, avaliação de fornecedores por área e categoria de produtos. Sem erros e, como nos últimos anos, entregue pontualmente pela manhã. Sente um calafrio: um bilhete desse seu empregado-modelo pedindo uma reunião para tratar pessoalmente de um assunto delicado. Irá para o concorrente em um mês e não queria que essa decisão causasse problema.

E agora: o que fazer e por onde começar?

A caixa de ferramentas do chefe

A literatura sobre liderança, desde os livrinhos de autoajuda até alguns tratados de pesquisadores sérios, ensina que para ser líder o chefe deveria possuir atributos santificados: ser visionário, amar seus subordinados, servi-los ao invés de comandá-los, doar-se permanentemente, ser o servo da mudança, possuir paixão, ousadia, e assim por diante. Talvez funcione para líderes religiosos, mas eu acho que nem sempre, caso contrário o mais piedoso de todos eles não teria chicoteado os vendilhões do templo.

Atributos descritos em comentário crítico no **Guia dos Gurus**
Joseph & Jimmie Boyett
Campus

Na reunião de apresentação de resultados, quando o que você fez será comparado com o que você prometeu, tente dizer algo assim: *"Minhas metas não foram atingidas, mas eu estou pleno de amor pelos meus subordinados e sei que eles me amam também"*.

Um bom líder deve fazer as coisas acontecerem e para tanto precisa que seus liderados façam as coisas certas. Simples assim! As habilidades de chefia e liderança são ferramentas que o líder, com determinação e competência, usa para conseguir que as coisas caminhem na direção correta e para mostrar aos subordinados como fazer isso acontecer.

Qualquer trabalhador quando é chamado para resolver um problema – uma máquina quebrada, por exemplo – leva sua caixa de ferramentas. Diagnosticado o problema, ele escolhe a ferramenta adequada; não é sempre a mesma para qualquer problema ou para qualquer lugar onde o defeito se encontra. Ele tem uma preocupação imediata – fazer a máquina voltar a funcionar –, e uma posterior – entender a causa da quebra e propor medidas preventivas para que o problema não volte a acontecer. Se for mais do que um técnico, compreenderá as finalidades e os princípios mecânicos que fazem a máquina funcionar e poderá projetar aperfeiçoamentos.

Não tratar todos igualmente; mas tratar desigualmente os desiguais

Tudo ia muito bem naquele instituto de pesquisa, ligado a uma multinacional da indústria química, até que os problemas começaram a pipocar em todos os departamentos. Metas não cumpridas, procedimentos corriqueiros de segurança não respeitados, indisciplina e até agressão física entre engenheiros e biólogos. Parecia que os chefes tinham desaprendido como liderar.

Aplicaram um instrumento de assessment genérico nos níveis de chefia desde a alta administração até os coordenadores de projetos de pesquisa. Era sobre os laudos com a interpretação dos resultados que a gerente de treinamento me expunha os problemas que enfrentava. O menor deles é que houvera quebra de confiança no processo. O sigilo das avaliações que fora prometido não se confirmara. Uma falha da empresa aplicadora dos instrumentos, quando do envio dos laudos por meio eletrônico, facilitou que os engenheiros da área de TI – afinal, eram os melhores do mercado – entrassem no sistema e, por pura peraltice, os tornassem disponíveis para toda a empresa.

Os laudos não eram conclusivos: muitos chefes com problemas tinham alta capacidade para trabalhar em equipe, envolver os subordinados no processo decisório, comunicação e feedback. Estes indicadores tinham sido informados como valores prioritários pelo presidente da empresa – ele mesmo um líder com histórico de sucesso na chefia de equipes de alta competência técnica e muito motivadas para o trabalho.

A gerente de treinamento exibia os gráficos, com as colunas das avaliações de muitas das chefias encalhadas na faixa vermelha, indicando perfil gerencial inadequado. Os laudos não explicavam a razão da súbita crise de liderança na empresa, fosse qual fosse o estilo gerencial da chefia.

Fomos interrompidos por um grupo que se dizia representante dos trainees e estagiários. Traziam uma revista de negócios que, em reportagem de capa, exaltava ideias inovadoras de gestão. Apoiados em exemplos de políticas de empresas do Vale do Silício, reivindicavam maior tolerância com seu modo de vestir e direito de trazer seus cachorros para o trabalho. Ela teve uma paciência enorme em ouvir todos os meninos e prometeu levar o assunto para a próxima reunião do comitê gestor.

Nos últimos meses a empresa havia conquistado muitos novos clientes com projetos desafiadores e lucrativos. Era também uma decisão estratégica para diminuir cada vez mais sua dependência de investimentos da empresa-mãe. Neste curto intervalo, aumentou seu quadro de pessoal de cento e quarenta técnicos altamente qualificados e experientes para quinhentos e vinte, contratando novos engenheiros de computação, químicos, biólogos, agrônomos e administradores. Os novos postos de chefia foram ocupados por técnicos de alta competência e com estilos de liderança parecidos com os valores do presidente e a cultura da empresa.

A reunião com o presidente foi tensa, mas ele compreendeu que havia necessidade de desenvolver a maturidade de liderança de suas chefias. Não com as evidências mostradas pelo instrumento de assessment – muito genérico para ser customizado em situações mais complexas –, porém através de entrevistas transversais com vários níveis hierárquicos e departamentos diversificados.

Nas entrevistas, encontramos chefes com subordinados de alta competência técnica e comprometidos com valores da empresa; outros lidavam com jovens inexperientes, mas pesquisadores dedicados. Alguns chefes relataram problemas com geniozinhos arrogantes e comprometidos apenas consigo mesmos. Completando a fauna, havia veteranos sem qualquer motivação para o trabalho e superados tecnicamente, cheios de ciúrne e sabotando o trabalho dos novos, e uma turma de meninos e meninas que se comportavam como se ainda estivessem na faculdade e seus chefes fossem os bedéis a quem tinham de enganar.

A solução era capacitar as chefias a, independentemente dos seus estilos, focar sua ação gerencial em dois pontos: cumprir suas metas e, ao mesmo tempo, desenvolver a maturidade de seus subordinados a partir do nível de atitudes e conhecimentos que possuíssem.

Os diretores, inclusive o presidente, colocaram como condição básica para que a proposta fosse aprovada o compromisso da gerente de treinamento com alguns princípios: não ir contra a visão, missão e valores que trouxeram o instituto de pesquisa àquele nível de prestígio; e a adoção de estilos gerenciais diferentes dos padrões anteriores seria sempre considerada circunstancial, transitória e um meio para consolidar nos subordinados e chefes os valores da empresa.

Hersey & Blanchard; Black & Mouton: não basta ter estilo

Conhecer seu estilo de liderança é uma boa ideia para o chefe avaliar o quanto pode contribuir para o êxito de sua equipe. Os estilos são preferências mais ou menos estáveis, quase um padrão encontrado nas respostas dadas aos estímulos decorrentes dos comportamentos de seus subordinados diante das situações cotidianas do trabalho.

CHEFIAR, SIMPLES ASSIM!...

Essas escolhas implicam um falso dilema sobre se o chefe, para produzir resultados, deve privilegiar decisões que garantam os métodos, processos, metas a serem atingidas; ou cuidar da motivação, crescimento de sua equipe e do clima de sua unidade. Essa última escolha não ignora os resultados, mas aposta em que somente a boa disposição dos subordinados acarretaria uma adesão aos objetivos da empresa.

⇐ Alta orientação para o trabalho, baixa preocupação com as pessoas. | Alta preocupação com as pessoas, baixa orientação para o trabalho. ⇒

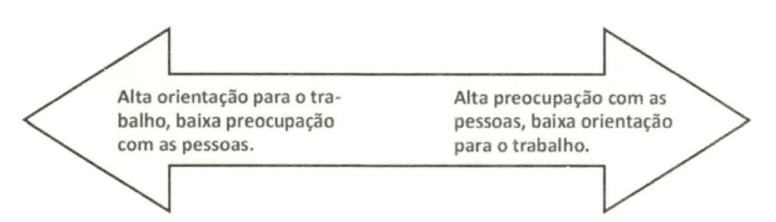

Figura 8
WARREN BENNIS & ROBERT TOWNSEND
Reinventing Leadership: Strategies to Empowerment the Organization

Orientação para o trabalho
Sistemas e estruturas
Controle dos subordinados
Previsibilidade e ordem
Conquistas das metas e objetivos
Planejamento rígido
Evitam riscos
Controlam equipes
Usam o poder do cargo
Evitam o desconhecido

Preocupação com as pessoas
Inovação
Desafio aos subordinados
Crítica ao estabelecido
Desenvolvem as pessoas
Planejamento flexível
Criatividade
Desenvolvem equipes
Usam o poder da influência
Transformam o estabelecido

A primeira falácia dessa dúvida é imaginar que haja conflito entre produzir resultados e satisfação das pessoas. Não é verdade que quanto mais o chefe se orienta para os resultados menos se preocupa com os motivos dos subordinados (Figura 8).

Um gestor atento chegaria à correta conclusão de que as escolhas não se excluem: por que não usar o poder do cargo para desenvolver pessoas e equipes? O que impediria usar a criatividade para haver previsibilidade, ordem e flexibilidade nos processos?

Uma forma de demonstrar essas possibilidades é desenhar quadrantes, cada um deles combinando *orientação para a tarefa e orientação para as pessoas*. Cada chefe conheceria o seu estilo de gestão conforme o balanceamento de suas preferências.

Há pelo menos duas escolas de pensamento importantes sobre estilos, eficiência de gestão e liderança defendidas por pesquisadores que as criaram (Figura 9):

PAUL HERSEY & KENNETH H. BLANCHARD
Adaptado de artigo publicado no *Training and Development Journal*
So you want to know your leardship style?

BLAKE & MOUTON
The Manegiral Grid

Mário Donadio 57

Figura 9
Justaposição dos modelos *Grid Gerencial*, de **BLACK & MOUTON** e *Liderança Situacional* de **HERSEY & BLANCHARD**

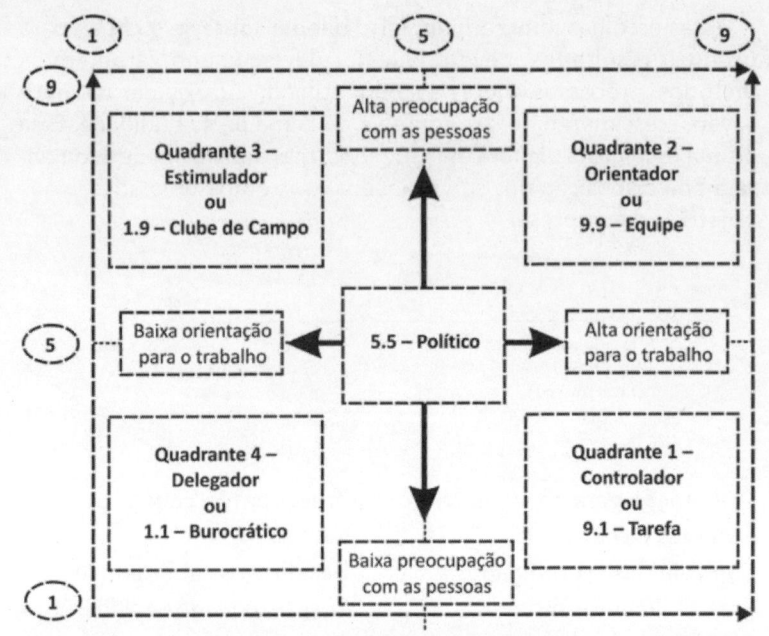

```
                1                      5                       9
         9  ┌─────────────────────────────────────────────────────┐
            │  Quadrante 3 –      Alta preocupação    Quadrante 2 – │
            │  Estimulador         com as pessoas      Orientador   │
            │     ou                                      ou        │
            │  1.9 – Clube de Campo                   9.9 – Equipe  │
            │                                                       │
         5  │  Baixa orientação    5.5 – Político    Alta orientação│
            │  para o trabalho                       para o trabalho│
            │                                                       │
            │  Quadrante 4 –                          Quadrante 1 – │
            │  Delegador                              Controlador   │
            │     ou                                      ou        │
            │  1.1 – Burocrático   Baixa preocupação  9.1 – Tarefa  │
            │                       com as pessoas                  │
         1  └─────────────────────────────────────────────────────┘
```

- Uma delas ensina que existe um *melhor estilo* e os chefes deveriam se esforçar para desenvolver seus comportamentos para se adequar a ele. Combinando escalas de 1 a 9, podem ser encontrados cinco estilos diferentes:

Estilo 9.9 – Estilo de equipe: fazer juntos.

Estilo 5.5 – Estilo político: fazer o que der para fazer.

Estilo 9.1 – Estilo de tarefa: fazer o que eu mandar.

Estilo 1.9 – Estilo clube de campo: fazer o que você quiser.

Estilo 1.1 – Estilo burocrático: fazer o que a norma mandar.

Medindo pela velocidade de carreira, motivação dos subordinados e alcance das metas empresariais, pesquisas concluíram que existe uma escala decrescente de eficiência: *Estilo de Equipe, Estilo Político, Estilo de Tarefa, Estilo Clube de Campo*, até a ineficiência máxima, *Estilo Burocrático*, comum nas empresas bizarras.

A segunda leva em conta que todos os estilos são eficientes e cabe ao chefe ter a perspicácia de, independentemente de suas preferências, adotá-los de acordo com a situação e a maturidade dos subordinados ou dos grupos, desde controlar os imaturos até delegar para aqueles de alta maturidade.

CHEFIAR, SIMPLES ASSIM!...

Quadrante 1 – Estilo controlador: fazer o que eu mandar.
Quadrante 2 – Estilo orientador: fazer o que eu ensinar.
Quadrante 3 – Estilo estimulador: fazer o que eu motivar.
Quadrante 4 – Estilo delegador: fazer em meu lugar.

O bom chefe deveria tomar decisões gerenciais de sorte a fazer a maturidade do grupo crescer para utilizar estilos evoluindo do Quadrante 1 ao Quadrante 4.

Superar metas e desenvolver competências

Para transformar os modelos teóricos em ferramentas práticas aplicáveis imediatamente, é preciso completar e dar sintonia fina ao que deve ser a tarefa de um chefe.

Ser chefe é produzir **resultados**...

- ... através de...
- ... motivando as...
- ... energizando as...
- ... dando significado ao trabalho das...
- ... em conjunto com as...
- ... _____ ...

... **pessoas**.

Dependendo do que os articulistas das revistas de negócios acreditam que seja melhor escrever para agradar seu público leitor, a definição do que é ser chefe é completada, como nos exercícios escolares, com uma das palavras centrais do enunciado. O mesmo ocorre com pesquisadores das diferentes escolas de administração, suas ideologias e modelos mentais.

- Duas palavras são permanentes: **resultados** e **pessoas**.

Seja qual for seu estilo gerencial, é pela produção de resultados que o chefe será avaliado. Caso trabalhe em empresa onde a remuneração variável está associada ao cumprimento das metas, isso afetará diretamente sua conta bancária. Quanto mais os seus subordinados e equipes forem competentes, maiores serão os seus ganhos e mais você será capaz de *fazer que façam*. O contrário disso é ser um técnico atolado em fazer as tarefas que seus espertos subordinados ficam *delegando pra cima*.

- Os resultados que você deve perseguir são dois: **superar metas** e **desenvolver a maturidade** de seus subordinados e equipes.

Empresas bizarras

Certas empresas não têm compromissos com resultados. O estilo predominante é 1.1.
Têm chefias inapetentes e subordinados displicentes. Ambos obedecendo as normas de pessoal.

Se há problema, cria-se uma regra.

Para que se sejam controladas mais pessoas são contratadas. Se os custos aumentam pedem-se mais verbas.

VER:
GRUPOS, EQUIPES E TIMES EFICAZES
Capítulo 11

Mário Donadio

CHEFIAR, SIMPLES ASSIM!...

É muito provável que as áreas de Recursos Humanos tenham programas estruturados para o desenvolvimento das competências. Mas as oportunidades para aperfeiçoar as maturidades individuais serão mais bem aproveitadas na sua relação do dia a dia com os subordinados. Cada situação-problema, cada dificuldade, cada desvio de resultados será oportunidade para você aperfeiçoar sua equipe. Sempre com foco na superação das metas, você fará isso tomando decisões que equilibram conhecimentos e habilidades técnicas e aspirações de seus subordinados (Figura 10).

Figura 10
TRILHA Z
Como superar metas e desenvolver conhecimentos, habilidades e atitudes dos subordinados

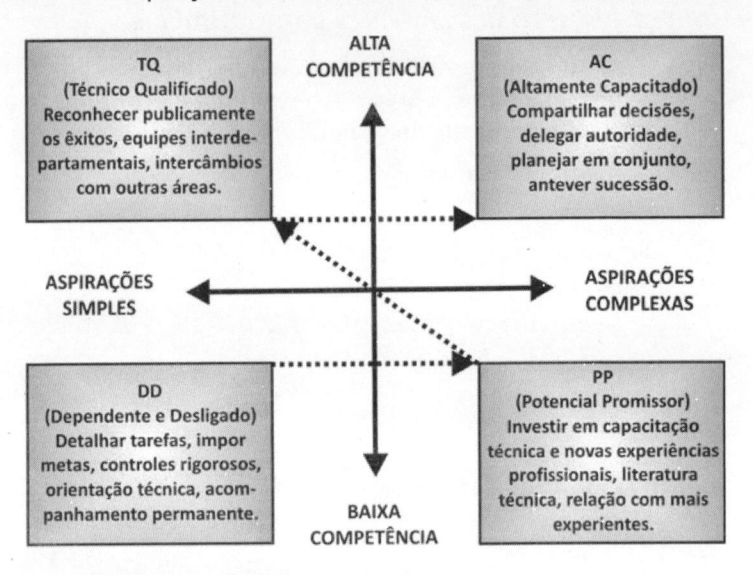

	ALTA COMPETÊNCIA	
TQ (Técnico Qualificado) Reconhecer publicamente os êxitos, equipes interdepartamentais, intercâmbios com outras áreas.		**AC** (Altamente Capacitado) Compartilhar decisões, delegar autoridade, planejar em conjunto, antever sucessão.
ASPIRAÇÕES SIMPLES		ASPIRAÇÕES COMPLEXAS
DD (Dependente e Desligado) Detalhar tarefas, impor metas, controles rigorosos, orientação técnica, acompanhamento permanente.		**PP** (Potencial Promissor) Investir em capacitação técnica e novas experiências profissionais, literatura técnica, relação com mais experientes.
	BAIXA COMPETÊNCIA	

1 – Conhecer a situação-problema

Sempre que se defrontar com uma situação-problema, avalie se está relacionada às competências e aspirações dos seus subordinados. Lembre que raramente um problema não envolve uma pessoa, seja vítima ou culpada. Elas ou criaram, ou operam, ou se beneficiam dos processos, equipamento, métodos, recursos etc.

2 – Avaliar que tipo de subordinado se relaciona à situação-problema

- **DD** – Dependente e Desligado. Pode ser o aprendiz recém-chegado, ou um empregado veterano que já desistiu de tentar ser útil. Como os operários apelidam no chão de fábrica, pode ser um *nó-cego* encrenqueiro. Pode ser vítima de gerentes despreparados ou zumbis criados pelas más políticas de treinamento da empresa. Não importa: sua produção é baixa e sua aspiração se limita a esperar o salário no final do mês.

CHEFIAR, SIMPLES ASSIM!...

- **PP** – Potencial Promissor. Pode ser um *trainee* entusiasmado ou alguém recém-alocado a uma nova função. Sempre cheio de ideias, muitas vezes pouco práticas. Na gíria da empresa, tem os *freios nos dentes*. Sorte sua se tiver muitos assim em sua equipe. Vestem a camisa da empresa e estão sempre dispostos a colaborar. Entretanto, não estão prontos, sua maturidade é potencial.

- **TQ** – Técnico Qualificado. Pode ser um geniozinho da computação, um especialista com alta formação e larga experiência nos processos industriais ou um campeão das planilhas sofisticadas. Dizem dele que tem o *rei na barriga*. Sobra produção impecável, no prazo e na qualidade, e falta paciência para trabalhar em equipe; pouco comprometido com as questões estratégicas da empresa e com as metas da unidade. Pronto a pedir demissão assim que receber oferta de melhor remuneração em outras empresas. Trabalha orientado para os bônus e o conforto pessoal.

> **Problema**
> Tem três características:
> 1 – É um processo teleológico, isto é, refere-se a uma situação específica.
> 2 – Sua solução é dividida em passos correspondentes a partes do problema.
> 3 – Para sua solução, utiliza operadores, modelos, métodos ou caminhos validados pela experiência ou teorias.

- **AC** – Altamente Capacitado. Parabéns! Sonho de todo chefe, meia dúzia deles faria as metas serem superadas antes do final do semestre. Você tem que levar toda a equipe até esse nível profissional. Talvez o perca em breve, pois ele tem tudo para ser promovido a funções de maior responsabilidade e costuma ser aliciado por concorrentes. Nas altas esferas decisórias da empresa ele é chamado de *estrela*.

3 – Decidir usando a Trilha Z

Trilha não é trilho. Você pode flexibilizar o caminho dependendo de muitas variáveis, inclusive sua própria habilidade como chefe e condições específicas da empresa e da sua unidade em particular. Compreenda entretanto que há uma trilha natural ou *pipeline* para as passagens de uma fase para outra no processo de desenvolvimento das competências de seus subordinados e equipe. Não é eficiente *pular* fases e os passos devem ser dados para a frente. Talvez, em algumas circunstâncias, você possa recuar na Trilha Z. Por exemplo, para que seu **AC**, descontente com a promoção que não veio, não descuide de realizar bem sua tarefa como faria um **TQ**. Claro que isso o desmotivaria; é o preço que você e ele pagarão para que as metas não sejam comprometidas.

> Seguir a **Trilha Z** é sempre avançar – garantindo as metas – na direção correta e de acordo com o estágio de prontidão técnica e atitudinal dos subordinados, para superar dificuldades específicas e previsíveis de cada passagem de fase.

- **DD** – Dependente e Desligado. Não brinque em serviço, olho nas metas! Invista um tempo listando tudo o que você espera dele, as tarefas que deve executar, o quê, quanto e quando.

CHEFIAR, SIMPLES ASSIM!...

Trilha Z
Tem como fundamento teorias atualizadas sobre liderança validadas pela experiência em décadas de treinamentos e consultorias para desenvolvimento de supervisores e gerentes em centenas de empresas.

Revê modelos que preconizam o *único melhor estilo* e provocam desconfiança dos gerentes sobre sua aplicabilidade em equipes de diferenciadas maturidades.

Aperfeiçoa aqueles baseados na *flexibilidade de estilos* e que se perdem em exercícios estatísticos desanimadores.

Trilha Z foca a superação das metas e contempla a responsabilidade do chefe no desenvolvimento de sua equipe.

Fornece ao mesmo tempo ferramentas práticas aplicáveis nas situações reais vividas no dia a dia da empresa.

Faça marcação *homem a homem*. Ignore os adjetivos impublicáveis que ele usará para descrever você pelas costas. Claro que você ficará louco se tiver que conviver com esse comportamento para sempre. Antes de demiti-lo, tente salvá-lo: influencie sua atitude, primeiro as aspirações com relação à própria carreira, depois aceitar e aplicar suas orientações técnicas. Boa sorte!

- **PP** – Potencial Promissor. Ele é bom, mas é um profissional ainda cru. As situações-problema poderão se originar de erros, muitas vezes amplificados por seu entusiasmo e sua vontade de fazer melhor. Seu ponto forte são as aspirações complexas. Lerá os livros que você recomendar, aproveitará sugestões dos prolixos relatórios técnicos escritos por nós, consultores, e não reclamará dos treinamentos, mesmo aqueles marcados nos feriados emendados. Corrija as deficiências dando feedbacks sempre em termos de seu desenvolvimento profissional. Além de garantir as metas (claro!), você estará formando um técnico qualificado.

- **TQ** – Técnico Qualificado. Você não precisa ensinar nada para que as metas sob sua responsabilidade sejam alcançadas. As situações-problema provavelmente estão relacionadas à sua atitude com a equipe interna, chefias de outros departamentos e aparente desprezo pelos colegas menos competentes. Reconheça publicamente seus êxitos. Não faça elogios simplórios, ele é suficientemente inteligente para perceber o jogo. Escale-o para reuniões interdepartamentais ou de pesquisa em outras empresas, principalmente se nelas estiverem profissionais com mais informações e experiência. Entenda que essa decisão não é para *cortar suas asas*, e sim para que ele se envolva emocionalmente com as tarefas e, de quebra, produza inovação. Aproveite-o como instrutor de treinamentos técnicos. Provavelmente suas aulas serão chatas – não é a praia dele –, mas ele aumentará suas aspirações além do técnico e estabelecerá relações amigáveis com os colegas. Com sorte, em pouco tempo ele chegará ao nível de alta capacitação.

- **AC** – Altamente Capacitado. As situações-problema que trará estarão provavelmente relacionadas à preocupação com o cumprimento das metas da unidade, desempenho da equipe, conflitos – não causados por ele – no relacionamento e negociação com outras áreas. Talvez aponte alguns pontos a serem aperfeiçoados em você como chefe. Aproveite: ele é seu grande parceiro nas tomadas de decisões, escale-o para orientar o grupo em suas dificuldades técnicas. É a pessoa ideal para substitui você em suas ausências. Não o tema, outra virtude dele é ser leal a você.

4 – Avaliar e aprender com as consequências das decisões

Será o conjunto de suas decisões, disciplina e persistência no uso da **Trilha Z** que produzirá resultados perceptíveis e crescentes. O grande ganho, entretanto, será o seu próprio aprendizado e desenvolvimento como chefe.

- As metas estão sendo alcançadas ou superadas? Subordinados, equipes e chefes competentes produzem resultados tangíveis.
- Diminuíram as situações-problema e, muito importante, elas estão por sua vez caminhando pela **Trilha Z**? Explicando: é melhor você ocupar seu tempo desenvolvendo o potencial de um subordinado ou humanizando um supertécnico do que se aborrecer com as reclamações de um dependente.
- Você conhece melhor seus subordinados, suas capacidades e expectativas, sendo capaz de se relacionar com eles em superiores níveis de diferenciação?
- Você se sente mais seguro e menos estressado como chefe?

Depois dos fundamentos e habilidades, as práticas

Tomar a decisão correta, com as pessoas certas, na situação específica é resultado de vários fatores relacionados às habilidades de chefia e liderança:

- Ir além dos valores e práticas de um técnico, ainda que altamente qualificado.
- Ter as lentes polidas para melhorar suas crenças sobre as pessoas e o trabalho.
- Aprimorar suas competências emocionais.
- Compreender os motivos e significados do trabalho para as pessoas.
- Avaliar desempenho e estimar o potencial para desenvolver competências.

Mas não se esgotam aí as aplicações dessas habilidades. São elas que fundamentarão e darão eficácia a muitas outras práticas importantes para a atuação do chefe.

CHEFIAR, SIMPLES ASSIM!...

Serão vistos nos próximos capítulos: *comunicação, negociação e tratamento de conflitos, trabalho em equipe, delegação, participação e compromisso.*

PARTE II
FERRAMENTAS E PRÁTICAS DE LIDERANÇA

- Comunicar, dar e receber feedback e ser assertivo
- Usar ferramentas de coaching para melhorar desempenhos e desenvolver competências
- Administrar conflitos e aplicar boas práticas de negociação
- Liderar times
- Delegar e dar poderes aos subordinados (*empowerment*)
- Motivar e obter compromisso de pessoas e equipes

Estante do chefe

Créditos aos autores e suas obras serão apresentados nas notas à margem.

Alguns gurus são destaque pela influência que têm nas teorias sobre liderança, educação, antropologia.

Muitos clássicos lamentavelmente não são mais encontrados nas livrarias; porém, a partir das referências, podem ser pesquisados em sites de busca na internet.

Nesta página estão listados os mais importantes, como bases conceituais dos próximos capítulos sobre **FERRAMENTAS E PRÁTICAS DE LIDERANÇA**

BLOCK, PETER
GERENTES PODEROSOS, A ARTE DE EMANAR PODER – McGraw-Hill
Utilizar a habilidade política e a força do poder resolvendo problemas de sucessão, preservação e continuidade das empresas. Um livro fundamental sobre empowerment.

HAMEL, GARY E PRAHALAD, C. K.
COMPETINDO PELO FUTURO – Campus
A luta pelo futuro começa com a batalha da liderança intelectual. Ao invés de pensar a empresa como um conjunto de unidades de negócios, os líderes deveriam encará-la como um conjunto de competências essenciais: habilidades e tecnologias que permitem oferecer benefícios aos clientes.

MASLOW, ABRAHAM H.
MASLOW NO GERENCIAMENTO – Qualitymark Editora
Um clássico sobre a natureza, o propósito, a motivação e o comportamento humano no local de trabalho. PETER DRUCKER recomendava: "Este é o mais importante livro de Maslow e, sem dúvida, o de maior alcance no tempo. Exerceu um impacto duradouro sobre minhas ideias."

PICHON-RIVIÈRE, HENRIQUE
O PROCESSO GRUPAL – Martins Fontes
Trata da integração entre tarefa e objetivos relacionados à aquisição de conhecimentos, soluções de conflitos, dificuldades interpessoais, comunicação e ansiedade frente à mudança. Indicado para facilitadores de grupos e líderes de treinamento e desenvolvimento. Nenhuma pessoa deveria se propor a coordenar dinâmicas nas empresas sem domínio e experiência em grupos operativos.

URY, WILLIAN L.; FISHER, ROGER; PATTON, BRUCE
COMO CHEGAR AO SIM – Imago
Separar as pessoas do problema, concentrar-se nos interesses, trabalhar junto, não ceder a pressões ou jogos sujos. Livro seminal sobre negociação.

Capítulo 7
COMUNICAÇÃO, FEEDBACK E ASSERTIVIDADE

Um dos desafios mais críticos para um chefe nas complexas organizações – globalizadas, descentralizadas, grande número de subordinados, culturas diferentes entre áreas e filiais – é manter-se informado sobre os indicadores necessários para a eficácia de sua gestão. A tecnologia da informação tem dado respostas poderosas, mas não suficientes, para as necessidades fundamentais da comunicação, que são o relacionamento interpessoal e o uso que os chefes fazem para colocar as ferramentas a serviço da gestão.

Comunicação não é apenas tecnologia de informação

Ligar o computador é a primeira coisa que você faz ao chegar à empresa, seja um chefe de alto nível ou um supervisor operacional. Antes disso, enquanto espera o sinal de trânsito abrir no cruzamento, ou no ônibus executivo da empresa com recursos *wireless*, já terá lido os e-mails e torpedos enviados pela madrugada.

Mais de uma hora do começo do dia é ocupada – perdida? – lendo e respondendo centenas de e-mails, alguns enviados diretamente a você; outros, cópias com assuntos nada relacionados a providências ou decisões de sua responsabilidade. Por via das dúvidas você os replica, tomando cuidado em utilizar o modo *responder para todos*. Para um deles, com instruções da área financeira para preenchimento da nova planilha de custos, faz uma lista com dez perguntas pedindo explicações sobre os termos utilizados.

Na sua mesa dormem vários relatórios para que conheça ou dê sua opinião; deixa para levar para casa no final de semana. Volta ao computador e, no sistema de informações gerenciais, começa a preencher dados em formulários eletrônicos complicados que, segundo lhe disseram quando implantados, viriam para facilitar a comunicação entre as áreas.

No almoço, um dos seus subordinados diz que precisa tratar de alguns assuntos importantes. Você pede que ele mande um e-mail, assim será mais fácil responder quando tiver tempo. À tarde participa de uma reunião de duas horas com o diretor de outra área comunicando novas regras para que as informações circulem com mais velocidade entre matriz, filiais e fábricas. Só não dormiu porque levou seu leal amigo smartphone e não se desconectou do mundo.

Antes de ir embora, copiou para o *pendrive* vários arquivos para trabalhar em casa. Mais uma noite em que não terá tempo de conversar com seu filho que quer lhe contar como fez o gol decisivo no campeonato entre as classes de sua escola. No elevador, o gerente de TI perguntou se tinha lido o e-mail onde informava que em um ou dois meses estariam no ar novos e sofisticados sistemas que iriam resolver definitivamente os problemas crônicos de comunicação da empresa.

Computação, doença infantil da comunicação

Um paradoxo do mundo contemporâneo é que, quanto mais os sistemas de informação se sofisticam, mais os chefes se queixam da falta de comunicação e dos mal-entendidos entre o que as pessoas comunicam e o que seus interlocutores entendem. Para começo de conversa, a palavra *comunicam* na frase anterior está mal utilizada.

Não há ingênuo que imagine que poderiam, neste mundo globalizado, ser suprimidos os sistemas que possibilitam conexão instantânea entre pessoas, áreas e empresas. Sem eles, as decisões seriam tomadas com velocidade incompatível com as exigências dos negócios atuais e as chefias não teriam indicadores em quantidade e confiabilidade para conduzir sua gestão.

As empresas estão corretas quando sofisticam seus sistemas e tecnologias de processamento de informações. Chefes atentos à sua empregabilidade e eficácia de sua gestão sabem que precisam conhecer muito bem as novas ferramentas sistêmicas e dominar o uso dos equipamentos que servem para se manterem conectados vinte e quatro horas por dia.

É da primeira metade do século passado o pensamento de que a melhoria da produtividade das fábricas era diretamente proporcional à melhoria dos equipamentos e processos industriais. Bons chefes deveriam cuidar de fazer os subordinados se adaptarem aos recursos criados pelos engenheiros. O foco era o bom uso das máquinas.

Quase um século depois – quando a vantagem competitiva depende do volume e da qualidade de informações das pessoas e da eficácia de sua aplicação –, o mesmo sarampo está presente nas empresas: o pensamento de que a melhoria da comunicação está diretamente relacionada à sofisticação de sistemas e equipamentos. Então, bons chefes devem gerenciar com foco no uso das máquinas – epa... dos computadores! – e na adaptação dos subordinados aos recursos criados pelos analistas de sistemas.

CHEFIAR, SIMPLES ASSIM!...

Levou mais ou menos cinquenta anos para que empresas e chefes compreendessem que a produtividade não estava nas máquinas, mas no uso eficiente que os chefes eram capazes de fazer os empregados extraírem de seus recursos. O salto tecnológico é datado por muitos como tendo ocorrido por volta dos anos 90. Tomara que chegue antes de 2040 o entendimento de que a comunicação não está nos equipamentos, mas no uso que os chefes consigam fazer que seus subordinados extraiam das máquinas.

Os computadores armazenam e processam informações, as pessoas se comunicam em relações interpessoais, melhores quanto mais forem *entre e pessoais*.

As barreiras à comunicação em um processo de fusão de empresas

Na fusão de duas grandes empresas do setor agroindustrial houve uma inteligente engenharia financeira e tudo parecia estar resolvido na alta administração com os cargos de direção distribuídos uniformemente entre os oriundos das duas empresas. Entretanto, nos níveis gerenciais médios e chefias operacionais as coisas não estavam tão bem assim. Para que houvesse integração entre os empregados, os departamentos administrativos foram mesclados. Chefes de uma empresa foram deslocados para postos equivalentes na outra.

Ambas as empresas tinham tecnologia parecida para o processamento de matéria-prima agrícola e distribuição para o varejo consumidor de produtos alimentícios. Historicamente, uma delas se aperfeiçoara na qualidade dos seus processos industriais e no bom relacionamento com produtores. Os chefes eram em sua maioria técnicos especialistas orientados para a qualidade nutricional e o sabor dos alimentos. Usavam uniformes verdes e quase toda a empresa, inclusive na logomarca, tinha o verde como a cor-padrão. Eram chamados pejorativamente, pelos da outra empresa, de *pepinos ambulantes*.

A outra empresa também processava matéria-prima agrícola e atuava no mesmo mercado de varejo de produtos alimentícios. Os chefes e as equipes eram orientados fortemente para o mercado e vendas; usavam frequentemente o jargão do marketing e trabalhavam de terno. Nas suas origens, as embalagens tinham o vermelho como cor predominante, isso aparecia agora na logomarca e até nas gravatas dos executivos. Eram chamados pejorativamente, pelos da outra empresa, de *tomates engravatados*.

Mário Donadio

CHEFIAR, SIMPLES ASSIM!...

A fusão, todos esperavam, iria dar ótimos resultados, pois integraria a alta competência industrial e operacional de uma delas com a desenvoltura administrativa e foco em vendas da outra. Os escritórios centrais ficaram onde já eram os da empresa *vermelha* e a gestão das duas fábricas centralizadas na antiga planta da empresa *verde*.

Ao contrário do esperado, não houve sinergia, as chefias não conversavam entre si, escondiam informações umas das outras, operários e auxiliares administrativos evitavam viajar no mesmo ônibus e davam um jeito de se isolarem nos restaurantes. Fábricas não trocavam informações entre si e com o escritório central, e o sofisticado sistema de comunicação via intranet era ignorado. Os custos aumentaram, as vendas caíram, as boas relações com fornecedores deterioraram, o processo industrial e a qualidade chegaram a níveis críticos de erros e retrabalhos.

A pedido da diretora de Recursos Humanos, preocupada com o clima, conversei com vários chefes, de diferentes áreas e origens, de ambas as empresas. Encontrei dois problemas interligados: o sentimento dos verdes de terem sido invadidos pelos vermelhos – uma tropa estrangeira. E, pelos vermelhos, a resistência a obedecer ordens de gente de fábrica, que julgavam nada entender de negócios – os verdes.

Quando fui apresentar minhas observações para os dirigentes fiquei esperando em uma sala. Nela havia dois *flipcharts* com apontamentos que pareciam conclusões de uma reunião anterior. As frases eram escritas umas com letras vermelhas, outras com letras verdes. Durante nossa conversa negaram que havia este sentimento de invasão e que os apelidos *pepino* e *tomate* faziam parte de brincadeiras bem-humoradas que ninguém levava a sério. Havia o cuidado de sempre envolver participantes das duas origens no processo decisório. Não deixei de observar as gravatas vermelhas de uns, que usavam ternos, e os tons verdes das camisas informais e jeans de outros.

Pedi que olhassem os *flipcharts*. Todas as decisões que envolviam questões estratégicas estavam escritas com letras vermelhas; todas aquelas operacionais, com letras verdes. Na lista de riscos e oportunidades, os pontos fracos estavam em verde e os pontos fortes, em vermelho. Não importava se não era sabido ou se a alta administração achava melhor fingir que não existiam os problemas de comunicação entre os dois grupos. Todos os canais de comunicação estavam entupidos.

Os verdes sentiam-se invadidos mas não eram assertivos ao tratar desse assunto com os vermelhos. Compensavam o desconforto usando o apelido pejorativo em suas conversas. O mesmo faziam os vermelhos, evitando dizer como entendiam a importância das vendas para a empresa e não ouvindo os pontos de vista da produção, tão valorizados pelos verdes. Não foi difícil decidir o que fazer: era preciso instalar um amplo processo de comunicação em toda a empresa. Em palavras mais simples: fazer com que as pessoas conversassem!

Em alguns meses praticamente todas as chefias de todos os níveis foram envolvidas em workshops sobre dinâmicas e ferramentas de comunicação. Discutiam em cada um deles as questões reais e inevitáveis em processos de fusão, diferenças de percepção e códigos de comunicação, superação de dificuldades em dar e receber feedbacks e formas eficazes de lidar com assertividade. As frases agressivas sobre pepinos e tomates passaram a ser consideradas apenas como estágios superados de falta de comunicação.

Whitaker; Joseph Luft & Harry Ingham: feedback, feedforward, comunicação e relacionamento interpessoal

Comunicação exige *entendimento* para que as ideias, ordens ou informações produzam impacto nos resultados. Nas origens latinas, *communicare* queria dizer *pôr em comum*. A mensagem deve ser escrita ou falada de um modo que ambos tenham o mesmo idioma, conheçam os significados das palavras utilizadas. Quem já não ficou perplexo, se for da área de tecnologia, ao assistir a uma palestra do diretor financeiro, e vice-versa...

O chefe, quando quer pôr em comum uma informação, *transmite* ideias ou imagens impregnadas de significados oriundos de sua experiência anterior. Seu subordinado pode ou não *receber* corretamente a mensagem se tiver a atenção despertada. Ele interpretará, segundo sua experiência anterior, o significado do que está sendo dito ou escrito.

A comunicação é carregada dos *sentimentos* que tanto o chefe quanto o subordinado têm sobre as situações circunstantes ao fato e das percepções que cada um tem em relação ao conteúdo *substantivo* da mensagem. O *contexto* onde a comunicação ocorre é determinado e determina as percepções recíprocas, a cultura da empresa, os estilos de liderança, as formas de trabalhar conflitos e as estratégias de negociação.

VER:
PERCEPÇÃO
E LENTES
GERENCIAIS
Capítulo 2

CHEFIAR, SIMPLES ASSIM!...

A comunicação na empresa não ocorre sobre fatos substantivos transmitidos, mas sobre percepções como as mensagens são recebidas. Para que essas percepções estejam mais próximas dos fatos – resultados, metas, processos operacionais, competências, desempenho –, o chefe deve assumir o papel de receptor e o subordinado, de transmissor. O feedback corrige desvios de percepção, desacertos de vocabulário.

Claro que tudo o que foi dito aqui sobre a comunicação chefe e subordinado – objeto do livro – vale para todo tipo de comunicação humana, seja ela oral, escrita ou corporal.

Componente que completa o processo é o **feedforward**. Controle sobre quais regras e cuidados devem ser instituídos, **antes**, para assegurar a perfeita compreensão das mensagens. Dar e receber feedback são competências fundamentais para a eficácia de um chefe.

Quando os fatos não estão acontecendo como deveriam acontecer, esse desvio deve ser corrigido o mais rápido possível; quando tudo estiver conforme o desejado, o acerto deve ser reforçado (Figura 11).

Figura 11
Criada conforme
J. R. WHITAKER PENTEADO
A Técnica da Comunicação Humana
Pioneira

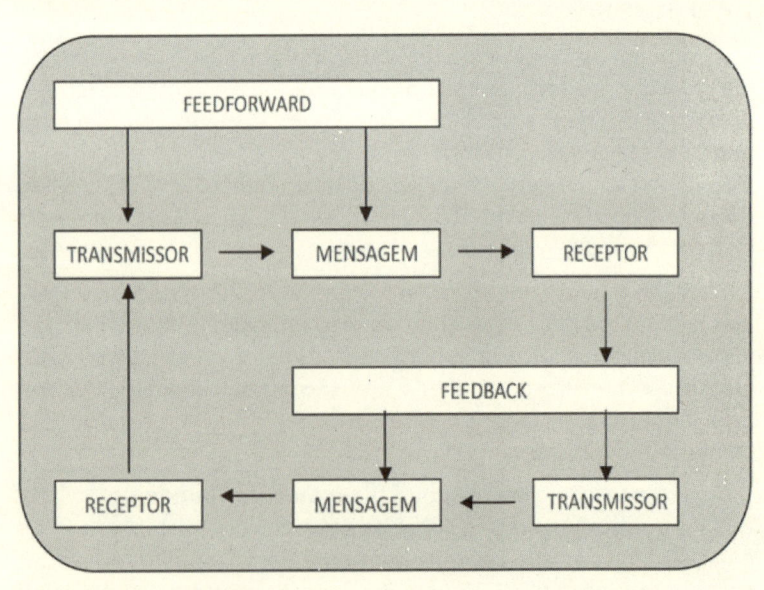

Desvios de desempenho mais complexos aconselham processos elaborados de correção, como coaching, treinamentos ou mudança nos estilos de gestão.

CHEFIAR, SIMPLES ASSIM!...

- **Feedback corretivo** – O chefe detecta o desvio; identifica a causa e o responsável, emite a mensagem corretiva e recoloca o processo não-conforme na direção do resultado planejado. A correção será mais efetiva se o próprio subordinado vier ao chefe pedindo orientação.

    VER:
    COACHING
    PARA MELHORAR
    DESEMPENHOS
    Capítulo 8

- **Feedback de reforço** – O chefe detecta fortes acertos e avalia que, se o processo for mantido com a mesma qualidade, o resultado estará garantido. Identifica o responsável, aponta – e agradece! – os comportamentos que devem ser mantidos.

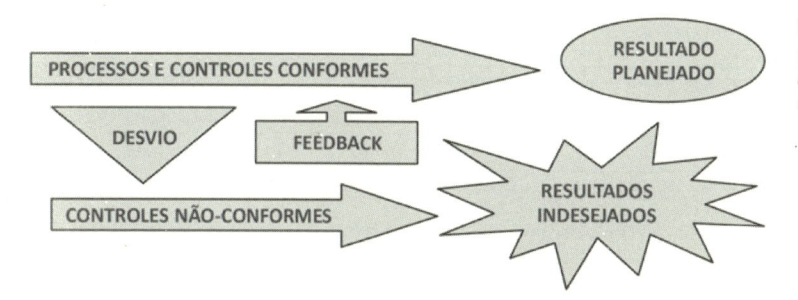

Figura 12
Feedback de correção e de reforço

Nas duas situações, deverá ser garantida a manutenção das relações de confiança chefe-subordinado, melhoria do relacionamento interpessoal, aprendizado e crescimento de ambos os interlocutores (Figura 12).

Os processos de comunicação gerais dentro da empresa adquirem importância crítica na relação do chefe com seus subordinados e equipe pela eficácia das comunicações e, principalmente, nas suas capacitações para produzir resultados.

Dois elementos podem ser isolados para compreender a eficiência de comunicação do chefe e as consequências nas relações interpessoais, clima e motivação. O balanceamento de atitudes e comportamentos como expositor e como receptor de feedback define quatro estilos de comunicação.

Tente identificar, mesmo que de uma maneira um tanto imprecisa, qual sua área de conforto nos processos de comunicação. Não há resposta correta, tampouco é um teste psicológico. Apenas ajuda você a ter um ponto de reflexão menos difuso.

Faça uma marca em cada casela das tabelas adiante. Onde você se colocaria nessas escalas?

1 – Quanto à facilidade de receber feedback

Peço aos meus subordinados que avaliem meu desempenho:

2	4	6	8	10	12	14	16	18	20
Nunca	Raramente		Frequentemente				Sempre		

Meus subordinados apontam meus erros:

2	4	6	8	10	12	14	16	18	20
Nunca	Raramente		Frequentemente				Sempre		

Peço aos meus superiores que avaliem meu desempenho:

2	4	6	8	10	12	14	16	18	20
Nunca	Raramente		Frequentemente				Sempre		

Corrijo meu desempenho a partir dos feedbacks recebidos:

2	4	6	8	10	12	14	16	18	20
Nunca	Raramente		Frequentemente				Sempre		

Fico incomodado quando não sei como sou percebido pelos outros:

2	4	6	8	10	12	14	16	18	20
Nunca	Raramente		Frequentemente				Sempre		

Some as pontuações das escalas acima e marque na tabela abaixo conforme os intervalos. Exemplo: soma 71 até 79, marque em >70.

>0%	>10%	>20%	>30%	>40%	>50%	>60%	>70%	>80%	>90%

2 – Quanto à facilidade em exposição

Digo aos meus subordinados como avalio os seus desempenhos:

2	4	6	8	10	12	14	16	18	20
Nunca	Raramente		Frequentemente				Sempre		

Aponto os erros de meus subordinados:

2	4	6	8	10	12	14	16	18	20
Nunca	Raramente		Frequentemente				Sempre		

Digo aos meus superiores como avalio seus desempenhos:

2	4	6	8	10	12	14	16	18	20
Nunca	Raramente		Frequentemente				Sempre		

Espero que meus superiores mudem a partir dos feedbacks que lhes dou:

2	4	6	8	10	12	14	16	18	20
Nunca	Raramente		Frequentemente				Sempre		

Fico incomodado quando não posso expor minhas percepções:

2	4	6	8	10	12	14	16	18	20
Nunca	Raramente		Frequentemente				Sempre		

Some as pontuações nas escalas acima e marque na tabela conforme os intervalos. Exemplo: soma 31 até 39, marque em >30.

>0%	>10%	>20%	>30%	>40%	>50%	>60%	>70%	>80%	>90%

CHEFIAR, SIMPLES ASSIM!...

3 – Desenhe sua janela ou área de conforto

Nos gráficos adiante, considere as pontas das flechas facilidade em receber feedback (linha horizontal) e facilidade em exposição (linha vertical) como sendo 100%.

Estime e marque, em cada um dos eixos, a localização das porcentagens que obteve nas somas das pontuações do conjunto das tabelas 1 – feedback e 2 – exposição. Por exemplo: >50% será exatamente no meio do eixo; >30 mais ou menos no primeiro terço do eixo; >90% quase no extremo do eixo.

A partir dessas marcas, trace duas linhas, horizontal e vertical, de forma que se cruzem e definam quatro quadrantes de tamanhos diferentes. Será o formato de sua Janela (Figura 13).

Figura 13
JANELA DE JOHARI
Desenvolvida por
JOSEPH LUFT E HARRY HINGAN

Feramenta prática para o diagnóstico e melhoria da comunicação chefe, subordinado e equipe

Veja qual é a Janela mais próxima de seu desenho.

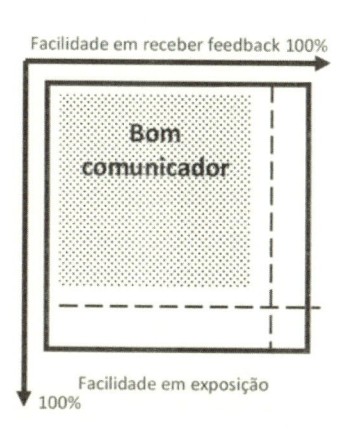

CHEFIAR, SIMPLES ASSIM!...

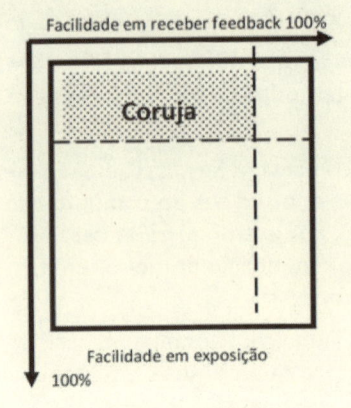

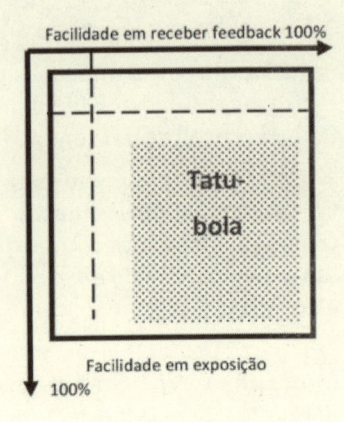

Adaptado de
SILVINO JOSÉ FRITZEN
Janela de Johari
Vozes

Facilidade de exposição/facilidade em receber feedback

- **Comunicador:** o estilo mais produtivo nas comunicações e favorecedor de bons relacionamentos interpessoais. Comunicação franca, problemas tratados abertamente, confiança em expor dificuldades e corrigir problemas.

Facilidade de exposição/dificuldade em receber feedback

- **Papagaio:** diz aos subordinados o que pensa e o que sente; sem disposição para ouvir os pontos de vista e os sentimentos alheios.

Dificuldade de exposição/facilidade em receber feedback

- **Coruja:** sua definição de comunicação é o questionamento constante, mas não informa suas percepções e seus sentimentos sobre os subordinados e equipe.

Dificuldade de exposição/dificuldade em receber feedback

- **Tatu-bola:** escondido dentro de si mesmo, não se esforça para que conheçam seus propósitos ou sentimentos, tampouco se preocupa em saber quais as dificuldades e as vontades dos subordinados. É um observador do grupo.

Ser assertivo e manter o bom relacionamento interpessoal

O chefe deve ter boa comunicação com seus subordinados, equipe, colegas e superiores. As Janelas de Johari ilustram as preferências individuais. As áreas de conforto Papagaio, Coruja e Tatu-bola, sejam quais forem os motivos para que predominem, impactam negativamente no clima, no relacionamento interpessoal e na produtividade. Chefes papagaios geram subordinados corujas. É quase impossível imaginar como um tatu-bola pode gerenciar. É uma questão de atitudes que serão estimuladas pelo exemplo e disponibilidade. Climas francos de exposição acendem os ânimos recíprocos para dar e receber feedback. Cabe ao chefe a iniciativa de abrir as janelas.

Habilidades para dar feedbacks corretivos

- **O feedback só será efetivo se produzir dois resultados:** mudar um comportamento indesejável e contribuir para o bom relacionamento. Portanto, deve ser focado em um fato concreto, observável e de modo a não constranger o subordinado que está sendo corrigido. Conversas delicadas devem ser particulares.

- **Feedforward pode antecipar o feedback:** preveja situações onde haverá maiores possibilidades de comportamentos indesejáveis, comunique procedimentos preventivos para que não aconteçam e antecipe providências a serem tomadas caso sucedam.

- **O feedback deve ser sobre algo relevante:** comportamentos que afetam resultados, qualidade dos produtos ou serviços, segurança do trabalho, regularidade dos processos, harmonia da equipe, clima do trabalho. Cuidado com suas manias e preconceitos sobre modos de vestir, tipos de personalidades, preferências, vida pessoal ou atitudes dos subordinados que nada têm a ver com exigências do trabalho.

- **O feedback deve ser oportuno e adequado:** quanto mais próximo da ocorrência do comportamento indesejado, mais a chance de ele ser corrigido. Ambientes francos e descontraídos permitem alertas que produzem correções de rumo imediatas.

- **Desvios frequentes e complexos pedem feedback planejado:** erros frequentes e graves, falhas seguidas, insubordinação são razões para cuidados maiores. Marque reunião específica para dar feedback; prepare cuidadosamente uma lista dos problemas a serem corrigidos; discuta francamente com seu subordinado. Não termine a reunião antes que sejam definidas as ações corretivas.

- **Nem sempre o feedback é aceito com tranquilidade:** é natural que as pessoas tendam a rejeitar as correções. Por essa razão, é preferível que o chefe corrija os desvios antes que aumentem com o tempo. Se isso ocorrer, a resistência será reduzida

CHEFIAR, SIMPLES ASSIM!...

se forem identificados pequenos pontos a serem superados um a um.

Habilidades de feedbacks assertivos

A *chance* de o feedback ser aceito é maior quando é solicitado pelo subordinado; diminui quando ele não reconhece o problema. **Assertividade** é uma forma necessária de feedback quando há resistências, algum comportamento impróprio instalado, atitudes defensivas. Todas as habilidades ao dar feedbacks corretivos devem ser aplicadas com o máximo de atenção e maior cuidado no planejamento.

- **Esteja seguro sobre sua percepção do problema.** Quando se usa a *assertividade* a intenção é que o comportamento seja corrigido, concorde ou não o subordinado com sua percepção. Se você cometer um erro de avaliação deverá pedir desculpas e recuar, mas sua autoridade ficará um pouco arranhada.

- **Faça uma lista bem objetiva dos fatos concretos.** Você descreverá os fatos, com firmeza e delicadamente, sem julgamentos ou interpretações. Quanto mais precisa e objetiva for sua exposição, menores serão as contestações. Para cada item, associe consequências, decorrentes daqueles comportamentos, nos resultados: qualidade, custo, prazos, clima da equipe, segurança do trabalho, sustentabilidade.

  > VER:
  > INTELIGÊNCIA E
  > COMPETÊNCIA
  > EMOCIONAL
  > Capítulo 3

- **Reconheça suas emoções.** Seus sentimentos, provocados pelo comportamento e pelas consequências, fazem parte do problema e afetarão sua mensagem assertiva. Controle-os, porém não os esconda; se não forem explicitados, o subordinado não os conhecerá, ou elucubrará percepções equivocadas.

- **Marque uma reunião e deixe claro o objetivo.** Seu subordinado não deve ser pego de surpresa. Não trate de outros assuntos. A conversa deve ser apenas entre vocês dois. Reserve tempo suficiente e elimine todas as interferências: celulares, interrupções de outras pessoas, inclusive de seus superiores. Seja gentil, ouça com atenção os argumentos de defesa, mas não perca o foco e não esvazie a gravidade da situação.

- **A solução do desvio não é negociável, a forma sim.** O comportamento será corrigido se o subordinado assumir compromisso com a mudança. Isso só ocorrerá se a maneira de solucionar o problema for sugerida por ele. O diálogo, por certo, terá idas e vindas. Varie seu discurso, mas se mantenha atento para que todas as suas frases assertivas alinhem estes componentes:

> *Este seu comportamento .... causou essas consequências .... e me provocou este sentimento ....*
> *O que **você** fará para que isto não ocorra outra vez?*

- **Marque um prazo para confirmação.** A reunião estará encerrada quando o subordinado oferecer uma solução e se comprometer a aplicá-la. Agendem data e hora para retomar o assunto. Se o desvio for de atitude não será tão simples assim – talvez seja preciso mais firmeza.

- **Se não houver mudança ou aceitação, aumente a voltagem.** Recomece o processo, desde o início até o acordo para a solução do desvio. Acrescente algo na sua mensagem: quais as consequências para o subordinado se o comportamento persistir? Esteja seguro de que você tem poder e disposição para fazer acontecer as consequências alertadas. Não blefe! Mude sua frase de forma que tenha estes componentes estruturais:

> *Este seu comportamento, ou resistência .... me provoca este aborrecimento .... Caso não se corrija haverá essas consequências para **você**. O que **você** fará para evitar que isto ocorra?*

Habilidades para feedbacks de reforço

- **O reforço só será efetivo se produzir dois resultados:** manter um comportamento desejável e aumentar o bom relacionamento. Deve ser focado em um fato que mereça elogios. Pode ser público.

- **O reforço deve ser sobre algo relevante:** elogiar comportamentos que contribuíram para resultados – qualidade dos produtos ou serviços, segurança do trabalho, regularidade dos processos, harmonia da equipe, clima do trabalho.

- **O reforço deve ser verdadeiro:** não use as chamadas carícias de matéria plástica – elogios baratos, com interesses ocultos para obter alguma barganha ou compensar alguma escorregada sua em mensagens anteriores.

- **Para desenvolver competências prefira coaching:** após avaliações de desempenho e estimativas de potencial, o feedback deve ser utilizado como uma das ferramentas de um processo mais complexo – coaching –, visando melhorar os recursos técnicos e emocionais do subordinado. Há um capítulo deste livro específico para essa ferramenta.

Dificuldade do chefe para receber feedbacks

Chefes costumam ter um choque quando, aperfeiçoando seus processos de comunicação e abrindo sua Janela de Johari, começam a receber feedbacks de seus subordinados.

Precisam reconhecer alguns sentimentos comuns quando recebem feedbacks. São fases pelas quais eles e seus subordinados passam:

VER:
MUDANÇA PESSOAL E ORGANIZACIONAL
Capítulo 18

- **Negação** – não aceitar que a informação recebida é correta. O sentimento é de que o outro está exagerando, tem algum propósito oculto, está mal informado ou não está vendo todos os ângulos do problema.

- **Raiva** – relativa aceitação de que o problema a ser corrigido existe, mas transferindo a frustração causada pelo reconhecimento para a pessoa que o aponta. O mais comum são respostas hostis ou irônicas.

- **Barganha** – tentativa de oferecer algo em troca do que está sendo apontado como correção. É um sentimento que indica, tanto para quem recebe quanto para quem dá o feedback, que foram superadas as fases anteriores de negação.

- **Aceitação** – decisão realista de que se deve aceitar o feedback: mudar seus comportamentos, buscar informações e percepções de pessoas em quem confia, reflexão sobre situações assemelhadas anteriores.

Feedback, assertividade e mudança

O feedback para ser eficaz deve provocar mudança de comportamento e contribuir para reflexões sobre as certezas das crenças e atitudes. O desconforto não é causado pelo feedback, mas pela necessidade de mudança que sugere.

O subordinado pode achar natural receber feedback do chefe. Entende que faz parte da regra do jogo. Mudar talvez não fosse sua primeira opção, mas sabe que é sua melhor escolha. O chefe, quando recebe o feedback, muitas vezes de um subordinado assertivo, pode ou não decidir que mudará seu comportamento, muito menos reconhecer que deverá rever suas atitudes. O bom conselho é que faça ambas as coisas.

Este tema será aprofundado nos próximos capítulos, quando serão tratados os fenômenos relativos a *mudança, resistência, resiliência, coaching etc.*

Capítulo 8
COACHING PARA MELHORAR DESEMPENHOS

O chefe se defronta em seu cotidiano com vários problemas de desempenho de sua área ou de seus subordinados. Não resultam necessariamente de falta de treinamento ou baixo compromisso. Situações novas surgem todos os dias e devem ser enfrentadas. Feedback e assertividade são boas práticas, mas nem sempre suficientes.

Outra circunstância é a preparação de pessoas, com potenciais estimados através de instrumentos de *assessment* ou pela percepção do chefe, para maiores responsabilidades. Dependendo da complexidade ou emergências dessas ocorrências, é necessário o uso de ferramentas mais eficientes, como é o coaching.

ZEUS, PERRY & SKINFFINGTON, SUZANE
The Complete Guide to Coaching at Work
McGraw-Hill

Não dará tempo de esperar o treinamento

Seu time é motivado, capacitado, comprometido com o trabalho e a área de treinamento e desenvolvimento tem programas regulares muito bem planejados. Metas são cumpridas e superadas. Um paraíso se algumas coisas não começassem a acontecer, todas elas fora do seu controle, mas que derrubam a produtividade dos subordinados e afetam o bom clima construído com muito esforço.

- Chega um empregado novo, sem entrosamento com a turma; sem capacitação plena para a tarefa a executar; alheio aos padrões operacionais de sua área; sem afinidade com a cultura da empresa.

- Chegam instruções da matriz com novas metas que exigem mudanças nos processos; novos equipamentos a serem utilizados; mudança de perfil dos clientes e mercados a conquistar.

- Observa as planilhas de resultados e constata que existem desempenhos abaixo do planejado e a causa está relacionada a problemas de competências de alguns subordinados, falta de dedicação de outros e alguns desentendimentos do grupo quanto à distribuição das tarefas e prioridades.

- Sabe que sua área deverá ser ampliada em tamanho e complexidade das atribuições. Alguns subordinados seus têm potencial para serem promovidos a postos de maior responsabilidade.

Adaptado de questionário de
MINOR, MARIANNE
Coaching e Aconselhamento
Qualitymark Editora

Mário Donadio

Mais além do feedback, diferente do treinamento

Na prática do chefe, o coaching é aconselhável quando um desvio de desempenho é detectado e o processo necessário para corrigi-lo é mais complexo do que poderia ser obtido com sessões de feedback. Fatores relacionados à gestão das competências, estimativa de potencial, remanejamento de funções, promoções, novos desafios profissionais, sucessão, mudanças organizacionais trazem ao chefe a responsabilidade de *conduzir seu subordinado a patamares superiores de desempenho*.

> **Coach**
> *A private tutor, who prepares a candidate for an examination; one who instructs other in preparation for an athletic contest.*
>
> **To coach**
> *To give instructions or advice to, in the capacity of a coach.*
>
> **To act as a coach**
> *Study with or be instruct by a coach.*
>
> The Webster Dictionary

Superação de desempenhos é enfrentada pelas empresas em programas regulares de treinamento e desenvolvimento. Estes são excelentes, mas trazem alguns limites pela dificuldade de associar seus conteúdos à efetiva contribuição aos resultados do negócio. São os chefes, na relação diária com seus subordinados, que podem fazer as adequações necessárias. Cabe aos chefes, além disso, fazer com que as capacitações recebidas não se deteriorem com o passar das semanas. Finalmente, somente os chefes têm condições práticas de garantir que as novas competências sejam de fato aplicadas pelos subordinados.

Há algumas semelhanças, sob o ponto de vista de um processo de aprendizagem, entre o coaching e o treinamento. Os papéis de treinador/treinado, e vice-versa, são praticamente mantidos, mas o chefe tem a vantagem sobre o instrutor de atender às necessidades específicas do subordinado. Agenda, fluxo das atividades, feedback, interesse pelo tema, aplicabilidade podem ser flexibilizados e individualizados.

Se não souber a resposta, mude a pergunta

O problema da empresa era: como capacitar no tripé *conhecimentos-habilidades-atitudes* mais de 15 mil empregados, distribuídos em 50 lojas, cerca de 40 funções diferentes, 300 produtos com especificações variadas e clientes com hábitos, necessidades, padrões de consumo típicos de cada cidade?

Mesmo que fizesse um investimento pesado em treinamento, o resultado não seria permanente. Com uma rotatividade de pessoal de 5% – baixa para os padrões do setor –, 750 novos empregados deveriam ser treinados mensalmente, em média 25 por loja. Os conteúdos seriam diversificados e as datas dos treinamentos imprevisíveis, pois não havia um padrão de demanda por função, produto, loja ou cidade.

CHEFIAR, SIMPLES ASSIM!...

Um cálculo preliminar estimou a necessidade de constituir um grupo de 80 instrutores polivalentes, capacitá-los nas funções e especificações dos produtos e implantar uma logística de hospedagens, viagens e locais para os treinamentos. Para complicar, as instalações não poderiam ser comuns, pois muitas habilidades deveriam ser desenvolvidas com uso prático de ferramentas e equipamentos.

Esses instrutores não existiam no mercado, deveriam sair do quadro de empregados e sua remuneração deveria ser aumentada, pois a concorrência estaria de olho nesses profissionais mais qualificados. Supondo que a rotatividade de pessoal fosse mantida em 5% também para esse grupo, haveria a necessidade de capacitar quatro deles mensalmente.

Havia ainda uma média de 10 gerentes de departamento por loja – cerca de 500, com rotatividade de 25 por mês – com todas as diferenças de qualificações dos seus subordinados. Um gerente, considerando apenas os conhecimentos técnicos necessários, levava cerca de seis meses para alcançar sua plenitude operacional. Isto se já tivesse – o que não era comum – habilidades e atitudes para chefiar.

A margem da empresa era equivalente à do setor: 3% sobre as vendas. A única maneira de sustentar essa margem era aumentar a produtividade dos empregados. A estrutura necessária de treinamento derrubaria a margem. Não seria investimento único a ser amortecido com o tempo, mas custo fixo permanente. Resumo: o problema era insolúvel.

No velho chavão, *pensar fora da caixa*, estava a solução. A questão correta não era como treinar 15.000 empregados. Propus à diretora de Recursos Humanos que fizesse três perguntas:

- Quais competências desenvolver nos gerentes para que eles mesmos treinassem seus subordinados atuais e futuros?
- Quais competências desenvolver nos gerentes para que reduzissem a rotatividade de pessoal, inclusive deles próprios?
- Quais competências desenvolver nos diretores das lojas para que aceitassem que margem não se ganha apenas reduzindo custos, mas aumentando a produtividade das pessoas e a competência dos gerentes?

O problema, cujo tamanho o tornava insolúvel, foi reduzido a dimensões administráveis:

- Treinamento para 50 diretores de lojas para que compreendessem as novas competências e atribuições de seus supervisores.
- Treinamento em habilidades de liderança e ferramentas de coaching para os 500 supervisores.
- Os gerentes atuariam prioritariamente com supervisores de áreas segundo o critério de importância estratégica do setor, risco operacional do mau desempenho para a qualidade dos processos e atendimento aos clientes.

Nada de assustador: 25 turmas de 20 pessoas em poucos meses. Uma proposta de acompanhamento semestral aos gerentes para ajudá-los em eventuais dificuldades para atuar como coach foi suspensa por questão orçamentária e substituída pela capacitação dos diretores para que eles mesmos fossem o coach dos gerentes. E todos viveram felizes para sempre.

Dennis C. Kinlaw; Zeus, Perry e Skinffington Suzane: competências, desempenho e compromissos

Há várias lendas sobre a origem da palavra "coach". Segundo uma delas, na Inglaterra do século XVII, havia um professor muito hábil no processo de educação que se estenderia além das aulas em contatos pessoais de orientação. Era querido pelos alunos que carinhosamente o apelidaram de *carroça*, um veículo que os transportava de um patamar de conhecimento para outro mais elevado. Kocs é uma cidade húngara onde teria sido construída a primeira carruagem, coach em inglês. Portanto, desde sua origem, coaching significa um processo de conduzir alguém a um patamar maior de competência.

Essa condução é mais do que feedback e diferente de treinamento, embora seus objetivos possam ter características assemelhadas.

Alguns outros papéis podem ser confundidos com os de coaching:

- **Conselheiro** – explicitar problemas e identificar suas causas; mudar pontos de vista do coachee sobre as características dos problemas; obter compromissos para mudanças de comportamento.
- **Mentor** – sensibilizar para a cultura organizacional, construir redes de relacionamento interpessoal; ser proativo na gestão da própria carreira; ter compromisso com os objetivos e valores da empresa e melhor relacionamento com superiores – goste deles ou não.

- **Tutor** – desenvolver competências; aumentar amplitude dos conhecimentos; implementar melhoria do ritmo de aprendizagem; ter compromisso com a continuidade do desenvolvimento.

- **Orientador** – explicitar as expectativas de desempenho; identificar deficiências e falhas; propor melhoria nas avaliações e obter compromisso com a continuidade do desenvolvimento.

O chefe não é nem deve ser um especialista coach, mas pode, em muitos casos, exercer e combinar os papéis no relacionamento com seus subordinados.

Em qualquer dos papéis, deve respeitar quatro condições fundamentais:

- **Coaching é uma conversa pessoal** chefe e subordinado, centrada nas necessidades únicas e específicas daquele coachee. Se não for pessoal, não é coaching.

- **Coaching foca a conversa em desempenho** descrito em conhecimentos, habilidades e atitudes – CHA. Problemas pessoais do subordinado podem ser abordados – com muito cuidado para não ultrapassar os limites do profissional – somente nos comportamentos tangentes ao trabalho.

- **Coaching define um Plano de Desenvolvimento Individual – PDI** – elaborado em conjunto, chefe e subordinado, com objetivos, metas, indicadores e propostas de ação claramente definidos. Este plano será acompanhado e aperfeiçoado em várias reuniões futuras.

- **Coaching não é um processo terapêutico**, e o chefe – ainda que seja um psicólogo formado – não deve conduzir tratamentos na empresa; tampouco a sala de reuniões é um consultório.

Coaching muitas vezes é descrito como ações específicas de encorajamento, reforço, feedback. Pode ser um estilo de gerenciamento orientado ao desenvolvimento de subordinados e equipes ou para levá-los a aceitar mudanças, desenvolver seu *empowerment*.

VER
TRILHA Z
Capítulo 6

Essas distinções interessam mais aos acadêmicos do que ao chefe preocupado com os resultados apresentados pela sua equipe. Seja para corrigir desempenhos avaliados anteriormente ou levar subordinados a corresponder a estimativas quanto ao seu futuro, as reuniões de coaching tratarão do desvio existente entre desempenho atual e desempenho esperado (Figura 14).

Figura 14
Desempenho e pontos a serem tratados em reuniões de coaching.

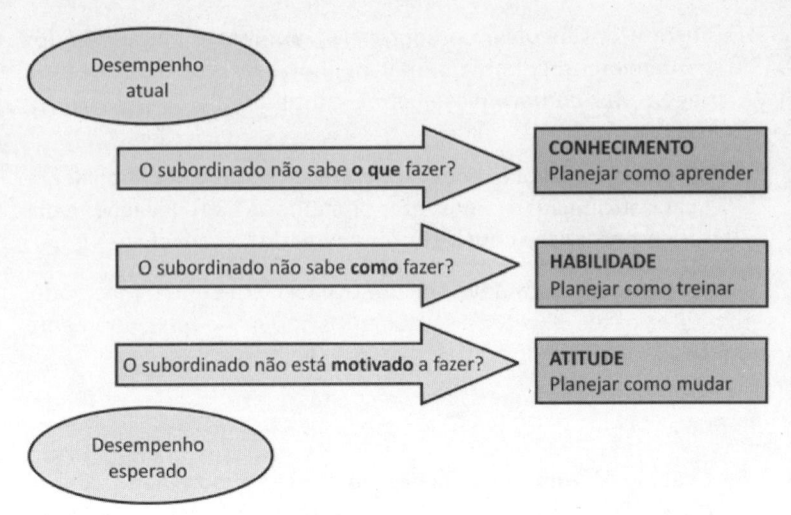

Desempenho atual

O subordinado não sabe **o que** fazer? → **CONHECIMENTO** Planejar como aprender

O subordinado não sabe **como** fazer? → **HABILIDADE** Planejar como treinar

O subordinado não está **motivado** a fazer? → **ATITUDE** Planejar como mudar

Desempenho esperado

Desenvolver competências através do coaching

O papel de coaching, além de ser uma das atribuições do chefe, é recurso poderoso para levar os subordinados a padrões excelentes de desempenho. O processo tem que ser concluído em poucos meses. As melhores práticas aconselham que sejam programadas quatro reuniões espaçadas por três ou quatro semanas, dependendo das agendas do chefe e do subordinado. Intervalos mais curtos impedem o necessário amadurecimento entre as reuniões; muito longos amortecem os impulsos de compromisso com a mudança.

Estime cerca de duas horas para cada reunião. Talvez leve menos tempo, mas não arrisque pressões desnecessárias. O cronograma estabelecido deve ser rigorosamente obedecido pelo coach e pelo coachee. Portanto, seja bem realista ao agendar datas e horários. Adiamentos e cancelamentos podem desqualificar o coaching e prejudicar fatalmente os resultados.

Trabalho preliminar – tenha em mãos e estude cuidadosamente todas as informações sobre o coachee: avaliações de desempenho, histórico profissional interno e externo à empresa, possíveis estimativas de potencial, formação técnica e atuais atividades educacionais. Anote também suas percepções sobre as expectativas – simples ou complexas – do subordinado e a prontidão técnica.

Conheça suas próprias intenções – qual a razão que leva você a iniciar um processo de coaching e por que com este subordinado? Use uma técnica dos consultores e responda para você mesmo: *O*

que está acontecendo que não deveria acontecer? O que não está acontecendo que deveria acontecer? Qual o envolvimento do subordinado nas causas, nos processos e nas consequências destes fatos? Escreva as respostas – com o transcorrer do processo é provável que sejam modificadas.

Primeira reunião de coaching: contratar – informe ao subordinado os objetivos da reunião, as características do processo, as responsabilidades recíprocas e os limites; clarifique os compromissos com agendas, a dedicação e a vontade de se desenvolver. Elabore na reunião o rascunho do plano de desenvolvimento individual. A redação do plano será de responsabilidade do subordinado. Não deve ser um projeto detalhado – mais importante do que a forma é assegurar o compromisso do coachee com o contratado. Deve ser simples como uma agenda de trabalho, onde constem:

- **Objetivo** – onde se quer chegar, o que alcançar, mudança esperada; prioridades. Os objetivos devem ser realistas em termos do tempo previsto para a conclusão do processo.
- **Indicadores** – o que será utilizado, objetivamente, para avaliar os resultados finais e intermediários do processo.
- **Metas** – resultados intermediários e datas de conclusão; a meta final será a do objetivo final alcançado, ou quando o coachee estiver capacitado a prosseguir sem a ajuda do coach.
- **Ações** – o que deverá ser feito para que cada meta e o objetivo sejam alcançados.
- **Recursos** – quais recursos o subordinado precisa para que as ações sejam realizadas. Podem ser cursos, liberação de horários de trabalho, transferência de algumas responsabilidades, apoio de pessoas mais experientes etc.
- **Controle** – como o andamento do PDI será avaliado e quais medidas corretivas serão possíveis caso ocorram desvios nas metas ou no processo.

Adaptado de
DENNIS C. KINLAW
Managerial Strategies for Obtaining Superior Performance
Jossey-Bass

Neste rascunho constarão as metas a cumprir e as ações a acontecer até a próxima reunião – entre elas, trazer o plano por escrito.

Segunda reunião de coaching: acompanhar – feedback, assertividade, feedforward, são as principais habilidades que o coach deve utilizar. Os desvios entre o planejado no plano de desenvolvimento individual e o realizado devem ser objeto de franca discussão entre chefe e subordinado. Reforce os comportamentos positivos e receba com cuidado – podem ser desculpas ou resistência – as in-

VER:
COMUNICAÇÃO, FEEDBACK E ASSERTIVIDADE
Capítulo 7

formações sobre dificuldades com os recursos previstos e não disponibilizados. Contrate o que pode ser resolvido pelo coachee e o que necessita de sua intervenção. Confirme os ajustes de ações a serem efetuadas até a próxima reunião. Metas e prazos só devem ser alterados diante de eventos imprevisíveis e de extrema gravidade.

Terceira reunião de coaching: avaliar – compare objetivos e metas previstos no plano de desenvolvimento individual com os resultados obtidos. Os confrontos devem ser um a um. Desde a viabilidade do planejado, a condução do processo do coaching em si, até a qualidade do relacionamento coach e coachee.

Excepcionalmente, poderão ser marcadas outra reunião de monitoramento e uma reunião definitiva de avaliação. Não é aconselhável, no entanto, como boa prática de coaching. A relação chefe/subordinado deve ser breve e concentrada, para não ser confundida com os processos normais de gestão. Evite ao máximo esse remendo. Agende a última reunião para uma data com intervalo maior e ratifique a autonomia – melhor seria dizer o *empowerment* – do coach para a continuidade do seu desenvolvimento.

VER:
MOTIVAÇÃO, PARTICIPAÇÃO E COMPROMISSO
Capítulo 4

Quarta reunião de coaching: recompensar – conforme as circunstâncias, a conclusão do processo e o alcance dos objetivos podem conduzir a progressões de cargo ou recompensas materiais. Porém, que isso seja claramente percebido pelo subordinado como ganhos obtidos pelo avanço na sua carreira e não pelo seu desempenho no coaching. Explicando melhor: as aspirações a serem atendidas e reforçadas pelo chefe – com insistência e em todo o processo – serão as de reconhecimento pela melhoria do seu desempenho e autorrealização pelo crescimento de suas competências. Essas recompensas devem ser reforçadas e explicitadas nessa última e final reunião.

Foco no desempenho e nas competências

Muitas vezes as empresas preferem contratar um profissional especialista (coach) para ajudar pessoas (coachee) de acordo com pontos de desenvolvimento detectados em processos (*assessment*) decorrentes das avaliações de desempenho formais e rotineiras instituídas pelas áreas de Recursos Humanos.

Esses especialistas têm formação e experiência em definir e utilizar técnicas que produzem resultados específicos ou combinações deles. São credenciados ao uso de instrumentos específicos validados por respeitados institutos de pesquisa. Se o chefe não se sente confortável, se acredita que um profissional neutro poderia ajudar mais, não quer ou não tem todo o tempo para se concentrar no processo, é mais eficaz utilizar um recurso externo.

Outra situação comum é o chefe receber a ajuda de um coach profissional para aperfeiçoar sua capacidade de, ele mesmo, utilizar as práticas para auxiliar seus subordinados.

Algumas situações até poderiam ser confundidas com os processos de coaching: tratamento de conflitos, negociação. São ferramentas com finalidades distintas e apropriadas à melhoria de desempenho ou desenvolvimento de competências.

Capítulo 9
ADMINISTRAÇÃO EFICAZ DE CONFLITOS

Mudanças em alta velocidade, empresas abertas, quadros enxutos, orçamentos restritos, metas agressivas, muitos subordinados para liderar, alta administração com expectativa de que os problemas são resolvidos na base da hierarquia... compõem o cenário cheio de interesses divergentes cujo tratamento depende de mais uma competência necessária a um chefe: solucionar conflitos.

Conflitos nem sempre como o chefe gostaria que fossem

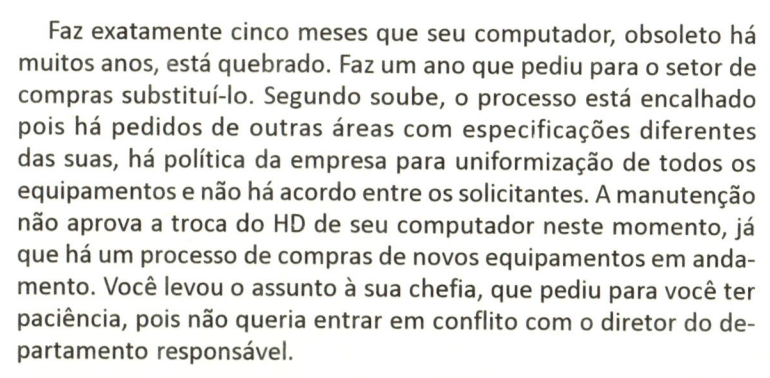

Faz exatamente cinco meses que seu computador, obsoleto há muitos anos, está quebrado. Faz um ano que pediu para o setor de compras substituí-lo. Segundo soube, o processo está encalhado pois há pedidos de outras áreas com especificações diferentes das suas, há política da empresa para uniformização de todos os equipamentos e não há acordo entre os solicitantes. A manutenção não aprova a troca do HD de seu computador neste momento, já que há um processo de compras de novos equipamentos em andamento. Você levou o assunto à sua chefia, que pediu para você ter paciência, pois não queria entrar em conflito com o diretor do departamento responsável.

Um de seus subordinados vem reclamar que a escala de férias anunciada pelo setor de pessoal não atendeu seu pedido para coincidir com as bodas de ouro da sogra, conforme ele havia pedido. O período coube a outro colega, para quem tanto faz sair nessa data como em outra, mas que não quer fazer a troca. Pede que você resolva o conflito.

Recebe um telefonema do chefe da segurança informando que uma de suas funcionárias foi flagrada pela terceira vez fumando no banheiro. Você já tinha conversado a respeito, mas ela alega que seria pior para o trabalho se fosse até a rua, como fazem muitos. Mais um conflito para administrar.

Chega um memorando informando que a reforma do estacionamento levou o número de vagas a ser reduzido e, lamentavelmente, tiveram que ceder a sua para o novo diretor de marketing recém-contratado. Agradeciam sua compreensão e seu espírito de colaboração.

Essas situações de conflito existem e você tem interesses em todas, mas não há uma regra geral que as solucione. Em algumas não vale a pena interferir, como no caso das férias. Os dois briguentos podem se acertar e você simplesmente aprovar a decisão. A vaga no estacionamento é do diretor, e pronto. Em outras situações, não há o que discutir – a pessoa tem que fazer o que deve ser feito, como no caso da funcionária fumante. O conflito sobre o computador pode ser objeto de negociação e acordo.

Conflitos são inevitáveis na vida e nas empresas

Você já deve ter ouvido a expressão *paz dos cemitérios*. Ela é usada para definir uma situação tão calma que somente poderia ser encontrada entre os mortos. Uma empresa sem conflitos é uma empresa morta.

Desde os anos 90 há dois movimentos administrativos fortes, inevitáveis e irreversíveis. Um deles é o enxugamento dos quadros gerenciais, tanto em número quanto em níveis hierárquicos. A distância entre os altos executivos e as lideranças de primeira linha está cada vez menor. Em todos os níveis, nesse organograma achatado, aumentou o número de subordinados sob a responsabilidade direta do chefe.

Nas antigas estruturas obesas havia uma camada de média gerência cujos executivos, entre outras tarefas de controle, arbitravam e resolviam os conflitos. Quando não solucionados, iam sendo levados para cima até que o presidente desse a palavra final ou o tempo os fizesse esquecidos. Esses gerentes foram apagados da empresa nos processos de downsizing, pois não agregavam valor, custavam caro e atravancavam o processo decisório.

Os conflitos não só continuaram a existir mas aumentaram com a velocidade das mudanças e a abertura das empresas para o meio ambiente. Está armado o labirinto de onde os chefes têm que sair para resolver os conflitos.

Velocidade das mudanças torna obsoletas as regras do jogo estabelecidas; a alta administração não tem tempo e tampouco disposição para arbitrar conflitos das bases hierárquicas; as chefias desse nível aparam todas as diferenças de interesses manifestadas pelos subordinados uns dos outros. Atender interesses de uns pode significar descontentamento de outros.

Para complicar, as metas são cada vez mais agressivas e os prazos, cada vez mais curtos. Os recursos têm que ser disputados, sejam materiais – financeiros, pessoal, equipamentos e instalações – ou menos concretos, como prioridades na atenção da alta administração.

Uma empresa única, onde não existiam conflitos

Há muitos anos eu trabalhava em uma usina produtora de açúcar e álcool com boa administração de Recursos Humanos e programa eficiente de treinamento e desenvolvimento, inclusive de suas chefias. O diretor-geral recebeu pedido de um colega seu, presidente de um grande grupo industrial do Centro-Oeste do país, convidando-me a fazer uma apresentação para seus executivos e de outras empresas da região sobre questões de gestão e liderança. Foi assim que conheci pela primeira e única vez na minha profissão uma organização que não tinha conflitos.

Peguei o jatinho particular da empresa e poucas horas depois desci na pista dentro da fazenda. No dia seguinte, conforme havia explicado por telefone, eu teria uma reunião com o presidente para fazer as perguntas clássicas sobre objetivos da apresentação, conteúdos a serem privilegiados, perfis dos participantes.

Na época, fazia sucesso uma novela onde um coronel nordestino usava enorme relógio e grossa pulseira de ouro que chacoalhava enquanto falava. Igualzinho aos trejeitos do meu interlocutor. Para ele, chefiar era uma questão de todo mundo fazer o que ele mandava. Qualquer conflito de opinião era resolvido simplesmente avisando que se a pessoa não mudasse de ideia seria demitida. Inclusive os gerentes que não concordassem com esse, vamos dizer assim, estilo de liderança.

O sindicato tinha seus dirigentes eleitos por empregados que recebiam instruções das chefias sobre em quem deveriam votar. Opositores eram sumariamente demitidos. Há muitos anos que não havia conflitos de interesse, muito menos greves. Mas, então, por que ele imaginava que seria útil alguém conversar com os proprietários e dirigentes de empresas da região se não havia problemas?

Respondeu balançando a pulseira em gestos largos: "Esses chefes novos têm que aprender como fazer a peãozada obedecer eles". Nos últimos anos, ele e seus colegas precisaram contratar engenheiros agrônomos, técnicos especializados na manutenção de tratores e outros equipamentos com controles eletrônicos e recrutar trabalhadores com experiência anterior para operá-los.

A tal da peãozada via televisão através de antenas parabólicas que qualquer um podia comprar a prazo e estava com a cabeça cheia de ideias perigosas. Os chefes de sua confiança de muitos anos, desde antes de o seu pai passar o comando da empresa para ele, estavam ficando frouxos. Tinham que reaprender o que era mandar!

Mário Donadio

Preparei uma palestra falando de generalidades sobre mudança, novos tempos e do mundo que estava chegando. Fui ouvido com a mesma descrença que Galileu deve ter provocado quando falava aos padres que a Terra não era o centro do Universo. Por sorte ninguém propôs que eu fosse queimado vivo. Peguei o jatinho de volta, sabendo que nunca mais veria uma empresa que não sabia o que era conflito.

Thomas Kilmann & Likert: solução de conflitos

As crianças sempre podem nos ensinar coisas. Se três delas estiverem no nosso carro, duas disputarão o direito de sentar à janela. Está instalado o conflito. Cada uma quer para si uma situação de conforto, mas quando uma a conquista, impede que outras a tenham. O primeiro resultado é a hostilidade e o segundo é, para os pais, uma viagem infernal. Existem dois tipos de conflito. O *substantivo*, fundamentado na substância da tarefa: ter ar fresco ou melhor visão da paisagem. E o *afetivo*, que resulta dos aspectos emocionais das relações interpessoais: resistência ao caçula que sempre é protegido.

Não é possível separar os dois tipos de conflito, mas a solução de quem fica na janela ou não tem prevalência para ser resolvida. Pode ser pela imposição dos pais, que resultará no mau humor dos filhos e resmungos da simpática sogra no banco da frente. A percepção sobre o possível privilégio do caçula tem que ser tratada oportunamente. O conflito estará solucionado quando todos os ocupantes do carro estiverem satisfeitos com o resultado. Repetindo de outra maneira: o conflito não está solucionado enquanto uma das partes estiver insatisfeita com o resultado.

Na empresa, o chefe não deve ignorar os conflitos *afetivos*, mas cuidar para que os *substantivos* sejam solucionados produzirá melhorias em curto prazo nos resultados de sua unidade.

Dois impulsos estão presentes e influenciando as escolhas do chefe e determinando seu estilo de tratamento de conflitos (Figura 15):

- **Egocêntrico** – firmeza e insistência em fazer com que suas necessidades e vontades sejam satisfeitas. Insensibilidade aos sentimentos do outro. Certas traduções costumam usar o termo *assertividade*.
- **Altruísta** – disposição para encontrarem juntos a solução do conflito, considerando que as necessidades da outra parte podem ser legítimas. Muitos autores usam o termo *colaborativo*.

RENSIS LIKERT
& JANE GIBSON
LIKERT
Administração de Conflitos, Novas Abordagens
McGraw-Hill

CHEFIAR, SIMPLES ASSIM!...

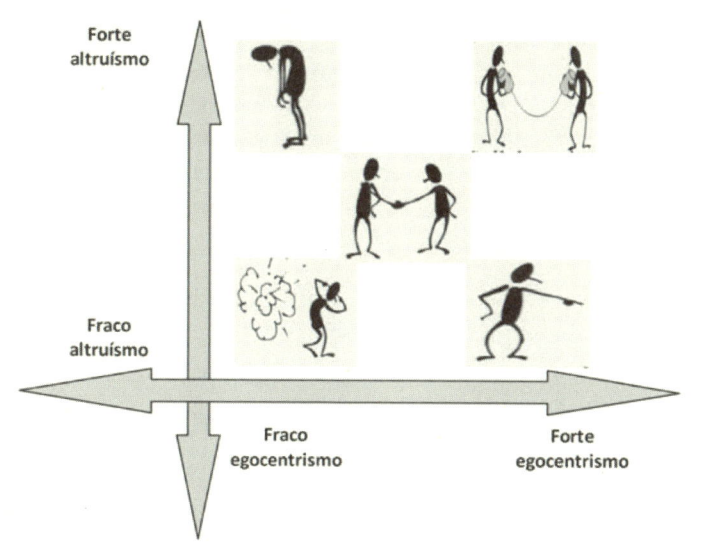

Figura 15
Dois impulsos estão presentes influenciando o tratamento dos conflitos.

Adaptado de
THOMAS-KILLMAN INSTRUMENT
para identificar perfis de preferência de tratamento de conflitos.

As experiências de vida, a inteligência emocional com que foi contemplado, as competências emocionais de cada um, as circunstâncias e aspirações suas e de seus subordinados, as diferentes situações-problema presentes podem determinar as formas de o chefe administrar os seus impulsos diante dos conflitos. Não há o estilo mais ou menos correto. Porém, produzem consequências diferentes conforme a sua adequação à situação ou intensidade de uso.

- **Evitar** – ignorar o conflito; colocar os problemas no modo de espera; tentar abafar e fingir que não existem; apoiar-se em interpretação de regras da empresa.

- **Impor** – usar jogos de poder para conseguir o que quer; só eu posso ganhar, a outra parte tem que perder.

- **Ceder** – desistir do seu interesse; reconhecer que seu ponto de vista é errado; perder no substantivo para ganhar nas relações interpessoais.

- **Solucionar** – resolver o problema substantivo e afetivo; buscar soluções de pleno ganho das duas partes; considerar a solução do conflito como oportunidade de aprendizagem e crescimento.

- **Balancear** – fazer acordos para compensação de ganhos; buscar soluções aceitáveis e satisfatórias; equilibrar os ganhos substantivos imediatos e manutenção dos afetivos em médio e longo prazos.

CHEFIAR, SIMPLES ASSIM!...

Administrar e solucionar conflitos

Seja muito sincero ao registrar nas tabelas abaixo como você se percebe agindo em situações de conflito. Não é um teste psicológico, tampouco é definitivo para descrever suas preferências. Apenas ajuda você a fazer reflexões sobre suas preferências e áreas de conforto.

Atribua pontos segundo esta escala:

1 – Isto nunca é verdade sobre mim.
2 – Isto raramente é verdade sobre mim.
3 – Isto algumas vezes é verdade sobre mim.
4 – Isto frequentemente é verdade sobre mim.
5 – Isto sempre é verdade sobre mim.

Em situações onde meus interesses estão sendo contrariados, eu adoto este comportamento para encontrar a solução:

Adaptado de
KENNETH THOMAS
Conflict & Conflict Management
Handbook of Industrial and Orgazitional Psycology

Evitar	Aguardo que o conflito se solucione com o tempo	
Impor	Uso meu poder para fazer o que acho melhor	
Ceder	Desisto para manter o bom relacionamento	
Solucionar	Encontro soluções de plena satisfação de todos	
Balancear	Faço acordos para que todos aceitem o possível	

Seja esportivo... Os critérios para interpretação estão no final do capítulo, mas somente os consulte depois de responder.

Reflita sobre as sugestões constantes nas tabelas a seguir:

EVITAR		
Mais do que devido	Adequado	Menos do que devido
Ocupe-se mais para resolver os problemas de sua área ou relacionamentos. Cuidado para não ser percebido como ausente.	Quando a disputa é trivial, não tem jeito de você mudar a situação ou ela depende de outras instâncias de poder.	Cuidado para não se envolver em questiúnculas internas. Defina melhor as suas prioridades.

IMPOR

Mais do que devido	Adequado	Menos do que devido
Reduza sua assertividade, ouça mais a opinião dos outros, encoraje sua equipe a discordar de você.	Nas emergências, decisões impopulares mas necessárias. Quando você será o único responsável pelas consequências.	Não tenha medo de usar o poder que seu cargo lhe confere. Explicite e defenda suas opiniões francamente.

CEDER

Mais do que devido	Adequado	Menos do que devido
Dê menos importância aos interesses alheios. Cuidado com a disciplina de sua área. Seja mais assertivo.	Se estiver errado, confesse. Quando manter o bom clima é mais importante. Para dar oportunidade de crescimento aos subordinados.	Seja mais flexível, regras têm exceções e você não é infalível. Ceda em questões menos importantes e ganhe a simpatia das pessoas.

SOLUCIONAR

Mais do que devido	Adequado	Menos do que devido
Concentre seus esforços somente em problemas relevantes. Faça menos reuniões e cuidado com os que querem se aproveitar de seu ímpeto participativo.	Quando todos os interesses das partes são muito importantes. Para melhorar o relacionamento e equilibrar pontos de vista. Obter consenso.	Aprenda as vantagens das diferenças de opinião para a qualidade da decisão. Respeite mais os sentimentos dos seus subordinados.

BALANCEAR

Mais do que devido	Adequado	Menos do que devido
Pense menos em truques de negociação e foque mais nos princípios, objetivos de longo prazo e clima do grupo.	Quando os objetivos maiores correm riscos se uma das partes tiver seus interesses negados. Para satisfazer o que for possível no momento.	Prepare-se mais para ter negociações efetivas; não tema contestações e argumente com firmeza na defesa dos seus interesses.

Conflito e negociação: muito diferentes, quase iguais

Conflitos existem, alguns podem se resolver por si mesmos; outros, é melhor não entrar na briga, e assim por diante. Para administrar os conflitos é preciso se autoconhecer, polir as lentes com as quais vemos não só nossos subordinados, mas também nossos opositores.

Assertividade é outra habilidade necessária, sem esquecer quais as nossas expectativas e as aspirações da parte conflitante. Nossos valores e competências emocionais podem ser decisivos no tratamento dos conflitos.

Se sua escolha tiver sido solucionar ou balancear como a melhor decisão em uma situação de conflito, precisará conhecer os fenômenos que acontecem em um processo de negociação e aplicar boas práticas para que tenha sucesso.

Marque sua pontuação na tabela abaixo:

5	Mais do que devido					
4						
3	Adequado					
2	Menos do que devido					
1						
		Evitar	Impor	Ceder	Solucionar	Balancear

Capítulo 10
ESTRATÉGIAS E PRÁTICAS DE NEGOCIAÇÃO

Tratamento de conflitos e negociação são habilidades parecidas e estão presentes o tempo inteiro no cotidiano das chefias. Tanto em uma situação como em outra não será possível resolver todos os conflitos de modo a atender plenamente as próprias necessidades, tampouco ganhar tudo o que se quer nas negociações.

Vale para vendedores, compradores e principalmente nas relações entre diferentes áreas da empresa. Elas têm interesses legítimos para cumprir suas metas, disputam recursos escassos. Nem sempre podem ou estão dispostas a reduzir seus ganhos individuais para o ganho coletivo.

A impossibilidade de ter tudo o que se quer na empresa

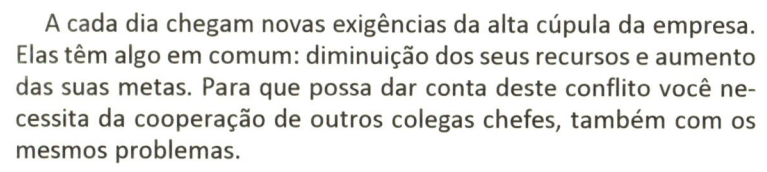

A cada dia chegam novas exigências da alta cúpula da empresa. Elas têm algo em comum: diminuição dos seus recursos e aumento das suas metas. Para que possa dar conta deste conflito você necessita da cooperação de outros colegas chefes, também com os mesmos problemas.

O pessoal da manutenção pede que você pare a produção para ações preventivas por um número de horas que, se forem atendidas, derrubarão suas metas. E só você sabe o que ouvirá do seu diretor se isso acontecer. Não é mau sujeito seu colega da manutenção: ele tem metas de diminuição das paradas não programadas, só possível se você deixar que ele interrompa mais vezes o trabalho regular de suas máquinas.

Você não pode aprovar horas extras e muito menos contratar pessoas, mas a área de Recursos Humanos, ao mesmo tempo em que impõe essa política, quer tirar seu pessoal várias semanas ao ano para treinamentos. Ela tem metas de capacitação do pessoal com as quais você até concorda, mas, e as suas metas de produção?

Você aceitou com prazer o convite para aulas de inglês dadas na empresa, sabe que isto é importante para sua carreira; mas várias vezes é retirado da sala para atender chamados de seus diretores.

A todo momento, perceba você ou não, estão em choque interesses seus e de outras chefias. Muitas vezes você deseja que simplesmente houvesse um conjunto de regras que deixasse tudo bem organizado e previsto, ou uma autoridade suprema dentro da empresa que decidisse por todos. Mas, e se ela resolvesse sempre contra seus interesses?

Sabe que o problema é seu. Se for uma pessoa organizada fará uma lista de assuntos a serem negociados com seus colegas. E agora, como fazer?

Os jogos que jogamos na empresa

Se os conflitos são inevitáveis, as negociações entre pessoas e áreas fazem parte do dia a dia do chefe e têm características próprias, habilidades específicas e objetivos predominantes empresariais.

Se há disputa sobre a última vaga no estacionamento do shopping no sábado à noite, meia hora antes de começar o filme, e com as crianças pulando no banco de trás do carro, a melhor alternativa poderá ser furar a fila. Duas circunstâncias garantem o sucesso da decisão: a segurança do shopping evitará que haja briga e que a parte derrotada retalie, riscando a pintura do carro... Falta de educação, por certo – mas não haverá consequências e nunca mais as duas pessoas se encontrarão.

O mesmo vale para os vendedores. A vida deles estaria facilitada se pudessem ofertar preços substancialmente inferiores aos da concorrência, produtos de superior valor agregado, prazos mínimos de entrega e máximos de pagamento. Serão crucificados pelo diretor comercial se ousarem fazer isso.

Os interesses dos clientes devem ser equilibrados pelos interesses da empresa – expressos em resultados financeiros e outros. Em certas situações de mercado mais favoráveis às vendas, poderão impor o que quiserem aos clientes, mas prejudicarão todas as vantagens em negócios futuros, pois arruinarão as relações de confiança.

Na outra ponta, o setor de compras pode abusar de seu poder, impondo preços e condições leoninas aos fornecedores. Eles poderão se submeter, mas as relações de fidelidade, compromisso e confiança estarão perdidas. As vantagens imediatas obtidas não podem subestimar a importância da construção de relacionamentos positivos e do próprio desenvolvimento do negócio dos fornecedores.

Internamente, os conflitos não negociados que causam mais estragos são os referentes a políticas, disputa por recursos e metas de uma área que afetam a meta de outras. Se o chefe ganhar o jogo após manipular informações, articular com pessoas influentes ou apenas usar seu poder maior para impor sua vontade, terá de conviver com seu opositor. Pode ter certeza, ele apenas aguardará a oportunidade para dar o troco. Está armada uma bomba-relógio que a qualquer momento explodirá debaixo de sua mesa.

CHEFIAR, SIMPLES ASSIM!...

Todos queriam ganhar tudo, até que um chefe perdeu a vida

O diretor industrial reuniu seus dez gerentes departamentais e cinquenta chefes e supervisores para uma reunião no refeitório da fábrica. Convidou também os diretores administrativo, financeiro, de marketing, de vendas e o gerente de pessoal. Também estava lá o engenheiro de segurança no trabalho. O assunto era de enorme gravidade.

Depois de quase dois anos sem acidentes com afastamento do trabalho, houve uma morte. A imprensa ainda não fora despertada para o assunto e o sindicato estava silencioso. Receberiam na próxima semana o representante do CEO mundial que vinha pessoalmente ouvir explicações e conhecer as providências que seriam tomadas para que tal fato jamais acontecesse de novo.

A tragédia tinha ocorrido quando um chefe do turno da noite foi avisado de que um disjuntor da central elétrica havia desarmado e todo um setor da manufatura estava parado. O pessoal da manutenção só entrava em serviço às sete da manhã. A produção ficaria interrompida por mais de quatro horas e toda a meta da semana estaria perdida.

A área dos transformadores, chaves gerais e disjuntores era isolada e protegida por cerca de tela, porta trancada e avisos de perigo e proibição de acesso a não ser pelos técnicos da manutenção. O supervisor pulou a cerca, tentou ligar o disjuntor. Tinha mais de dez anos de empresa, era responsável e querido por seus subordinados.

As causas foram sendo listadas: a nova política de remuneração variável faria o não cumprimento das metas da semana dar prejuízo ao time do supervisor – daí seu gesto insensato. Os supervisores de segurança tinham sido demitidos para reduzir o quadro de pessoal; os chefes acumulavam as atribuições. O mesmo ocorrera com o quadro de técnicos da manutenção – havia ociosidade nos turnos da noite, então foram mantidos apenas os dos turnos diurnos.

Não era a primeira vez que o disjuntor caía. Há meses a área industrial esperava autorização para comprar novos equipamentos, negada pelo financeiro esperando brecha no budget. A área de vendas estava pressionada para superar todas as metas, acima da capacidade normal da produção, que utilizava os equipamentos além dos limites e estava proibida, pelas metas dos Recursos Humanos, de contratar pessoas ou autorizar horas extras.

Na ata da reunião que a gerente de treinamento me exibia, todos estes fatos eram descritos. Havia sugestão de um programa que aumentasse o senso de responsabilidade dos chefes com sua própria segurança e conscientização para obediência às normas. Ela, uma moça competente e sensível, estava chocada: afinal, o único culpado apontado tinha sido o chefe que morrera.

Ninguém se dera conta das metas e políticas conflitantes, todas elas corretas para atender às necessidades isoladas de cada área ou departamento, mas impossíveis de serem atendidas ao mesmo tempo. Todas focavam apenas o interesse de cada gerente ou área, não o interesse coletivo. Mudamos a proposta.

O primeiro trabalho foi elaborar, em conjunto com os dirigentes de cada área, uma síntese de suas decisões e quais interesses ou obrigações elas atendiam. Não houve críticas antecipadas aos interesses, todos aceitos como legítimos. Os conflitos foram classificados e agrupados em categorias de metas estabelecidas e de áreas envolvidas.

Em workshops foram exploradas alternativas e tomadas decisões que possibilitaram o pleno atendimento dos interesses de todas as partes e acordos de ganhos parciais isolados, que resultaram em vantagens coletivas.

Lewicik, Hian; Olander, Fisher; Ury, Patton: negociar é a solução

Nossa vida é uma sequência inevitável de negociações. No café da manhã, antes de ir para o trabalho, você teve de dar compensações à cara-metade que o livrassem de ir no aniversário da sogra na noite do jogo final do campeonato. Com sua filha adolescente, teve de ajustar qual seria o horário razoável para ela voltar da balada de sábado. Chegando ao escritório, seu superior informa a você que novas diretrizes da matriz pedem aumento da produção e redução de custos. No computador, vê que, durante a noite, abarrotaram sua agenda com reuniões, muitas delas inúteis para o seu trabalho verdadeiro. Dois dos seus subordinados pedem férias ao mesmo tempo. Não há escapatória: um chefe tem que, permanentemente, negociar.

Você pode fazer tudo o que lhe é pedido, impor sua vontade e até se fingir de morto, esperando que os conflitos se resolvam por si mesmos, pode fazer acordos onde você cede um pouco para ganhar um pouco. Mas terá que jogar o jogo da negociação.

CHEFIAR, SIMPLES ASSIM!...

Há três tipos de jogos em uma negociação:

- **Soma zero, ou ganha/perde** – para um ganhar, o outro tem que perder.

> **IDEIAS VELHAS**
> *"Todos os agentes econômicos são movidos por um impulso, que poderia ser entendido como uma ambição ou ganância individual, que no contexto macro traria benefícios para toda a sociedade."*
> **ADAM SMITH**

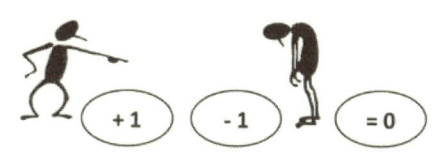

Certa ética liberal afirmava que é da natureza do ser humano tentar garantir a melhor parte do quinhão para si, de sorte que é direito dos mais qualificados vencer o jogo. Se os valores do chefe forem coerentes com esta ética, criará na sua equipe regras que favoreçam a competição e, nas relações com outras áreas, verá todos como adversários.

Acreditaria haver seleção natural entre os empregados, isto aumentaria o desempenho da unidade e, consequentemente, a vantagem competitiva da empresa. Mas o que aconteceria no final das contas seria exatamente o contrário – o jogo mudaria.

- **Soma negativa, ou perde/perde** – ninguém aceita perder sempre, se um não pode ganhar, o outro tem que perder também.

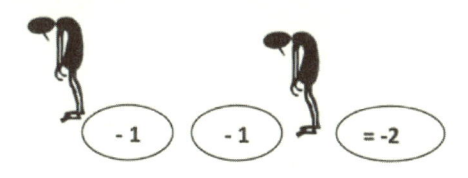

Para que esse jogo não se instale nas unidades ou, como um vírus, em toda a empresa, devem ser abertos os canais de comunicação entre todas as áreas e pessoas que produzam coalizões e acordos de ganhos máximos para todos.

Ter jogos competitivos ou colaborativos é decorrência dos valores da empresa, expressos em suas políticas, e dos valores do chefe, explicitados nas relações com seus subordinados, inclusive na negociação dos conflitos. Preferir o jogo ganha/ganha não é fruto de ética ingênua. Traz, além do elemento cooperativo, duas vantagens a serem consideradas: o *ganho individual* e o *ganho coletivo* dos subordinados, das equipes, das unidades operacionais e da empresa.

> **NASH, JOHN F.**
> Nobel de Economia
>
> Criticou e provou incoerências na teoria econômica dos jogos defendida por Adam Smith.
>
> *"A colaboração é mais interessante do que a competição para o ganho dos negociadores."*

Mário Donadio

CHEFIAR, SIMPLES ASSIM!...

- **Soma positiva, ou ganha/ganha** – O ganho individual depende do ganho coletivo.

Os estilos de tratamento de conflito têm muita semelhança a cinco possíveis estratégias de negociação. Neste modelo são desenhados dois eixos (Figura 16):

- **Ganhos na negociação** – o que eu posso fazer para satisfazer meus interesses e maximizar meus ganhos.

- **Perdas na negociação** – o que eu estou disposto ou serei obrigado a perder ou abrir mão dos meus interesses.

Como nos estilos de tratamento de conflitos, não existe a única melhor estratégia sempre. Depende das circunstâncias e de que resultados o chefe está privilegiando.

Figura 16
Correlação dos modelos de administração de conflitos e jogos presentes nas estratégias de negociações.

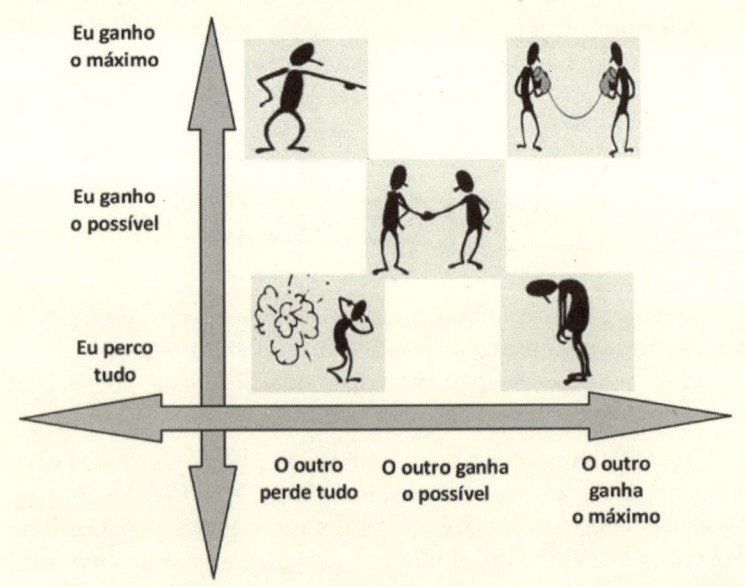

- **Eu perco tudo, o outro ganha o máximo** – perder nos resultados e ganhar nos relacionamentos; considerados, neste caso, como o mais importante.

- **Eu ganho o máximo, o outro perde tudo** – alta preocupação com os resultados e baixa preocupação com os relacionamentos. Muitas vezes, quando os chefes querem *aprender negociação*, têm em vista aplicar artimanhas de sorte a obter para si o máximo dos recursos disputados, sejam eles equipamentos ou maiores dotações orçamentárias para sua unidade. Essa estratégia, ainda que seja sedutora em curto prazo, é desastrosa em médio e longo prazos. Gera antagonismo, desconfiança, fortalecimento dos feudos dentro da empresa e clima de *nós contra eles*.

- **Eu perco tudo, o outro perde tudo** – as partes preferem não negociar. Os resultados não são alcançados e não se investe na melhoria do relacionamento. Talvez uma das partes já esteja satisfeita com seus ganhos e não queira investir sua energia, ou acha que não vale a pena entrar em uma negociação já perdida.

- **Eu ganho o máximo, o outro ganha o máximo** – os resultados e os relacionamentos são igualmente importantes. Ambas as partes compreendem que há interesses comuns e alguns diferentes que podem ser amplamente atendidos. Alguns teóricos afirmam ser essa a única estratégia legítima em negociação. Para funcionar, as informações devem ser conhecidas pelas partes, e o clima e o bom relacionamento, preservados.

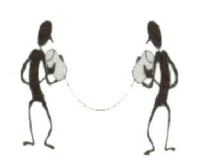

- **Eu ganho o possível, o outro ganha o possível** – alguns autores a chamam depreciativamente de *barganha*. Maldade! Quando as partes têm pouco tempo ou pouca informação, talvez o *ganha/ganha* pleno não seja alcançável; ambas as partes concordam em mudar suas prioridades no relacionamento e nos resultados. Fazem acordos temporários sobre problemas muito complexos.

Negociar eficazmente na empresa e fora dela

Antes de uma competição, os atletas conscientes costumam ter um período de preparo. Como no desenvolvimento de habilidades esportivas, que exigem muito treinamento, o chefe deve cuidar do planejamento e do preparo técnico para ter eficácia nas negociações. Isso exige, além de boas estratégias, atitudes de concentração e aquecimento para cada objetivo específico.

Entrar em uma negociação sem se preparar é como ir para um campeonato sem treinar e entrar no jogo sem concentração e sem aquecimento. Você até pode querer, ou precisar, agir dessa forma; entretanto, vai lhe custar caro. Lembre-se da regra de ouro:

CHEFIAR, SIMPLES ASSIM!...

Ganhar o máximo possível e garantir um bom relacionamento que permita confiabilidade nas negociações futuras.

Na próxima negociação interna ou externa à empresa os seguintes passos devem ser seguidos. Não basta concordar com eles; escreva todas as ideias, reveja, tente descobrir os pontos frágeis ou de risco; elimine-os se puder. Só depois marque a reunião de negociação.

Estratégias de Negociação
ROGER FISHER E DANNY ERTEL
Ediouro

Dez mandamentos da boa negociação

1 – Prepare-se: nenhuma negociação na empresa é igual a outra. Os vendedores sabem bem disso; mudam clientes, preços, produtos, mercados, interesses da empresa e da outra parte. Pode envolver mais de uma pessoa e as partes podem ser desconhecidas. O clima pode ser hostil ou cooperativo. O tempo investido dependerá da complexidade e da relevância do tema. Os pontos mais controversos e problemáticos deverão receber mais atenção.

2 – Foque nos interesses: ninguém é ingênuo; entra-se em uma negociação quando, sem ela, nossos interesses não poderiam ser satisfeitos. Portanto, deixe bem claro para você mesmo o máximo que espera ganhar. Conforme-se, você talvez tenha de ceder alguma coisa. Qual seria o interesse da outra parte? Qual seria o máximo de ganhos que espera? Não pense apenas: escreva!

3 – Crie alternativas: quais soluções poderiam satisfazer seus ganhos e os ganhos da outra parte? O que é possível oferecer para que a outra parte ganhe o máximo, você também maximizando seus ganhos?

4 – Encare a possibilidade de fracasso: não confunda com o mínimo de ganho que você aceitaria. Se não houver um acordo, o que você tem em substituição para atender seu interesse? Não entre na negociação sem considerar essa hipótese; você estará muito fragilizado e inseguro. Tente descobrir o que a outra parte fará, caso haja o fracasso. Prepare-se para uma saída honrosa, para você e para a outra parte, que mantenha o bom relacionamento nas futuras negociações.

5 – Tenha argumentos objetivos: por que a outra parte deveria aceitar seus pontos de vista como legítimos? Existem situações semelhantes que possam ser comparadas? Quais indicadores (preços, prazos, especificações, históricos) podem servir para sustentar seus argumentos?

6 – Seja assertivo: elabore cuidadosamente a forma com que vai se comunicar durante a negociação. Nela, exponha tranquilamente seus pontos de vista. Ouça com muito cuidado os argumentos da outra parte. Fique firme na defesa dos seus interesses, mas compreenda que seu interlocutor fará o mesmo.

7 – Dê um passo de cada vez: negociações muito complexas, com muitos interesses e objetivos amplos, devem ser conduzidas em partes. Começando pelos interesses menos controversos e acordos mais fáceis. É fundamental que sejam construídas relações de confiança durante a negociação. Feche cada acordo, escreva uma memória e se esforce para que o tema não volte a ser discutido.

8 – Documente o acordo: revise os pontos do acordo, escreva o que foi acertado; ganhos e compromissos de cada uma das partes. Prepare uma memória do decidido. Talvez seja necessário que seus superiores concordem, deixe isso explícito, mas seria melhor se você tivesse autoridade para decidir. Caso contrário, sua legitimidade estará comprometida em negociações futuras.

9 – Garanta o bom relacionamento: talvez você não esteja plenamente satisfeito com os ganhos substantivos da negociação, pois a outra parte tinha mais argumentos, era mais poderosa, ou suas alternativas ao fracasso eram muito ruins e você teve de ceder mais do que queria. Mantenha a calma e garanta ganhos afetivos nos aspectos de bom relacionamento interpessoal e confiabilidade.

10 – Aprenda com o processo: após o final, avalie ganhos e perdas da negociação. Quais de seus interesses não puderam ser atendidos? Quais os compromissos que você assumiu e quais as contrapartidas do seu interlocutor? O que você poderia ter feito para aumentar os seus ganhos na negociação? O que você aprendeu que poderá aplicar em novas negociações?

Negociar com os próprios subordinados

Tratamento de conflitos e negociação têm técnicas, habilidades que podem ser aprendidas e exercitadas. Poderão ser dificultadas ou facilitadas dependendo, como sempre, de seus valores, competência emocional, áreas de conforto em comunicação, suas habilidades em dar e receber feedback etc.

Há conflitos entre seus interesses e os interesses de seus subordinados que podem ser solucionados através das mesmas técnicas de negociação.

Essas competências são decisivas quando você toma decisões gerenciais com a preocupação de, conforme a situação, produzir resultados equilibrando orientação para as metas e desenvolvimento dos subordinados.

CHEFIAR, SIMPLES ASSIM!...

Suas habilidades em coaching, tratamento de conflitos e negociação devem ser aplicadas internamente nos processos de desenvolvimento da capacidade de trabalhar em equipe. Você deverá aplicá-las também quando estiver conduzindo reuniões ou delegando tarefas.

Capítulo 11
GRUPOS, EQUIPES E TIMES EFICAZES

O chefe tem subordinados cada vez mais com competências múltiplas. Precisa dessa diferenciação técnica para dar conta dos resultados que deve alcançar. Além disso, seus subordinados são diferentes também nas aspirações, nos interesses pessoais, nas formas de se comunicar e na vontade de colaborar uns com os outros. A grande e principal dificuldade do gestor é que estes profissionais não são capazes de trabalhar em equipe. Fazendo uma honesta autocrítica, reconhece que também ele não sabe liderar equipes.

Não desista do trabalho em equipe

Se você pudesse definir em poucas palavras seu grupo de trabalho, diria que tem profissionais bem-intencionados e capazes, o problema é que não se entendem. Como diria um cronista esportivo, falta conjunto.

Não pode se queixar do padrão de qualidade do trabalho e do nível da produtividade. Na pior das hipóteses, equivale à média das demais áreas da empresa. Executam bem os procedimentos operacionais, cumprem normas, não trazem problemas maiores para você e as metas são alcançadas conforme o planejado.

Seria ótimo se tivessem mais iniciativa, buscassem colaborar mais e fossem criativos no aperfeiçoamento dos processos. Um pouco menos de foco na rotina e mais na inovação – isso poderia melhorar o desempenho de sua área.

Só há problemas quando – o que está ocorrendo com certa frequência – vêm ordens de cima que alteram a rotina e exigem das pessoas um pouco mais do que o ramerrão do dia a dia. Elas podem simplesmente resistir e empurrar o problema com a barriga, ou se atirar desordenadamente para se livrar da tarefa.

Você já tentou fazer reuniões para melhorar o entrosamento, passando algumas tarefas mais simples para que a executem com menos controle seu. O resultado foi se envolverem em discussões estéreis, se fixarem em detalhes sem importância ou debaterem assuntos, mesmo quando havia concordância de opiniões.

Você duvida que possam existir times como os descritos nos artigos de revistas que consultou. Neles há compromissos com os resultados e todos remam na mesma direção. A comunicação é franca, ninguém esconde nada de ninguém e – que sonho! – aceitam com tranquilidade a liderança do chefe.

CHEFIAR, SIMPLES ASSIM!...

Por que muitos trabalhos em equipe fracassam

Empresas preocupadas com o alto desempenho estimulam trabalhos em equipe, mesmo quando forem departamentos ou áreas constituídas formalmente e com atribuições dos empregados bem descritas nos manuais de cargos e funções. Esses *núcleos burocráticos* têm resultados aceitáveis e produtividade mediana. Sempre há empresas bizarras que se conformam com a mediocridade, mas naquelas que para sobreviver têm que cuidar dos resultados para os acionistas, satisfação dos clientes, melhoria dos processos, criatividade e inovação são as competências grupais que alavancam a produtividade e lhes dão vantagem competitiva.

Empresas sadias, com boa administração e líderes capazes, têm seus departamentos funcionando como *grupos*: aceitação pacífica de sua chefia, disciplina em relação às normas, clima satisfatório decorrente das necessidades de segurança e associação satisfeitas. Esses grupos se mantêm estáveis, mas em equilíbrio delicado que pode se romper a qualquer momento, e podem recuar para a*grupamentos* cheios de conflitos, queda na produtividade, contestação das chefias. As causas são várias: mudanças estruturais na empresa; maiores exigências em termos de metas a alcançar; cortes no orçamento; chegada ou saída de companheiros; expectativas salariais não atendidas; alteração nos procedimentos e normas operacionais.

Estes efeitos costumam ser atacados com imposição de mais normas, mais rigor na disciplina, mais exigências de obediência às chefias. Os resultados são ilusórios. De fato, os desempenhos voltam aos padrões anteriores à crise, mas o preço é o recuo da maturidade dos empregados, que passam a agir como *núcleos burocráticos* dependentes, de baixo compromisso e energia somente para manter a produtividade em níveis eternamente medianos.

O mesmo ocorre quando se forma um grupo de trabalho para um objetivo específico. Chefias bem-intencionadas convocam os melhores talentos para participar do projeto. O equilíbrio é rompido e o *grupo* recua na sua maturidade, funcionando como *agrupamento* onde, passado o entusiasmo inicial e ingênuo, os participantes se tornam belicosos e desnorteados. Chefes desanimam nessa hora, culpam o trabalho em equipe e apelam para mais controle, mais regras. Além de os sobrecarregarem de trabalho pouco estimulante, isso também cria *núcleos burocráticos* submissos, insatisfeitos e limitados ao cumprimento de metas impostas à força, sem qualquer entusiasmo pelo êxito do novo projeto.

Empresas bizarras

Empresas bizarras, quando cobradas por resultados, contratam mais pessoas, criam mais departamentos, dão lugar a mais chefes com mais privilégio, mais salários e garantias regimentais que irão se incorporando ao cargo.

A culpa não é dos grupos, a culpa é da não compreensão dos fenômenos grupais e do desconhecimento de ferramentas para elevar grupos aos níveis de desempenho superior. Quanto mais maduro estiver um grupo e maior for a habilidade do chefe em gerenciá-lo, menores serão os riscos de recuo, mesmo em situações de crise ou de grandes mudanças.

Trabalho em equipe é ótimo quando gera caixa

Uma grande organização financeira estava com o doce problema de não parar de crescer. Ganhava mercado em todas as praças e aumentava suas margens em cada segmento de clientes. Seus produtos eram inovadores e quando a concorrência tentava copiá-los já havia outros na prateleira para serem lançados. Seu principal executivo, como ele mesmo dizia, era um inconformado: queria mais!

Ele tomou uma decisão arriscada, uma aposta que aumentaria a motivação de seus executivos, principalmente os da primeira linha. Na fronteira estratégica dos negócios, as decisões eram tomadas com autonomia e a quantidade de dinheiro envolvida arrepiaria muitas empresas centralizadoras. No final, o que ele intuía era que chefes mais autônomos e criativos geravam mais resultados. Esses seriam medidos pelo crescimento do valor das ações na Bolsa.

Conforme seu estilo, em poucos meses desmontou a estrutura funcional, departamentos, divisões. Manteve apenas uma central de serviços – inclusive Controladoria, Auditoria, Recursos Humanos, Tesouraria etc. – com a tarefa explícita de jamais complicar a vida dos gerentes de negócios, apenas servi-los. Em um organograma tradicional, se isso fosse possível naquela empresa, essas áreas estariam nas caixinhas do pé da página.

Criou apenas dois níveis de gerentes: os da *nave mãe*, que ficavam na sede central e bases nas principais capitais do país, e os da *frota estelar*, com a missão de fazer negócios. Os da *nave mãe* eram subordinados aos da *frota estelar*. Aqui cabe uma explicação: estes nomes estranhos faziam parte de uma brincadeira levada a sério pela equipe do presidente – um dos melhores líderes com quem já trabalhei –, que se viam como conquistadores do Universo.

A proposta ia mais longe: mensalmente os gerentes de negócios deveriam se reunir, avaliar os resultados do mês anterior, tomar decisões sobre as metas a cumprir e estratégias a adotar. Entregariam a meta para o gerente de negócios mais preparado para alcançá-la. Esse, por sua vez, montaria seu time com profissionais de sua confiança e, segundo sua avaliação, com mais competência para aquela tarefa.

CHEFIAR, SIMPLES ASSIM!...

Um gráfico, mais ou menos parecido com um organograma, mostrava como estava a estrutura daquele mês. Os nomes dos participantes dos times eram escritos em cartões fixados em um quadro magnético para que as alterações pudessem facilmente ser representadas.

Na prática deu tudo errado. Em dois meses o volume de negócios caiu e a geração de caixa, cuidada com fervor religioso, desceu a níveis preocupantes. Começou a crescer na empresa a teoria de que nada como uma estrutura funcional com regras bem definidas – *"cada macaco no seu galho, cada um com suas bananas"*. Mesmo na crise, a criatividade em dar nomes às coisas não diminuíra.

Foi aí que, em uma conversa de pouco mais de vinte minutos, o presidente, que eu já conhecia de outras empresas de sucesso por onde ele passara, me fez uma pergunta direta: "Você acredita em times, sim ou não?" Claro que minha resposta foi *sim*. Ele me respondeu: "Eu também! Vê se dá um jeito para que essa m... que eu inventei comece a funcionar".

VER:
TRILHA Z
Capítulo 6

A explicação era muito simples: grupos não dão resultados imediatamente, precisam amadurecer. Em cada etapa desse amadurecimento os gestores devem se utilizar de técnicas e ferramentas adequadas a elas. É preciso aprender a trabalhar em equipe.

Os gerentes e suas equipes se atiraram, com a mesma energia que dedicavam aos negócios, aos workshops de liderança de times. Em pouco tempo já estavam dando um salto no volume dos negócios, participação no mercado e geração de caixa. Na comemoração, o presidente ganhou uma miniatura da nave *Enterprise*. Notável como eles sabiam ganhar dinheiro se divertindo!

Katzenbach & Smith: grupo, equipe e time

A empresa é um conjunto de pequenos aglomerados de pessoas que trabalham juntas. Podem ser naturais, decorrentes de afinidades pessoais, proximidade ou atividades assemelhadas. Desenhos encontrados em cavernas ilustram que os nossos ancestrais brucutus já se agrupavam, dividiam tarefas e – atenção! – *tinham um chefe*. Quando o número de pessoas na tribo era muito grande, os chefes dos agrupamentos não conseguiam que trabalhassem eficientemente. Em volta de uma fogueira foi criado o primeiro comitê de gestão. O objetivo era simples: como fazer para que as ordens dos chefes mais poderosos fossem rapidamente recebidas e obedecidas pelo pessoal de baixo.

CHEFIAR, SIMPLES ASSIM!...

Os imperadores romanos separaram os soldados em exércitos, legiões (infantaria e cavalaria); centúrias (cem soldados); decúrias (dez soldados). Os *centuriões* e *decuriões* eram gerentes, chefes ou supervisores que deveriam fazer com que os legionários cumprissem as ordens, executassem bem as manobras militares, mantivessem o acampamento limpo e se orgulhassem dos estandartes de suas legiões.

Talvez já reclamassem da quantidade de planilhas que deveriam preencher, mesmo quando debaixo do ataque do inimigo.

Os gestores de primeira linha chefiam unidades operacionais, conjuntos delas organizados em departamentos, áreas, divisões; ou as moderninhas denominações de ambientes e sistemas.

Essas estruturas nem sempre têm a flexibilidade exigida pela dinâmica dos negócios. Decisões pragmáticas concebem grupos de melhoria, grupos de processo, grupos-tarefa, grupos de projetos. Liderar grupos – constantes do organograma da empresa ou não – é uma das competências fundamentais do chefe.

Alguns autores usam ao seu gosto os termos grupo, equipe, time. Não faz diferença em relação ao que importa a um chefe: produzir resultados. Esses resultados têm dois componentes inseparáveis: alcançar as metas e, entre eles, desenvolver a competência de seus subordinados para trabalhar em equipe.

É costume chamar de time um grupo com características específicas e dinâmicas de alta efetividade:

JON R. KATZENBACH & DOUGLAS K. SMITH
A Força e o Poder das Equipes
Makron

- **Pequeno número de pessoas** – não há talhe exato para pequeno. Um time de futebol tem onze jogadores; no chopinho da sexta-feira as pessoas vão naturalmente se aproximando em núcleos de cinco a sete para que consigam conversar. Uma, duas ou três pessoas não formam um time, tampouco é eficiente uma força-tarefa com trinta participantes.

- **Conhecimentos complementares** – uma razão para se constituir um time é ganhar sinergia entre os conhecimentos. Um problema de queda de vendas pode estar relacionado a preço, fabricação, mudança de hábito do consumidor, liderança do gerente, normas ultrapassadas, competência dos vendedores. No time, devem estar todos os que conhecem o assunto e ninguém mais que não tenha o que contribuir para o melhor desempenho.

- **Propósitos comuns** – todos os que estiverem no time devem concordar explicitamente sobre qual o propósito de ele existir, como cada um pode contribuir para o resultado, por que foi convidado e o que é esperado dele.

- **Responsáveis pelas metas** – na prática: *um por todos e todos por um*. As pessoas estão no time não para que suas metas individuais sejam alcançadas, mas para alcançar a meta do time; de todos, portanto.

- **Comprometidas com a abordagem** – os componentes do time devem se empenhar com *o que* fazer e também com o *como* fazer. Mais do que concordância, compromisso explícito com a distribuição de papéis, cronogramas, formas de controle, uso dos recursos, relacionamento com outros times.

Qual a melhor escolha do chefe para desempenhar uma tarefa: entregá-la a uma pessoa ou a um grupo? A resposta depende de qual tipo de trabalho deverá ser realizado. O trabalho é complexo, isto é, para que seja bem-feito depende de integração das competências distribuídas entre muitas pessoas? Decida por grupo sem delongas. É um trabalho simples, que um especialista fará melhor na solidão de seu computador ou laboratório? Tranque-o em uma sala e mande servir café e água de vez em quando.

Funciona assim:

- **Individual** – o trabalho pode ser realizado por uma única pessoa, que tem toda a informação necessária para a ação. Também quando há urgência e o tempo é escasso.

- **Grupo** – o trabalho afeta várias pessoas e elas possuem partes da informação. Para aumentar o compromisso dos subordinados com os resultados. Situações de mudanças significativas nos procedimentos ou busca de sinergia entre as tarefas.

Um time não está pronto assim que o chefe escala seus componentes. Seu amadurecimento passa por fases bem nítidas, desde a sua convocação, quando os subordinados são retirados de sua área de conforto, até evoluírem para um *empowered team*. Os nomes dessa sequência podem ser úteis para que o chefe tenha parâmetros que o auxiliem a avaliar a dinâmica do seu grupo e tenha objetividade em sua liderança. Cada uma das fases produz impactos diferentes na capacidade de produção do grupo e no seu compromisso (Figuras 17 e 18).

CHEFIAR, SIMPLES ASSIM!...

Metas e competência grupal

Time

Equipe

Grupo

Agrupamento

Núcleo burocrático e Turba

Sequência do amadurecimento de um time

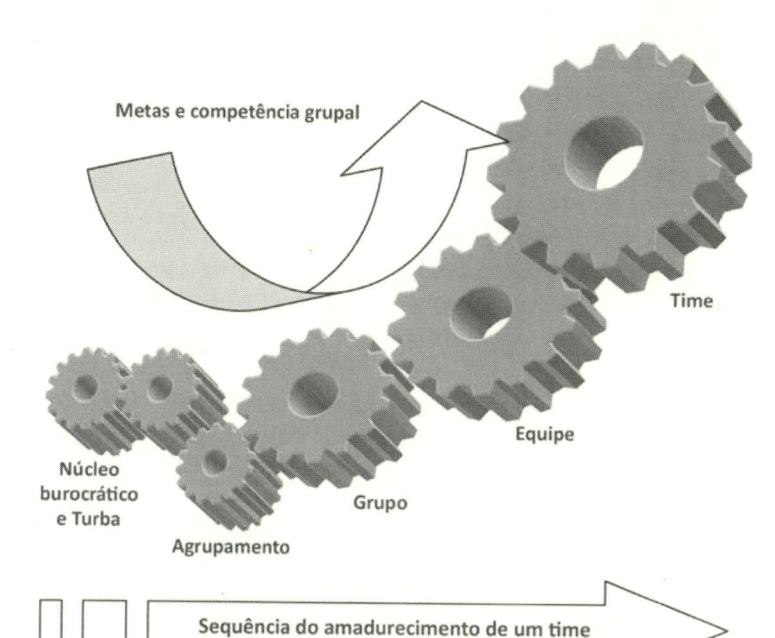

Figura 17
Sequência do desenvolvimento de um time
Adaptado de
A Força e o Poder das Equipes
JON R. KATZENBACH & DOUGLAS K. SMITH
Makron

Fase	Comportamentos	Resultados
Núcleo burocrático (conforme o organograma e conforme descrito nos padrões operacionais)	Respeito às determinações da chefia, conformismo. Energia focada na obediência, na previsibilidade e no conservadorismo.	Médios, dentro do estabelecido pelo planejamento e pelas normas da unidade.
Turba	Otimismo exagerado, metas irreais. Precipitação em começar a fazer. Resistência em planejar. Energia com foco na pressa de concluir o trabalho.	Manutenção dos resultados em relação à fase dos núcleos. Melhoria no clima. Adesão aos conceitos de participação. Aumento da confiança dos subordinados nas suas chefias.
Agrupamentos	Conflitos quanto a propósitos, metas e abordagens. Discussões estéreis, mesmo quando há concordância. Reclamação pelo excesso de trabalho. Energia gasta na competição e conflitos.	Queda nos resultados e metas não atingidas. Clima ruim e tendência de dissolução do grupo. Muitos chefes desanimam neste momento de trabalho em equipe e da liderança participativa.

Figura 18
Adaptado de
Development Sequence in Small Groups
BRUCE W. TUCKMAN
Psichological Bulletin
e
JOSEPH & JIMMIE BOYETT
As Fases Previsíveis do Desenvolvimento das Equipes

Figura 18
(Continuação)

Fase	Comportamentos	Resultados
Grupos	Negociação e acordos quanto a propósitos. Busca de coordenador, interno ou externo. Energia com foco na negociação.	Os resultados voltam aos padrões desejados. O clima melhora pela satisfação das necessidades de segurança e de pertencer.
Equipe	Aceitação das normas criadas pelo próprio grupo. Aceitação das lideranças emergentes. Recursos compartilhados. Distribuição justa das tarefas e ajuda mútua. Energia com foco na harmonia.	Metas superadas e resultados acima da média. Clima bom, motivado pelo reconhecimento do crescente desempenho grupal e superação das metas.
Time	Compromisso com o time e com a empresa. Confiança no êxito e visão compartilhada. Comunicação franca e envolvimento constante. Energia com foco na melhoria contínua e crescimento grupal.	Metas e resultados significativamente altos e aumentados pela inovação e criatividade. *Empowered team.* Clima excelente motivado pela satisfação das necessidades de autorrealização dos componentes.

Gerenciar eficazmente equipes e construir times

A atitude do chefe ao gerenciar grupos deve ser a de, partindo de onde estiver, conduzir seus subordinados ao nível de competência de um time. Seu pessoal pode estar em diferentes fases de maturidade, avaliadas conforme as capacidades de manutenção do equilíbrio emocional para aceitar com tranquilidade compartilhar conhecimentos, aliadas aos compromissos com os resultados cujos benefícios serão coletivos.

Melhores práticas para desenvolver times

Seu objetivo é utilizar práticas de forma a evoluir de uma fase para a imediatamente superior. Isto pode levar muito ou pouco tempo, dependendo das diferentes situações e de suas próprias habilidades. Suas intervenções deverão estar coerentes com as peculiaridades de cada fase, cujos sintomas são percebidos pelo comportamento dos subordinados.

CHEFIAR, SIMPLES ASSIM!...

Fase 1 – Núcleo burocrático

SINTOMAS	PRÁTICAS
Apenas cumprem ordens. Submissão às normas. Satisfação com resultados medíocres. Resistência à inovação. Funciona se controlado externamente.	Arrisque, atribuindo gradualmente mais liberdade às pessoas. Fique mais perto das pessoas, apoiando e instruindo. Ajude as pessoas a descobrir novas maneiras de trabalhar.

VER:
TRILHA Z
Capítulo 6

Fase 2 – Turba

SINTOMAS	PRÁTICAS
Turbulência. Voluntarismo. Resistência ao planejamento. Metas irreais. Fazer de qualquer jeito para terminar logo.	Esteja mais próximo das pessoas para estimulá-las a planejar. Mostre as dificuldades inerentes ao projeto e seus objetivos. Recuse trabalhos malfeitos ou incompletos e aceite alguma flexibilidade com os prazos.

Turba
Multidão desordenada ou em movimento.

Turbulência
Ação ou comportamento caracterizado por agitação, tumulto.

Dicionário Houaiss

Fase 3 – Agrupamentos

SINTOMAS	PRÁTICAS
Conflitos sobre os objetivos. Conflitos sobre modos de trabalhar. Discussões estéreis. Reclamações sobre excesso de trabalho e falta de tempo. Rebeldia aos comandos.	Mantenha as pessoas concentradas nas metas. Resista à sua vontade de recuar para o núcleo burocrático e insista no trabalho participativo. Intervenha nos conflitos e proponha soluções equilibradas entre os ganhos substantivos e afetivos.

Fase 4 – Grupos

SINTOMAS	PRÁTICAS
Disposição para negociar conflitos objetivamente. Acordos quanto a procedimentos e formas de trabalhar. Tentativa de definir papéis, coordenador, relator, secretário etc. Solicitação de mais envolvimento do chefe nas decisões. Energia orientada aos procedimentos e menos aos resultados.	Atenção à satisfação das necessidades de segurança e associação. Aponte, valorize e reconheça os bons resultados do grupo (finalmente temos um grupo!). Desestimule a burocratização dos papéis do grupo, mostre as vantagens da flexibilidade. Mostre ao grupo sua potencialidade para resultados mais ambiciosos.

Fase 5 – Equipe

SINTOMAS	PRÁTICAS
Funcionamento com normas criadas pela própria equipe.	Aceite a estruturação e normas criadas pelo grupo.
Aparecimento de lideranças emergentes equilibrando desafios e competências diferenciadas.	Partilhe o comando com os líderes emergentes em cada situação.
Distribuição espontânea de tarefas segundo perfis e disponibilidade.	Reconheça publicamente, na equipe e na empresa, o bom desempenho da equipe.
Clima de harmonia e produtividade.	Desafie a equipe para resultados mais ambiciosos.

Fase 6 – Time

SINTOMAS	PRÁTICAS
Compromisso com valores e estratégias da empresa.	Seja mais um membro do time, mas não abra mão de suas prerrogativas de chefe.
Orgulho de pertencer ao time.	Como membro do time, estimule desafios ambiciosos.
Confiança realista na capacidade de vencer obstáculos.	Mantenha seu foco gerencial mais na visão, valores, políticas e estratégia e menos nas metas e processos.
Comunicação franca entre as pessoas e o chefe.	
Busca contínua de aperfeiçoamento e novos desafios.	

Times e delegação

Existe semelhança entre as habilidades do chefe e as melhores práticas para trabalhar em equipe. Em ambas as situações o resultado é definido por duas capacidades: atingir metas e desenvolver competências.

Ao decidir trabalhar em equipe e levar seus subordinados a níveis de excelência, o chefe aplica corretamente o conceito básico de que seu papel é *fazer que façam*.

Para tanto transfere autoridade e responsabilidade ao time, com mais frequência a uma pessoa determinada. Delega para um subordinado tarefas específicas, ou conjuntos de atribuições.

Capítulo 12
TEMPO, DELEGAÇÃO E *EMPOWERMENT*

Um grande problema das chefias é a falta de tempo. Costumam ouvir que para decifrar esse enigma deveriam ter mais critérios para eleger prioridades. Com isso, decidiriam quais tarefas importantes seriam de sua responsabilidade e quais as de seus subordinados, para quem as delegariam. Há uma inconsistência neste conselho: os subordinados teriam autoridade apenas sobre as tarefas sem importância. Porém, há um erro maior: confundir processos de delegação e *empowerment* – poderosas práticas de liderança – com maneiras de gerenciar melhor o tempo.

A arte de trabalhar muito e produzir nada

Você olha desconsolado para sua mesa e vê a pilha de papéis, relatórios, planilhas a serem respondidos e preenchidos. É procurado por dois subordinados pedindo sua autorização sobre mudanças de alguns procedimentos operacionais. Faz uma semana que você recebeu deles a informação da necessidade dessa alteração. Mas, para decidir, precisa falar antes com seu superior hierárquico e justificar o pedido. Depende de coletar e organizar uma série de indicadores e estatísticas dos últimos meses.

Pega ao acaso um dos documentos e começa a estudá-lo. Recebe telefonema do encarregado de um dos setores operacionais informando que encontrou problema de falta de atendimento a especificações críticas na matéria-prima recebida no último lote e quer saber se deve devolver ao fornecedor, atrasando a produção, ou reprogramar a linha com risco de queda no padrão.

No caminho para ver o problema no local, encontra com seu colega da área administrativa. Ele estava indo tomar um café para refrescar a cabeça. Não dá conta de tudo o que lhe é pedido. Nessa semana tem que preparar a descrição resumida de suas tarefas para a consultoria de processos; os formulários de avaliação de desempenho estão com o prazo já estourado; faz meses que leva trabalho para casa nos finais de semana. Há pouco recebera um pedido do diretor de marketing para elaborar uma apresentação detalhada, a ser exibida na próxima reunião de planejamento estratégico, sobre o impacto positivo das políticas de sustentabilidade nas vendas do último semestre.

Como dar conta de tudo isso e, ao mesmo tempo, cumprir o que sabem e concordam ser as principais atribuições de um chefe: projetos, desempenho, comunicação, planejamento, correção de desvios, desenvolvimento das competências dos subordinados?

Falta de tempo não é falta de prioridades

Os chefes têm volume de trabalho cada vez maior, equipes cada vez mais enxutas e atribuições de planejamento e controle acrescentadas às suas funções, equivocadamente chamadas técnicas. As jornadas de trabalho de mais de dez horas por dia passaram a ser rotina e não exceção.

As receitas clássicas para a falta de tempo erram por punir a vítima. Seria dos próprios chefes a culpa, pois não saberiam eleger suas prioridades. Há uma frase, que muito bem poderia estar em algum para-choque de caminhão: *falta de tempo é falta de prioridade*.

Em agendas vendidas em qualquer papelaria, há tabelinhas onde as tarefas podem ser listadas em uma coluna e classificadas em outras como *urgentes, importantes* e *rotineiras*. O problema é que o chefe mal dá conta das tarefas importantes que em pouco tempo viram urgentes. Se não fizer as rotineiras, estará fortemente encrencado na primeira visita dos auditores.

Há outra receita mágica: *delegar*. Provoca uma pergunta do chefe: para quem? Supondo que todos os subordinados tivessem competência para realizar as tarefas de responsabilidade de suas chefias, eles também não dariam conta de executá-las. Fantasiando que, desde o presidente, todos delegassem em cascata as tarefas para os subordinados da linha de baixo do organograma, sobraria para a tia do café – se ela ainda existisse – a decisão sobre onde instalar a nova fábrica.

Falta de tempo e delegação não são animais que vivem na mesma jaula, sequer no mesmo zoológico. Falta de tempo tem causas complexas. Começa com maior competência em fazer a tarefa com mais velocidade. Basta comparar, por exemplo, o tempo gasto para elaborar uma planilha em Excel por um principiante e o tempo gasto por um experiente.

Existem também processos operacionais mal desenhados. Muitas vezes, a retirada de tarefas que não agregam valor é garantida por controles que tomam mais tempo do que realizá-las. Por outro lado, novas tecnologias, com melhores máquinas, robôs e sistemas informatizados podem, sim, aliviar a tarefa dos chefes e de seus subordinados.

Para ser fiel ao espírito científico, admitamos que haja, sim, por parte de alguns chefes, a falta de definição de prioridades, mas o mesmo critério deveria servir para alertar sobre certa fobia de correntes de administração em voga, que instruem as empresas a não contratar as pessoas em número necessário, mesmo para acompa-

> "É necessário aprender que o trabalho não é tudo na vida e que existem outros grandes valores: o estudo para produzir saber; a diversão para produzir alegria; o sexo para produzir prazer; a família para produzir solidariedade etc."
> **DOMENICO DE MASI**

nhar o crescimento dos negócios, garantir o padrão de qualidade desejado pelos clientes e dar espaço para inovação e criatividade.

Um mau e perigoso exemplo de delegação

Conheci um excelente médico sanitarista quando eu conduzia um programa de capacitação para delegação e *empowerment*. Era em uma ONG, dirigida por ele e patrocinada por um grupo de empresários idealistas. Estava no cargo há pouco tempo e viera de um fracasso.

Ele contava com humor amargo sua experiência, depois que teve a má sorte – como dizia – de ser aprovado em um concurso e ser lotado como chefe de um órgão que deveria cuidar de programas de saúde. Tendo começado sua carreira em consultório próprio, aprendera que pessoas eram mais importantes do que preencher papéis. Sabia também que a melhor maneira de trabalhar era ter uma equipe competente e motivada.

Era um jovem empreendedor, focado em resultados, e acreditava verdadeiramente que tinha uma missão a cumprir, levando saúde para populações carentes. Então, teve de lutar contra duas barreiras. Passava a maior parte do tempo cuidando de relatórios inúteis e arrazoados de várias páginas para justificar a necessidade da compra de um rolo de esparadrapo. Entre idas e vindas de petições, que voltavam para ser refeitas por falta de um carimbo, os meses passavam e seus recursos para trabalhar não chegavam.

Chefiava um grupo de médicos, jovens e idealistas como ele, e paramédicos também desconsolados por não conseguirem trabalhar pelos mesmos motivos: falta de recursos e tempo desperdiçado respondendo às demandas da administração central. Havia outro grupo de funcionários que passava o tempo encontrando erros nos relatórios feitos pelos médicos e com incrível habilidade em descobrir obstáculos que impediam as tarefas de serem feitas. Escreviam pareceres de algumas páginas fundamentando todas as proibições. Por ironia, seus salários eram superiores aos dos médicos.

Tomou duas decisões empreendedoras que lhe custaram o cargo. Na primeira, combinou com sua equipe técnica que, todo mês, cada um contribuiria com uma quantia equivalente a meia dúzia de latinhas de cerveja para comprar o que precisavam para trabalhar. Não era muito, mas a compra direta no comércio local tinha custo – sabe lá o deus da burocracia por que – de menos da metade do obtido após meses de licitações ou pregões. Além disso, duravam mais, pois o critério de escolha era o da adequação e não o do menor preço.

Empresas bizarras

Em algumas empresas ninguém é cobrado por não atingir metas, mas sim pelo não cumprimento de normas. Geralmente, as normas existem para justificar o paradoxo de controlar se as normas estão sendo cumpridas. Como o controle é mais valorizado do que o trabalho útil, quem o faz costuma ser mais bem remunerado do que quem é produtivo.

A segunda decisão foi delegar para duas funcionárias indicadas pelo chefe político local, e que passavam o tempo falando no celular, a obrigação de responder todas as demandas vindas do órgão central por mais absurdas que fossem, desde que cumprissem o prazo. Retirou dos médicos e paramédicos a incumbência de preencher formulários e escrever relatórios, delegando a tarefa para os servidores administrativos.

Liderou por pouco tempo um time motivado, centrado em sua missão. Os primeiros indicadores levantados apontavam para a melhoria da saúde da comunidade. Foi afastado do cargo por improbidade administrativa devido a denúncias de uso de material não padronizado, compras feitas fora das normas instituídas e apropriação ilegal de proventos dos auxiliares. Houve também reclamações de alguns funcionários alegando que estavam sendo obrigados a exercer tarefas fora das atribuições regimentais.

Peter Block: delegação, parceria e *empowerment*

Haveria três razões para o chefe delegar uma tarefa: não tem tempo; não gosta e prefere passar a chateação para algum subordinado; ou há alguém com mais competência do que ele para realizá-la. Esses pretextos explicam o sucesso de uma frase muito repetida: *"A autoridade é transferida, mas a responsabilidade sempre será do líder"*. Daí os conselhos para delegar a autoridade até certo ponto, mas manter o controle, pois a responsabilidade seria sempre do chefe. De certa forma funcionam, pois propiciam que as tarefas sejam descentralizadas e decisões sejam tomadas mais próximas das ações. Isto dá velocidade ao processo e libera o chefe para outras atividades.

Há no folclore das empresas uma bem-humorada metáfora: *passar o macaquinho para o chefe*. Ele, se não for astuto, terá de carregá-lo nos ombros no lugar do subordinado. As autoridades e responsabilidades não delegadas se transformarão em falta de tempo, trabalhar até altas horas e macaquinhos para alimentar em casa nos finais de semana.

Um ditado popular pernicioso afirma: *"Quem quer faz, quem não quer manda"*. Essa crença é péssima para o desempenho de um chefe. Continuará eternamente um técnico, escravo e único responsável por prazos, metas e qualidade do produto. Entretanto, há de fato riscos, caso não haja certeza quanto às habilidades dos subordinados e aos seus compromissos com os objetivos.

CHEFIAR, SIMPLES ASSIM!...

Decisões podem ser tomadas sem visão do conjunto, padrões operacionais não compreendidos, além do medo de, ao delegar, perder poder. Por essa razão o chefe delega, mas toma alguns cuidados para não abrir mão do controle:

- Delegação somente de tarefas específicas e temporárias.
- Descrição precisa dos resultados esperados e das tarefas a executar.
- Cancelamento imediato da delegação ou atribuição da tarefa a outro, assim que alguma ocorrência não acontecer de acordo com o estabelecido.

A delegação, mesmo quando é dada mantendo o controle, pode ser uma prática eficaz para melhoria de produtividade, treinar os subordinados em novas habilidades, desenvolver atitudes empreendedoras.

VER:
A VOCAÇÃO PARA LIDERAR
Capítulo 1

Porém, quando limitada à simples obediência e descrição detalhada de fazer o que e unicamente da forma como o chefe quer que seja feito, fortalece o *Ciclo Burocrático*, cujas consequências são a submissão e o estímulo à dependência, cautela e falta de iniciativa (Figura 19).

Ciclo burocrático

1. **Contrato patriarcal** – o chefe apoia sua gestão exclusivamente nos planos de carreira, na descrição de cargos e em outras regras definidas pela empresa. Promete aos seus subordinados recompensas atreladas às *aspirações simples*. O respeito à hierarquia é valor absoluto.

2. **Interesses míopes** – os subordinados são convencidos de que sucesso profissional é subir na carreira; portanto, todos se transformam em *alpinistas de organograma*.

3. **Táticas manipulativas** – o chefe desestimula inovação e iniciativa, pois teme que possam gerar turbulências na sua área ou com outros departamentos. Valoriza os comportamentos cautelosos e políticos: não criar, não ousar, não contestar, obedecer.

4. **Dependência** – todos os subordinados aprendem que só é correto o que o chefe acha que é correto; seguir regras é o melhor para não se meter em encrenca. Muitos sistemas de avaliação de desempenho, políticas de pessoal, sistemas de recompensas reforçam estes conceitos.

Alpinistas de Organograma
Conforme Empowerment, seja um samurai, não um zumbi em sua empresa
MÁRIO DONADIO
DVD – Commit

CHEFIAR, SIMPLES ASSIM!...

Figura 19
Ciclo burocrático
Adaptado de
PETER BLOCK

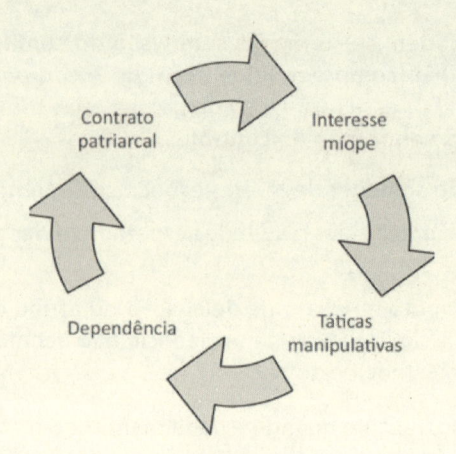

Contrato patriarcal → Interesse míope → Táticas manipulativas → Dependência → (ciclo)

Práticas mais eficazes de delegação costumam ter nomes de difícil tradução do inglês – *entrepreneurship, intrapreneurship* – e estão orientadas para aproveitar o empreendedorismo dos subordinados. Mais do que delegação, a parceria reconhece a possibilidade de equilíbrio do poder e da responsabilidade entre o chefe e seus subordinados. Há alguns requisitos para se obter uma verdadeira parceria (Figura 20):

- **Convergência de propósitos** – chefe e subordinados se engajam em um diálogo sobre o que é preciso ser feito em termos de resultados, tarefas e papéis.

- **Tratar as discordâncias** – nas complexas relações empresariais, é natural haver divergências e conflitos. Parceria não é submissão às expectativas e necessidades dos subordinados, tampouco eles cederem à soberania do chefe.

- **Contratar resultados** – a qualidade e os resultados da parceria são listados, medidos, documentados e contratados, podendo ou não estar vinculados a sistemas de recompensas.

- **Não abdicar do comando** – a parceria não elimina a hierarquia; chefes têm responsabilidades diferenciadas, entre elas a de prestar contas à empresa sobre o cumprimento dos objetivos estratégicos; o desenvolvimento das competências de seus subordinados e equipes; o balanceamento de metas e o relacionamento produtivo com chefias de outras áreas da empresa.

A parceria fortalece atitudes empreendedoras; desenvolve habilidades para trabalhos em equipe; estimula a criatividade e a inovação; contribui para que a liderança seja exercida em clima de harmonia e satisfaz expectativas complexas de associação e reconhecimento.

O maior ganho é que dá um passo importante para a criação de ambientes favorecedores do *empowerment* – outra palavra de difícil tradução do inglês; por isso, com licença dos puristas, vou usar *empoderamento*. Autoridade e responsabilidades são transferidas.

Figura 20
Stewardship
Adaptado de
PETER BLOCK

(Convergência de propósitos / Não abdicar do comando / Contratar resultados / Tratar as discordâncias)

Mais do que delegar, o chefe energiza seus subordinados de forma a que cumpram as atribuições que lhes competem – sem necessitarem de ordens ou controles – e decidam sobre os objetivos, as estratégias e os modos de executar suas tarefas, integrados às declarações estratégicas da empresa.

Quando se vai além das já saudáveis práticas de delegação por parceria, são quebrados os paradigmas do ciclo burocrático. O chefe terá subordinados e times empoderados e com suas necessidades de autorrealização satisfeitas. Instala-se o Ciclo Empreendedor (Figura 21).

Ciclo Empreendedor

1. **Contrato empreendedor** – o chefe ajusta compromissos dos subordinados com a visão, missão, estratégia e valores da empresa.

2. **Interesse esclarecido** – as avaliações vinculam o sucesso ao valor agregado aos clientes, às outras áreas e aos colegas. Valoriza com mais recompensas trabalhos com significado e oportunidades de aprender.

3. **Táticas autênticas** – o chefe tem com sua equipe relações honestas e francas; partilha informações e estimula a assertividade. Os subordinados aprendem que podem correr riscos na defesa de seus pontos de vista com superiores.

CHEFIAR, SIMPLES ASSIM!...

4. Autonomia – os subordinados são donos, responsáveis e assumem consequência pelos próprios atos e decisões; têm coragem para criar e inovar, não esperam ordens e não se sentem obrigados a prestar contas por fazer o que deveria ter sido feito.

Figura 21
Ciclo Empreendedor
Adaptado de
PETER BLOCK

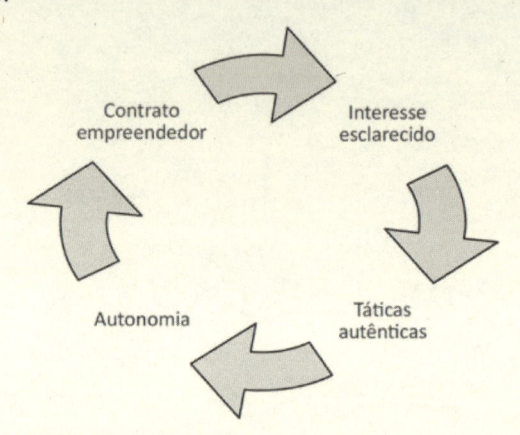

Contrato empreendedor → Interesse esclarecido → Táticas autênticas → Autonomia → (Contrato empreendedor)

Delegar: do controle, pela parceria, à autonomia

Não se delega da mesma forma quando há situações diferentes, equipes diferentes, objetivos diferentes. O chefe deve estar seguro de que seus objetivos não estarão correndo riscos, tampouco perder de vista o fato de que, quanto mais delegar, mais sua equipe se desenvolverá, melhor será sua produtividade e, principalmente, mais tempo ele terá para se ocupar dos resultados mais críticos de sua área.

PETER BLOCK
Gerentes Poderosos: A Arte de Emanar Poder
McGraw-Hill

As quatro melhores práticas de delegação

Delegação por comando: não é propriamente delegação. Entra na lista de práticas pela razão de o costume assim a denominar. Adequada em situações nas quais algo deve ser feito imediatamente por alguém que está capacitado a fazê-lo, mas não é uma atribuição rotineira de sua responsabilidade.

- Tenha clareza sobre o que pretende.
- Avalie qual histórico de desempenho habilita o subordinado a executar a tarefa.
- Confira se o subordinado tem tempo disponível – ou pode remanejar suas tarefas – para receber o novo encargo.
- Especifique com detalhes o que é para ser feito, como fazer e quando deverá estar concluído.
- Fique acompanhando para ajudar no que for preciso.

Delegação por controle: adequada quando o chefe não está seguro – tendo ou não razão – sobre a maturidade, o conhecimento técnico ou sobre o grau de compromisso e responsabilidade do subordinado.

- Organize um breve texto para entregar ao seu subordinado listando as especificações do que será delegado para ele.
- Garanta que o subordinado saiba o que deve ser feito, quais os resultados esperados, nível de qualidade e prazo.
- Deixe bem claro quais os limites da autoridade delegada, proporcional à responsabilidade, e confirme se foi entendido e aceito.
- Detalhe todas as orientações sobre como a tarefa deverá ser realizada, os recursos de que disporá e com quem poderá se relacionar e se reportar.
- Explique para a equipe qual a delegação recebida pelo subordinado e exija que cooperem nos limites da autoridade recebida por ele.
- Estabeleça pontos de revisão do progresso e ajude o subordinado a superar eventuais obstáculos, sejam técnicos ou de relacionamento interpessoal.
- Cumprida a tarefa, dê feedback de reforço e incentive o subordinado e seus colegas a se disporem a aceitar delegações futuras.

Delegação por parceria: adequada quando já existe boa maturidade da equipe e o subordinado tem histórico de bons desempenhos, competência técnica e atitudes de cooperação e responsabilidade.

- Tenha bastante clareza dos objetivos, prazos e recursos da tarefa a ser delegada.
- Organize um breve texto para discutir com seu subordinado as especificações do que pretende delegar para ele.
- Em uma reunião, especialmente reservada para o assunto, contrate com seu subordinado as condições gerais da delegação.
- Exponha suas próprias responsabilidades sobre os resultados a serem alcançados, como eles serão medidos e avaliados e como se concatenam com as responsabilidades que serão delegadas.
- Aceite com tranquilidade eventuais divergências de opinião sobre prazos e métodos. Trate os conflitos e negocie.

CHEFIAR, SIMPLES ASSIM!...

- Registre o que foi combinado em um texto curto. Nada de relatórios, formulários e atas – que horror! – para servir de memória.
- Se o previsto é que as tarefas delegadas levarão algum tempo para alcançar o objetivo, estabeleça procedimentos regulares de acompanhamento do processo.
- Combinem a maneira mais prática de você ser informado sobre os resultados parciais. Provavelmente seus superiores vão perguntar isto a todo tempo e você deverá ter o que responder.

> VER:
> **O FATOR HUMANO NA GESTÃO DE PROJETOS**
> Capítulo 17

- Projetos não são delegados; são gerenciados por alguém diferente de você, ainda que seu subordinado. Têm escopos próprios, complexidade maior, equipe multitarefa com prioridades especificadas.
- Concluída a tarefa, tenha uma conversa agradecendo a colaboração e avaliando acertos e erros do processo.

> **Empowerment**
> ***Power*** *significa poder, controle, autoridade.*
> *O prefixo **en** significa investir.*
> *Portanto, empowerment é um processo de transferir poder e autoridade para os subordinados.*

Delegação por autonomia: a rigor, o termo "delegação" não é perfeito neste caso. Subordinados e equipes empoderados assumem espontaneamente responsabilidades, têm alta competência técnica, impulsos motivacionais de autorrealização e atitudes corajosas para escolher a melhor solução para problemas inesperados. Sorte sua se tiver subordinados assim, e parabéns se este nível de excelência for resultado de sua liderança.

- Tenha clareza sobre seus objetivos, prazos e recursos.
- Identifique na sua equipe o técnico altamente qualificado que poderá assumir autoridade e responsabilidade sobre metas, iniciativas e recursos de que disporá.
- Comunique sua visão sobre o resultado esperado e quais as cobranças que você receberá de seus superiores.
- Pergunte como ele imagina conduzir o trabalho e de quais suportes seus ele precisará.
- Combine uma maneira de você ser informado sobre os resultados parciais pelos quais você terá de prestar contas. Ninguém sabe se seus superiores têm a mesma qualidade de liderança que a sua, ou se confiam como deveriam confiar em você...
- Não amole seu subordinado; deixe que ele trabalhe em paz. De vez em quando dê um alô e pergunte *pro forma* se precisa de alguma coisa.

Ao final, agradeça e partam para outra.

Conhecer o caminho para chegar ao destino

Não apenas nos processos de administração do tempo, delegação e empoderamento de subordinados e equipes o chefe tem limites à sua liderança. Condições de trabalho, estrutura da empresa, processos implantados, tipo de produto ou serviço e para quais mercados são fatores que ora facilitam ora dificultam sua vontade de fazer as coisas do jeito certo.

Algo que sempre ouço nos seminários e workshops sobre gestão e liderança é um lamento bem-humorado: "Já falaram essas coisas para meu diretor?". Se as restrições às boas práticas de gestão estão muitas vezes fora do poder de intervenção dos gestores de primeira linha para quem este livro foi escrito – que sirva de consolo que o presidente também sofre deste mal –, compreendê-las ajuda a se situar neste cada vez mais complexo mundo empresarial.

É neste contexto que você conduz seu grupo e que seus subordinados esperam que os leve a bom porto. Momentos de contato mais estreito com sua equipe são as reuniões. Podem ser inúteis – e muitas são –, mas se bem conduzidas podem ser uma oportunidade para melhorar seu relacionamento com sua equipe e contribuir para o desenvolvimento das competências suas e dos seus subordinados.

Capítulo 13
REUNIÕES, PARTICIPAÇÃO E COMPROMISSO

Ao participar de ou coordenar uma reunião, o chefe tem oportunidade de aplicar todas as habilidades e ferramentas exigidas de um líder. Nas reuniões estão presentes os fenômenos grupais, os processos de comunicação e as oportunidades de conquistar o compromisso e dar significado ao trabalho de seus subordinados.

Uma reunião somente se justifica se servir para alcançar três resultados: *qualidade da decisão tomada; compromisso das pessoas com o decidido; aprendizado do coordenador e dos participantes.*

Socorro... outra reunião!

Hoje é terça-feira, dia da reunião semanal dos chefes de área. Pega mal se você não levar algum assunto para apresentar. Dá uma olhada no mapa de produção pendurado na parede à sua frente, copiado de outro igual à disposição na intranet. Ótimo! Neste mês, sua coluna de metas cumpridas alcançou o nível indicado pela faixa verde. Terá bons resultados para mostrar.

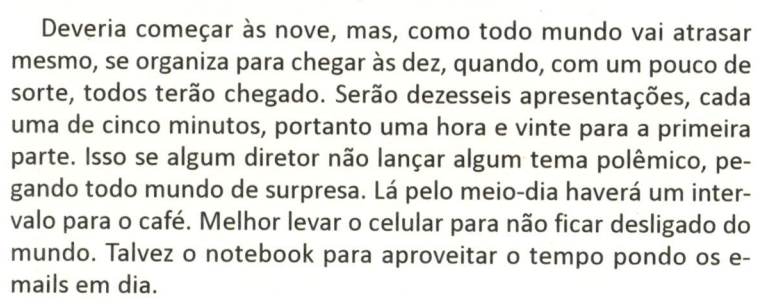

Deveria começar às nove, mas, como todo mundo vai atrasar mesmo, se organiza para chegar às dez, quando, com um pouco de sorte, todos terão chegado. Serão dezesseis apresentações, cada uma de cinco minutos, portanto uma hora e vinte para a primeira parte. Isso se algum diretor não lançar algum tema polêmico, pegando todo mundo de surpresa. Lá pelo meio-dia haverá um intervalo para o café. Melhor levar o celular para não ficar desligado do mundo. Talvez o notebook para aproveitar o tempo pondo os e-mails em dia.

Pesquisa sua agenda no computador e vê que, para não perder o almoço, irá se atrasar para a reunião das duas horas com o Comitê de Qualidade; não se preocupa, muitos de seus membros também estarão na reunião da manhã. Desconsolado, você se dá conta de que somente ao final do dia poderá comparecer à reunião com sua equipe para discutir um plano de redução de custos. Manda um e-mail dizendo para irem tocando até a hora de você chegar.

Você está inscrito no comitê criado para aprovar a mudança dos uniformes das secretárias e em outro para dar sugestões para novos critérios de uso das vagas cobertas do estacionamento. Reuniões marcadas sempre no final da tarde para não atrapalhar a rotina do trabalho.

Uma vez por mês você participa como convidado da reunião do Comitê Executivo, sem direito a voz nem voto. Foi uma ideia do

CHEFIAR, SIMPLES ASSIM!...

Comitê de Qualidade das Comunicações para agilizar a troca de informações da empresa. É uma reunião de dia inteiro, mas você sabe que pela manhã, com a presença das chefias, são tratados apenas temas corriqueiros. Depois do almoço são discutidos conteúdos de maior importância. Já que estão na sede da corporação, os gerentes corporativos convocam os chefes das suas divisões para reuniões informais sobre assuntos diversos de seu interesse.

Sexta-feira, depois do expediente, quem puder vai a uma reunião no bar perto da empresa. Entre batatinhas e cervejinhas comentam a semana. A piada da noite foi contada por você que tem um filho de oito anos na escola. Sua lição de casa era anotar o que o pai fazia durante a semana. De segunda a quinta ele perguntava o que você tinha feito. A resposta era sempre a mesma: reunião. Até que o menino saiu com esta: "E na sua empresa ninguém trabalha?".

A inutilidade das reuniões sem sentido

Chefe precisa participar de reuniões. No seu dia a dia você deve conversar com seus subordinados sobre o desempenho deles, ajudar o grupo a superar dificuldades com um projeto, se articular com chefias de outras áreas, atender convocações de seus superiores, solucionar conflitos técnicos ou pessoais da equipe, reforçar os valores da empresa, e assim por diante. Reuniões tomam tempo e, como qualquer ferramenta ou técnica, são eficientes ou não, conforme a usemos de maneira correta ou não.

MICHAEL DOYLE
& DAVID STRAUS
*Reuniões
Podem
Funcionar*
Summus

O *através das pessoas*, forma como os chefes produzem resultados, poderia ser dito *através de reuniões com as pessoas*. Embora correndo o risco de aborrecer um chefe cheio de relatórios para preencher, que se amontoam em sua mesa enquanto ele entre e sai de reuniões sucessivas, eu afirmo que o problema do tempo seria resolvido diminuindo os papéis, ou delegando para alguém – as reuniões não são culpadas. Mas eu concordo que várias são inúteis.

Muitas vezes a mais eficiente reunião foi a cancelada; melhor ainda, aquela que nunca foi convocada. As maiores candidatas ao título de as que não deveriam ter sido marcadas são tipo reuniões ordinárias da equipe, toda segunda-feira pela manhã. São *ordinárias* e a única razão para acontecerem é que chegou a manhã de segunda-feira. Outra, aquela agendada quando ninguém sabia o que fazer; então "chama todo mundo para ver se sai alguma coisa". As improfícuas, para redigir relatórios – supondo que eles teriam alguma utilidade – quando alguém sozinho faria melhor em menos tempo.

As mais bem canceladas são aquelas nas quais os objetivos não eram claros, ninguém tinha se preparado, não houve critério em chamar só quem tinha contribuição a dar e o superior que iria *mesmo* aprovar as decisões não ia poder participar o tempo todo.

Reuniões sempre são caras. Já vi inimigos meticulosos se darem ao trabalho de calcular a soma do valor/minuto dos salários das pessoas presentes e multiplicá-la pelo tempo gasto. Assusta! Nesses tempos de smartphones, notebook, e-mails, sem contar o velho e útil telefone, as reuniões para troca de informações, ajustes de agenda, comunicados oficiais, informações técnicas só devem ser marcadas quando não houver mesmo outra solução mais barata e menos dolorosa.

Reuniões necessárias podem ser para solucionar problemas, decidir sobre alternativas previamente estudadas, planejamento de projetos, aprovação de políticas que afetem o grupo. Nessas reuniões o processo deve garantir um triplo resultado (Figura 22):

- Qualidade da decisão.
- Compromisso das pessoas com o decidido.
- Aprendizado dos participantes.

Qualquer reunião que não alcance esses três resultados não foi uma reunião eficaz; por outro lado, caso um deles não seja necessário, provavelmente será melhor não tomar o tempo das pessoas.

Figura 22
O triplo resultado de uma reunião; são critérios para decidir se é necessário mesmo convocá-la.

O presidente que matava reuniões

O verbo "matar" tem duplo sentido: deixar de ir às reuniões ou acabar com elas. Conheci um presidente que fazia as duas coisas. Ele assumiu e consertou uma dessas empresas que eu costumo chamar de bizarras, pois nelas tudo acontece ao contrário do que deveria acontecer.

CHEFIAR, SIMPLES ASSIM!...

A diretora de Recursos Humanos me convidou para participar de uma reunião com a gerente de treinamento, onde seria avaliado um extenso programa envolvendo muitos níveis hierárquicos e vários meses de atividades. Mandou um resumo do assunto e pediu que enviasse uns dias antes um e-mail contendo minha opinião estruturada em tópicos: *explicar, manter, modificar, cortar, acrescentar*. Foi o que fiz.

A sala de reuniões era pequena, dois flipcharts e em um deles uma frase: "Decidir: será realizado? Quem participará? Quem coordenará? Definir cronograma e aprovar custos".

No outro flipchart, classificadas segundo os tópicos, as minhas frases estavam resumidas e havia outras, com opinião de pessoas que também as haviam estudado. Presentes a gerente de treinamento, a diretora de Recursos Humanos, um auxiliar administrativo da área de finanças e o presidente. Fiquei surpreso, normalmente os presidentes se escondem em sua torre de marfim. Os tópicos foram comentados um a um, todos explicamos nossos pareceres, que foram incorporados ou rejeitados na hora.

Fechamos o cronograma, o menino do financeiro informou procedimentos práticos sobre orçamento e fluxo de caixa. Virada a página do flipchart, a gerente anotou as conclusões da reunião, o presidente perguntou se todos concordavam, ouviu as respostas, se despediu e saiu. Tudo decidido em menos de trinta minutos. Eram assim as reuniões naquela empresa. Tudo o que deveria ter sido feito antes fora feito. A reunião cuidava da essência do que deveria ser objeto de contrato pessoal entre os envolvidos no processo decisório.

Conheci melhor o presidente no transcorrer dos meus trabalhos. Quando ele assumiu a empresa cancelou todas as reuniões regulares e ordinárias, exigiu que os comitês provassem que não faziam nada além do que fosse diferente dos processos regulares de gestão. Deu um prazo para que cumprissem seus objetivos e se autodestruíssem. Sua decisão mais polêmica foi retirar mesa, cadeira, água, cafezinho e ar-condicionado da sala de reuniões. Todos ficavam em pé. Na porta de entrada, pelo lado de fora, uma mesinha era chamada de berçário de celulares – todos eram deixados ali.

Lia somente os e-mails dirigidos diretamente a ele e deletava aqueles onde era copiado. Todos sabiam que não tomaria conhecimento de qualquer coisa escrita depois da quinta linha e, quando o tema era mais complexo, ia pessoalmente conversar com as pessoas.

Em dois anos a empresa dobrou o faturamento, triplicou os lucros, teve o valor das ações valorizado em quarenta por cento. Manteve o mesmo número de funcionários e, passado o susto inicial, o presidente era muito benquisto por todos. Claro que estes resultados não ocorriam apenas porque havia mais produtividade nas reuniões. Pelo contrário, pela razão de ser um excelente executivo, dava o tom de sua competência em tudo o que fazia. Meu trabalho foi exatamente desenvolver as chefias para esse novo patamar de excelência de gestão exigido por ele, que abarcava todas as competências exigidas de um líder.

Pichón; Jay Hall; Doyle & Straus: qualidade, compromisso e aprendizado

Reuniões são a expressão operacional dos processos grupais. Portanto, tudo o que vale para o bom gerenciamento de times vale para a boa condução de uma reunião. Nelas haverá, em cada uma e nos sucessivos encontros, a evolução da maturidade: *turba, agrupamento, grupo, equipe* e *time*. A melhor prática do chefe será a mais adequada a esses níveis, desde agir como controlador do grupo, ser um facilitador do processo, até exercer seu papel de chefe apenas como mais uma das lideranças emergentes.

Não é complicado. Quando dirigimos um carro não estamos atentos apenas ao lugar que queremos chegar no melhor tempo. Ficamos vigilantes ao nível do combustível, à temperatura do motor, às condições da estrada e a outros fatores que, se estiverem em ordem, garantirão que nosso objetivo seja cumprido. O aprendizado das ocorrências de uma viagem nos ajuda a planejar melhor a próxima. O bom motorista sabe *operar* o seu veículo, e sabe que quanto mais conhecê-lo melhor será. O bom chefe sabe que suas reuniões são *processos grupais operativos*, veículos que o levarão e à sua equipe aos objetivos (Figura 23).

- As pessoas se reúnem em torno de uma **tarefa substantiva**, onde cada participante quer defender o seu ponto de vista.
- As pessoas chegam à reunião com um conjunto de **referências, conceitos** e **modos de operar** (como se conduzir) oriundas de seus valores, formação técnica, história na empresa, experiências de vida, simpatias ou antipatias aos demais participantes.
- As pessoas estabelecem um **vínculo** com a tarefa e demais participantes que afetam a intensidade das resistências, agressividades, ausência explícita ou abandono (distração) do assunto, defesas e frustração com os resultados.

VER:
GRUPOS, EQUIPES E TIMES EFICAZES
Capítulo 11

CHEFIAR, SIMPLES ASSIM!...

- O melhor funcionamento impacta na qualidade nos **resultados** alcançados, velocidade do processo decisório e melhoria das **dinâmicas** das futuras reuniões. Cria condições para que haja sentimentos de satisfação, responsabilidade, compromisso, percepção da qualidade das decisões.

- Queira o chefe ou não, essa dinâmica ocorre e pode ser altamente positiva. A condução da reunião deve focar também os **aprendizados** que levem a transformações daqueles referenciais, conceitos e modos de os participantes operarem (funcionarem).

Figura 23
Adaptado de
PICHÓN-RIVIÈRE, ENRIQUE
O Processo Grupal
Martins Fontes

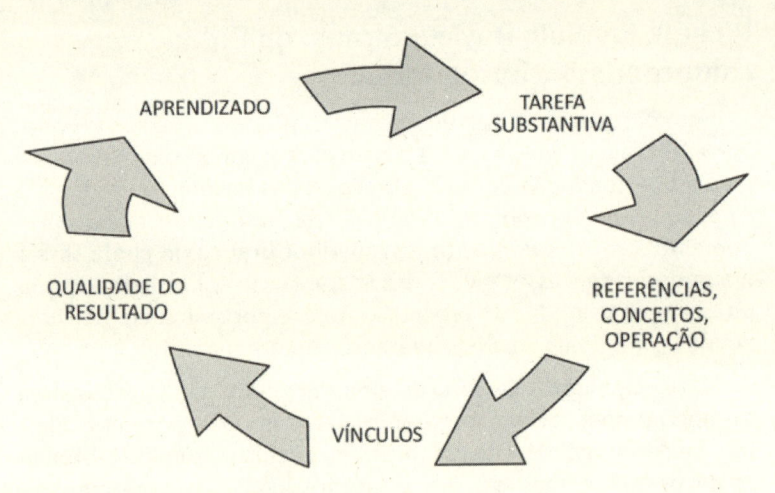

APRENDIZADO → TAREFA SUBSTANTIVA → REFERÊNCIAS, CONCEITOS, OPERAÇÃO → VÍNCULOS → QUALIDADE DO RESULTADO

Alguns fenômenos que ocorrem nas reuniões estão fora da possibilidade direta de intervenção do chefe, pois são sentimentos íntimos dos participantes:

- **Satisfação** – quanto o participante gostou da reunião, quanto suas ideias e opiniões foram consideradas nas discussões. Isso influenciará o clima, durante e depois da reunião.

- **Responsabilidade** – quanto o participante se sente responsável pela decisão tomada na reunião. Isso influenciará suas ações de ser um formador de opinião favorável ao decidido.

- **Compromisso** – quanto o participante se sente comprometido com a decisão tomada na reunião. Isso influenciará suas ações futuras para agir ou não segundo o decidido.

- **Qualidade** – quanto o participante avalia a qualidade da decisão tomada. Isso influenciará que evite tentar retomar debates sobre assuntos já discutidos.

- **Frustração** – quanto o participante avaliou a reunião como perda de tempo, inútil ou mal conduzida. Isso provocará a resistência em aceitar as decisões, cumprir o que foi combinado, tentativas de retomar as discussões, inércia sobre o tema.

Entretanto, há uma variável completamente sob o domínio do chefe:

- **Participação** – pessoas que participam das discussões, ainda que não *vençam* todas, opinam, são ouvidas e apresentam suas ideias, desenvolvem sentimentos favoráveis ao clima do grupo, ao processo decisório e à eficácia da conversão das decisões em ações práticas.

Para que isso ocorra, basta o chefe ficar atento a dois papéis presentes nas reuniões:

- **O participante ausente** – por inúmeras razões, desde a timidez ao desinteresse, é um ausente das discussões. Deve ser permanentemente estimulado a participar, a ser ouvido, a se expor e expor suas ideias.

- **O participante animador** – não necessariamente o chefe, mas qualquer participante da reunião. Abre as portas do grupo, convida a todos que participem, garante que os pontos de vista e opiniões sejam apresentados. Evita que os participantes mais falantes ou agressivos dominem o processo, favorecendo o aparecimento de membros silenciosos.

Em workshops em centenas de empresas de todos os tipos, no Brasil e na América do Sul, com milhares de *participantes* de vários níveis hierárquicos, foram propostas tarefas diversas simulando reuniões de pessoas em busca de um resultado.

Questionários de avaliação de reação foram preenchidos imediatamente após a tarefa. Utilizando critérios estatísticos apropriados, identificou-se uma fortíssima correlação entre os que se declararam participantes e seus sentimentos positivos e baixa frustração com o processo decisório (Figura 24).

Essas atividades nos workshops têm apenas caráter estimulador de reflexões sobre dinâmicas grupais e não têm os controles metodológicos necessários para serem asserções científicas, mas ratificam as conclusões de respeitados autores. Concordam, portanto, com dois aspectos do triplo resultado: compromisso e aprendizado, mas contribuem para a qualidade da decisão?

CHEFIAR, SIMPLES ASSIM!...

Figura 24
Animador e Ausente

Gráfico adaptado a partir de pesquisas da **UniConsultores**, segundo modelo de **JAY HALL**

Gatekimping and the Involvement Process

Teleometric International

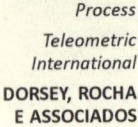

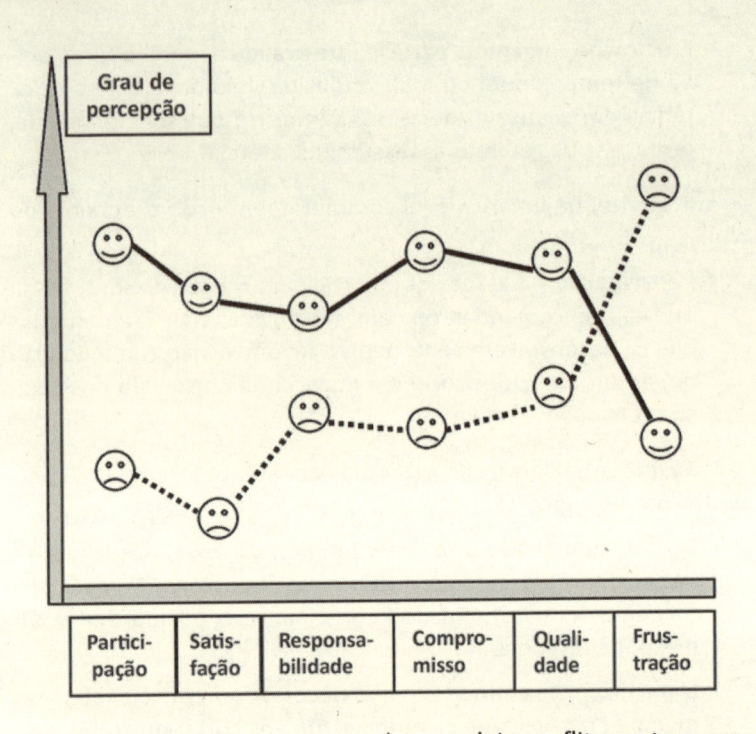

DORSEY, ROCHA E ASSOCIADOS

Partici-pação	Satis-fação	Responsa-bilidade	Compro-misso	Quali-dade	Frus-tração

A *tarefa substantiva* proposta desencadeia conflitos entre os *esquemas conceituais, referenciais e operativos* dos participantes e seus vínculos e interesses sobre o que vai ser decidido. O chefe poderá tentar, visando fazer a reunião funcionar melhor, eliminar o conflito através de imposição de sua opinião, votações ou qualquer outra maneira equivocada. Eliminar o conflito é impedir que a integração dos diferentes conhecimentos complementares resulte em criatividade e sinergia de decisão superior à média das informações ou que, na melhor das hipóteses, apenas alcance a soma dos conhecimentos individuais.

A qualidade da decisão será maior quando:

- houver abertura e tranquilidade para todos exporem seus pontos de vista sem constrangimento;
- houver espaço para que surjam lideranças emergentes capazes de atender às necessidades específicas a cada momento da reunião, sejam elas referentes aos conceitos técnicos ou aos processos grupais;
- os conflitos sejam entendidos como naturais, propiciadores de novos enfoques sobre a questão e geradores de soluções criativas; e

CHEFIAR, SIMPLES ASSIM!...

- ainda que a decisão não seja unânime em sua essência, haja um consenso de todos de que ela é a melhor a que poderiam chegar, nos limites das informações e condições dadas.

Da mesma forma que no estudo do processo, foram propostas tarefas cuja solução dependia da integração dos referenciais dos participantes. A solução foi comparada com padrões validados e reconhecidos. Calculou-se a média dos resultados individuais em termos da proximidade com o padrão, bem como o melhor desempenho dentre os participantes. Em seguida, os grupos foram instruídos a utilizar métodos integradores das referências individuais e busca do consenso. Na maioria das reuniões, o acerto final foi superior à média dos acertos individuais. Mais do que isso: em muitas ocasiões, o acerto do grupo foi bem superior àquele obtido pelo participante que tinha, individualmente, mais conhecimentos para solucionar o problema. A reunião produziu sinergia e criou informação (Figura 25).

Figura 25
Compromisso e participação
Conforme pesquisas da **UniConsultores**, segundo modelo de **JAY HALL**
Gatekimping and the Involvement Process
Teleometrics International
DORSEY, ROCHA E ASSOCIADOS

MAIS ALTO ACERTO INDIVIDUAL ANTES DA REUNIÃO	MÉDIA DOS ACERTOS INDIVIDUAIS ANTES DA REUNIÃO	ACERTO DO GRUPO DEPOIS DA REUNIÃO
80%	60%	90%
Proximidade com a resposta correta		

Conduzir reuniões motivadoras, úteis e produtivas

Algumas regras gerais para dar operacionalidade às reuniões:

- Antes de listar os convidados, tente encontrar um jeito de alcançar os mesmos objetivos sem precisar de reunião. Uma reunião só deve ser convocada se o resultado esperado for qualidade da decisão, aprendizado do grupo, compromisso com o decidido.

- Todos os celulares devem ser deixados do lado de fora da sala; não adianta o modo silencioso ou vibratório. Celular é o maior inimigo da produtividade de uma reunião.

- Apenas um computador e data show. Textos e documentos a serem trabalhados só serão úteis se todos puderem vê-los ao mesmo tempo. Carreguem os arquivos antes, ou os tragam em alguma mídia. O objetivo é deixar todos os notebooks e suas redes sociais, e-mails e joguinhos fora da sala e da reunião. Apontamentos devem ser feitos em bloquinhos de rascunho, os fanáticos por tecnologia que copiem depois em suas máquinas.

- O menor número possível de pessoas deve ser convidado; dessas, devem participar apenas as que tiverem relação direta com as decisões a tomar ou informações a fornecer.
- Todos os assuntos a discutir na reunião devem ter sido expostos previamente para conhecimento de todos os que participarão; cada um deles deverá enviar antecipadamente para os demais uma breve lista de seus pontos de vista sobre o tema.
- Cada reunião deverá se ater apenas a um tema e resultar em decisão objetiva sobre ele. Caso vários temas devam ser tratados em uma mesma ocasião – supondo que interessem a todos os presentes –, a reunião deverá ter módulos bem definidos. Deverão ser dispensadas as pessoas que não têm relação ou interesse com o novo bloco.
- Não avalie a produtividade de uma reunião pelo prazo curto destinado a ela. Temas complexos certamente levarão mais tempo para que se obtenha o consenso. A eficiência é razão direta do planejamento e da preparação antecipada dos participantes. De qualquer forma, depois de umas duas horas de reunião, a qualidade dos resultados costuma cair rapidamente a cada minuto.

Escreva em cartaz bem grande e deixe em local bem visível:

> **Nossa reunião terá valido a pena
> se ao final tivermos alcançado este resultado:**

Deixe em branco outro cartaz e, no final da reunião, escreva:

> **Nossas decisões, após essa reunião, são:**

Se estiver na coordenação da reunião preste bastante atenção no processo. Nunca esqueça do tríplice resultado: qualidade; compromisso e aprendizagem. Você não é nem precisa ser um psicólogo social especialista em grupos operativos, tampouco seu objetivo é extrapolar seu papel de chefe interessado em que seu time tome decisões e se comprometa com a melhor maneira de alcançar as metas.

Basta ficar atento e localizar dois tipos de comportamentos dos participantes:

- **O participante ausente**
Convide-o insistentemente para participar.

- **O participante animador**
Aproveite suas contribuições e não permita que domine as discussões.

Cuide do processo decisório:

- Estimule a que todos argumentem de modo lógico e fundamentado.
- Não tema ou tente impedir os conflitos de pontos de vista, apenas consiga que sejam expostos sem criação de atitudes de vencedores e vencidos.
- Cuidado com as concordâncias imediatas antes das discussões. Podem significar falta de disposição para explorar todas as alternativas, ou tentativa de terminar a reunião de qualquer jeito.
- Ajude o participante mais tímido a expor seus argumentos; mas só se forem bons – não o proteja só porque parece o mais frágil.
- Nenhuma decisão deverá ser incorporada pelos participantes da reunião se não houver uma concordância explícita de que foi aceita por todos indistintamente.
- Registre de modo visível a todos as decisões parciais. Confira se há efetivo compromisso do grupo. Não volte a discuti-las.
- Registre o fechamento e o consenso das decisões conclusivas. Confira se há compromisso do grupo. Encerre a reunião.

A realidade do dia a dia pode ser cruel com os chefes. Você foi convocado para participar de uma reunião sem saber bem qual seu objetivo, não lhe informaram o que você deveria fazer para se preparar, o número de convidados é enorme, você não tem nada a ver com o assunto. Sua experiência ensina que durante horas você assistirá a apresentações em PowerPoint com letras miúdas e figurinhas ridículas.

Melhor solução: não vá! Mas, infelizmente, foi um superior seu – que não leu este capítulo do livro – quem convocou. Paciência. Faça como todo mundo:

- Coloque seu celular no modo silencioso, fique mandando e recebendo SMS.
- Leve seu notebook e aproveite para pôr seus e-mails em dia.
- Não deixe que percebam.
- Boa sorte!

Caminho para desenvolver competências estratégicas

Este capítulo encerra a segunda parte do livro. Na primeira, foram tratados fundamentos e habilidades necessários para ser um bom chefe e líder. Na outra, foram apresentadas ferramentas para praticar tais habilidades.

Ter atitudes coerentes com os fundamentos, desenvolver as habilidades e praticar essas ferramentas – simples, assim! – darão ao chefe elevadas perspectivas para sua carreira dentro da empresa.

Mas ainda falta algo: ser um parceiro estratégico, ter visão sistêmica do negócio, orientar suas ações e de sua equipe para processos agregadores de valor ao cliente. Mais do que superar as metas, saber como e por que elas se relacionam com o planejamento estratégico. É o caminho para alçar níveis superiores de gestão.

PARTE III
LÍDER PARCEIRO ESTRATÉGICO

> Pensar estrategicamente
> Definir metas orientadas para os resultados globais da empresa
> Melhorar continuamente a qualidade de processos, produtos e serviços
> Planejar e gerenciar projetos
> Liderar mudanças
> Transformar a empresa em celeiro de líderes

Estante do chefe

ALBRECHT, KARL E BRADFORD, LAWRENCE J.
SERVIÇOS COM QUALIDADE, A VANTAGEM COMPETITIVA – Makron
Como entender e identificar as necessidades de seus clientes, internos e externos. Exemplos e ferramentas para definir objetivos, metas e estabelecer diferencial importante para sua área de atuação e até para sua empregabilidade.

CONNER, DARYL R.
GERENCIANDO NA VELOCIDADE DA MUDANÇA – Infobook
Gerentes resilientes são bem-sucedidos e prosperam onde outros fracassam. É um livro cujo foco é como mudar, ao invés de o que mudar.

KOTTER, JOHN P.
LIDERANDO MUDANÇAS – Campus
Os métodos usados para mudança só serão eficientes se conseguirem mudar comportamentos. Enfatiza a necessidade crítica da liderança para que a transformação aconteça.

MINTZBERG, HENRY (et al)
SAFÁRI DE ESTRATÉGIA – Bookman
Um roteiro sobre a evolução das correntes de pensamento estratégico. Mintzberg é tido como o mais importante estrategista moderno da administração.

PORTER, MICHAEL
VANTAGEM COMPETITIVA – Campus
Introduz um instrumento poderoso do qual o líder necessita: a cadeia de valores. Os primeiros capítulos resumem conceitos de outra obra importante: ESTRATÉGIA COMPETITIVA, com os conceitos de estratégia fundamental e cinco forças competitivas que determinam a rentabilidade do negócio.

KAPLAN, ROBERTO S.; NORTON, DAVID P.
ESTRATÉGIA EM AÇÃO, BALANCED SCORECARD – Campus
Demonstra como mobilizar os subordinados rumo aos objetivos estratégicos. Mais do que um conjunto balanceado de indicadores, o BSC é um sistema gerencial que ajuda o líder a canalizar energias, conhecimentos, habilidades e atitudes das equipes para a visão e missão da empresa.

WHITELEY, RICHARD
A EMPRESA TOTALMENTE VOLTADA PARA O CLIENTE – Campus
Dedicado à melhoria da qualidade orientada aos clientes, fornece ferramentas para implementar, avaliar e recompensar a excelência dos produtos e serviços que levam à vantagem competitiva das empresas.

Créditos aos autores e suas obras serão apresentados nas notas à margem.

Alguns gurus merecem destaque pela influência que ainda têm nas teorias sobre liderança, educação, antropologia.

Muitos clássicos lamentavelmente não são mais encontrados nas livrarias; porém, a partir das referências, podem ser pesquisados em sites de busca na Internet.

Nesta página estão listados os mais importantes como bases conceituais dos próximos capítulos sobre LÍDER PARCEIRO ESTRATÉGICO

Capítulo 14
ATITUDES DO CHEFE NA ESTRATÉGIA EMPRESARIAL

O chefe não toma decisões isoladas do contexto do negócio da empresa. As declarações estratégicas são a primeira camada do planejamento; a próxima são os objetivos e, na mais externa, as metas e os projetos. Estes componentes tangenciam o meio ambiente e é nessa fronteira que ele atua. Dependendo das políticas de cada empresa, o chefe poderá ser mais ou menos envolvido no processo de planejamento, mas é na orientação dada aos seus subordinados e nas relações com os clientes internos e externos que suas atitudes promovem a vantagem competitiva da empresa.

Ser ou não estrategista, eis a questão

Um chefe tem em mãos uma revista de negócios com vários artigos sobre empresas exitosas e como seus líderes fazem com que elas prosperem. Uma das reportagens faz elogios rasgados a uma companhia aérea que reduziu o espaço entre as poltronas, conseguindo com isso maltratar mais doze passageiros no avião. Outra providência foi retirar gentilezas como lanches quentes e refrigerantes servidos. Quem os quiser pagará à parte. Mesmo em situações normais há filas enormes diante dos balcões de check-in, pois economiza também no número de funcionários. Relata outros exemplos de companhias no exterior que já cobram pelo transporte da bagagem, uso do banheiro e taxas extras para quem quiser escolher a poltrona de sua preferência.

Você tem uma ideia que parece boa e leva ao seu superior: enfrentar a concorrência reduzindo os preços. Para isso, desistir do aluguel do terreno ao lado que serve de estacionamento para os clientes. Reduzir o número de atendentes na recepção, organizando filas em labirinto igual ao da companhia aérea antipática, ou utilizando um moderno aparelho de entrega de senhas. Como o serviço que prestam não tem obrigação legal de manter um centro telefônico de atendimento ao cliente, poderiam fechar o da empresa – seria uma excelente economia, além de se livrarem dos chatos que vivem reclamando de tudo.

Ideia recusada, você fica frustrado; mais uma vez não conseguiu mostrar onde a empresa deixa o dinheiro sair pelo ralo. Volta para sua mesa e pega a revista para continuar a leitura. Páginas adiante há outra reportagem. Dessa vez, sobre uma rede de hotéis que recebe seus hóspedes no aeroporto, oferece taça de espumante ou copo de suco na recepção, tem travesseiros ao gosto das preferências – de plumas de ganso a alfazema –, suítes amplas, Internet grátis sem fio e serviço de quarto especial. No último ano teve lucros acima da média do setor e está investindo na construção de novos hotéis em várias cidades do mundo.

Esconde a revista depressa: alguns engravatados entram na sala ciceroneados pelo presidente. Um deles, ao que parece alto executivo de um grupo financeiro investidor, vem cumprimentá-lo. Você repara que há no seu pulso um relógio por coincidência anunciado na revista. São exclusivos, produzidos em poucas unidades por ano e custam mais ou menos trinta meses do seu salário, inclusive horas extras. A empresa que os fabrica também é muito bem-sucedida.

A conclusão – errada – é que não importa o que as empresas fazem, terão lucro de qualquer jeito, mas fica pensando como seria dura a vida de um chefe que perdesse o emprego em uma e fosse trabalhar em outra.

Líder parceiro estratégico

Algumas decisões estratégicas são tomadas sem a participação ou aprovação do chefe. Porém, as decisões operacionais sob sua responsabilidade serão sempre estratégicas. Se uma decisão do chefe, por melhor que pareça ser dentro de uma óptica comum, contrariar a estratégia fundamental, ela será errada.

Para que não erre, deve compreender qual a *estratégia fundamental* que sua empresa definiu:

MICHAEL PORTER
Vantagem Competitiva
Campus

- Vantagem competitiva por ter produtos baratos. Portanto, tem que ser **líder em gestão de custos** – não confunda com baixa qualidade –, atendendo amplitude de mercado.

- Vantagem competitiva por ter produtos únicos em seu segmento. Portanto, **liderança em diferenciação** – não descuida dos custos, mas espera que o mercado, ainda que menor, aceite pagar um preço mais alto pelo produto ou serviço.

- Vantagem competitiva por foco, por atender um ambiente estreito em termos de volume, mas com necessidades incomuns. Portanto, líder em identificar **segmentos promissores**.

A estratégia fundamental escolhida pela empresa não é rígida, funciona como um direcionador das decisões de investimentos e políticas de marketing. Muitas vezes a empresa não tem firmeza na sua definição, outras vezes não investe no alinhamento estratégico de suas lideranças. Se isto ocorrer, provavelmente haverá descompasso entre as declarações estratégicas e os objetivos, metas e projetos operacionais.

Seja o que for, nas circunstâncias práticas de sua gestão, sempre dependerá da atitude do chefe a correta aplicação da estratégia, seja na elaboração de suas metas, no relacionamento com seus subordinados e nas formas de atender as demandas dos clientes.

Novas estratégias, nova liderança: azar da concorrência

Uma empresa de seguros tinha como valores agregados ao seu produto principal serviços de assistência a emergências de seus clientes. Seu mercado-alvo eram pessoas com carros de luxo, lanchas sofisticadas, aviões e casas de alto padrão em cidades turísticas. Terceirizava o atendimento para empresas diversas, desde serviços de reboque de veículos, socorro marítimo, agências de viagens, segurança patrimonial, até encanadores, eletricistas, chaveiros. Seus clientes de alta renda consideravam justo pagar pelo alto padrão de diferenciação dos serviços que recebiam.

Chegaram os concorrentes ofertando serviços parecidos e atacando em duas frentes: pagando mais aos fornecedores e cobrando menos dos consumidores. Nas renovações dos seguros as estatísticas indicavam queda na participação do mercado, no volume e nos valores médios das apólices. O primeiro movimento da empresa ao ataque foi acompanhar o movimento da concorrência reduzindo os valores dos prêmios – na gíria das seguradoras, o nome que dão aos preços –, aumentando os pagamentos e recompensando a fidelização dos fornecedores. A consequência foi o aumento do custo dos serviços prestados aos segurados.

No primeiro ano os resultados indicaram aumento do número dos clientes e das vendas. Porém, havia preocupante mudança no perfil, com entrada de classes de renda menor e valor das apólices e bens segurados abaixo do alvo da empresa. O aumento do número de segurados pressionou os serviços administrativos e de atendimento aos clientes, levando a aumento do quadro, demora nos processos e elevação dos custos. Tudo isto, somado aos maiores valores das indenizações, derrubou as margens e balançou o cargo dos altos executivos. Sorte que eles eram bons!

Três decisões estratégicas foram fundamentais. A primeira: concentrar-se nos clientes de alta renda que demandavam produtos diferenciados. A segunda: sustentar o preço levemente acima dos concorrentes e redefinir a cadeia agregadora de valor de forma a ganhar redução de custos através da melhoria dos processos. A terceira foi a mais importante, de grande impacto sobre os resultados: os prestadores de serviço *não eram fornecedores, eram parceiros estratégicos*. Só deu certo porque investiram fortemente no desenvolvimento das competências dos líderes da empresa e dos prestadores de serviço. Vale a pena conhecer um pouco os detalhes.

Eu havia participado como facilitador das reuniões da alta direção onde as decisões foram tomadas, depois atuei no processo de treinamento das lideranças da seguradora e das empresas parceiras segundo o novo posicionamento estratégico.

A chave da vantagem competitiva estava nos prestadores de serviços. Ainda que terceirizados, eles eram a ponta visível da empresa junto aos clientes, deveriam compartilhar da mesma estratégia fundamental. Outra revolução foi instruir, capacitar e prover de recursos as lideranças das prestadoras de serviços para que pudessem ter excelência no atendimento aos clientes. O mesmo aconteceu com todas as chefias dos departamentos e das divisões da seguradora.

A chefia da área de compras, com metas e atitudes focadas no custo dos fornecedores, foi substituída pela chefia de marketing e vendas, na ponta de saída da cadeia agregadora de valor, com metas focadas na qualidade dos serviços prestados e nas atitudes reforçadoras da parceria estratégica.

Até a concorrência acordar já estava lá atrás, tentando sobreviver derrubando preços e roendo o osso de uma carteira de clientes pouco rentável.

Igor Ansoff; Michael Porter: estratégia empresarial, cadeia agregadora de valor

Embora o quadradinho do organograma onde chefes, gerentes e muitos diretores se abrigam esteja situado do meio para baixo, este nível hierárquico é, na complexidade estratégica das empresas contemporâneas, a função-chave para a vantagem competitiva.

Empresa é uma organização de pessoas e processos a serviço do atendimento das demandas nas circunstâncias imprevisíveis do meio ambiente que, para serem bem atendidas, exige que decisões estratégicas sejam tomadas na fronteira onde ocorrem os negócios. Justamente onde estão os chefes:

ANSOFF, H. IGOR
Estratégia Empresarial
McGraw-Hill

- Percepção da necessidade e oportunidade.
- Formulação de alternativa de ação.
- Avaliação das alternativas em termos de suas respectivas contribuições.
- Escolha de uma ou mais alternativas para fins de execução.

CHEFIAR, SIMPLES ASSIM!...

Se é uma boa muleta para explicar quem manda em quem na empresa – a única utilidade real do organograma – a clássica pirâmide, com seus estamentos estratégico-tático-operacional, esconde o que de fato acontece na gestão estratégica (Figura 26).

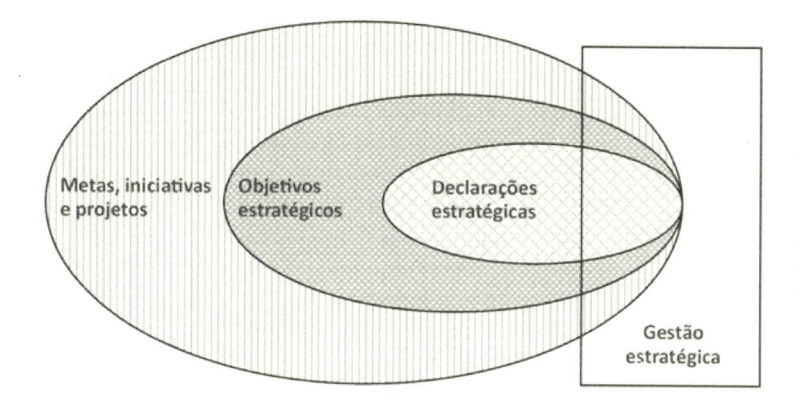

Figura 26
"Não importa em que nível, ou como, as declarações e objetivos estratégicos, metas e iniciativas sejam definidos. A gestão estratégica é responsabilidade de todos."
IGOR ANSOFF

Algumas declarações estratégicas, assim como a cultura da empresa, são como credos religiosos a serem respeitados. Qualquer pessoa desvinculada ou com ideias divergentes terá muita dificuldade em nela sobreviver. As *declarações estratégicas* consolidam todas as decisões diretamente relacionadas ao negócio: satisfação dos interesses dos acionistas, clientes, processos, inovação e crescimento, *missão, visão, valores, crenças, princípios* – os nomes dependem do gosto do consultor que ajudou na formulação.

Existem na empresa algumas cadeias de atividades realizadas para oferecer valor aos seus clientes gerando margens: retornos, lucro, caixa. Independentemente do quadradinho do organograma que habita, o chefe tem que incutir em seus subordinados *atitudes e práticas* que funcionem como um elo fecundo dessa corrente, agregando valor ao elo seguinte (Figura 27).

A cadeia primária – nada, nada mesmo, a ver com o obsoleto conceito de área-fim – concatena as atividades:

- **Logística de entrada** – receber, armazenar, tornar os insumos disponíveis.
- **Operações** – transformar insumos no produto ou serviço final.
- **Marketing e vendas** – maneiras para que os compradores possam adquirir o produto e induzi-los a fazê-lo.
- **Serviços** – ampliar e manter o valor do produto entregue.

CHEFIAR, SIMPLES ASSIM!...

Figura 27
Atividades primárias e de apoio.
Atividades de uma cadeia agregadora de valor genérica. Não tem relação com o organograma e pode ser útil em gestão de processos.

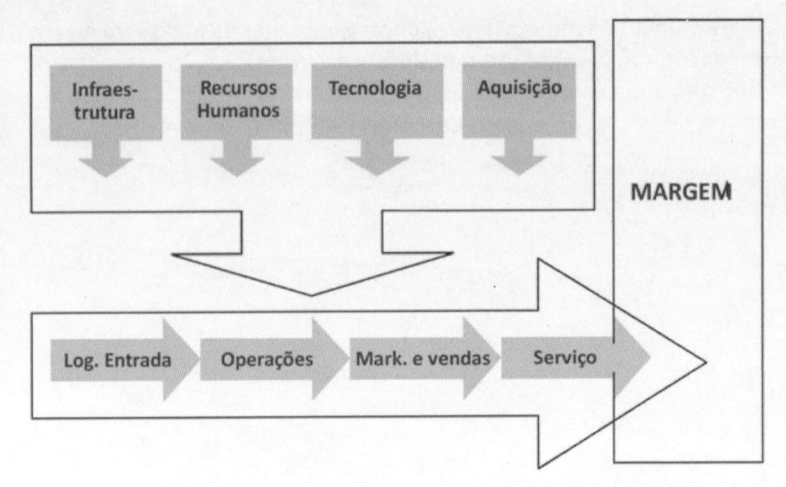

[Diagrama: Infraestrutura, Recursos Humanos, Tecnologia, Aquisição → Log. Entrada → Operações → Mark. e vendas → Serviço → MARGEM]

A cadeia primária, apontada para o cliente, é apoiada por um conjunto de outras atividades cuja função é lhes agregar valor. O chefe responsável conduz seus subordinados para fazer com que a cadeia primária funcione bem. De novo, nada a ver com o antigo conceito de área-meio.

MICHAEL PORTER
Vantagem Competitiva
Campus

- **Aquisição** – compra de matéria-prima, suprimentos, máquinas, instalações.
- **Tecnologia** – melhoria do produto ou processos, pesquisa e desenvolvimento.
- **Recursos Humanos** – recrutamento, contratação, treinamento, desenvolvimento, remuneração. Na gestão estratégica de Recursos Humanos, mudança, cultura, competências, criatividade e inovação.
- **Infraestrutura** – administração superior, finanças, contabilidade, gestão da qualidade.

Portanto, senhores gerentes gerais, diretores seniores e muitíssimo adorados presidentes, seus papéis de líderes estratégicos na cadeia agregadora de valor não são de controlar e comandar; são de *apoiar, ajudar a funcionar, criar condições* para que os chefes e seus subordinados possam agregar valor aos clientes. Claro que sabiam disso, não é mesmo?

Chefe: parceiro estratégico do negócio da empresa

Empresas inteligentes reconhecem a importância para a vantagem competitiva de alinhar seus quadros de chefia às suas declarações estratégicas. Se as atitudes e ações de um chefe, por melhor que pareçam ser dentro de uma óptica individualista, contrariarem a eficiência da cadeia agregadora de valor, inclusive o atendimento das necessidades dos clientes internos, ela será errada.

Restritas apenas aos limites práticos relativos ao número de empregados, distribuição geográfica de suas operações e níveis hierárquicos, todos deveriam ser envolvidos na elaboração ou, pelo menos, na compreensão de como aplicar em sua área a *visão, missão, valores, políticas* etc. Essas declarações, quando bem formuladas e não apenas recursos de conscientização promovidos por estratégias de endomarketing, motivam as decisões dos chefes e orientam a forma de gerenciar sua equipe estrategicamente.

Se você não foi incluído nos processos de alinhamento e esclarecimento estratégico, talvez seu nível de chefia esteja abaixo da uma linha imaginária traçada por equívoco que considera desnecessário seu envolvimento ou pode ter sido um cochilo da alta administração. Isto não diminui sua responsabilidade para o acerto de suas atitudes. Portanto, comece a pensar estrategicamente para agir estrategicamente.

Entenda qual é o produto ou serviço entregue pela área que você chefia na cadeia agregadora de valor da empresa. Lembre-se de que isto independe do desenhado no organograma. Se você estiver na *cadeia primária* significa que ser estratégico é ter atitudes que sempre levam à satisfação do cliente final ou do cliente interno no elo seguinte.

- **Serviço** – está na ponta de saída da cadeia: é a parte visível e mais vulnerável para o negócio da empresa, é onde acontece a *hora da verdade* na relação com o cliente. Instrua seus subordinados a terem atitudes de obsessiva orientação às suas necessidades. Peça ao *Marketing e Vendas* que entregue compradores e informações para que você possa ter níveis surpreendentes de qualidade no serviço aos clientes.

- **Marketing e Vendas** – seu cliente interno é *Serviço*: instrua seus subordinados que suas atitudes na cadeia agregadora de valor são de facilitar que os *clientes* recebam níveis excelentes de serviços. Diga a *Operações* como quer que lhe forneça produtos com a qualidade demandada pelos consumidores.

- **Operações** – seu cliente interno é *Marketing e Vendas*: seus subordinados devem ter atitudes, na cadeia agregadora de valor, para entregar produtos que os clientes queiram comprar ou serem induzidos a fazê-lo. Especifique à *Logística de Entrada* como quer que os insumos sejam distribuídos e armazenados.

Hora da verdade
..."é quando o cliente decide se compra e se volta a comprar: talvez o cliente nem sempre tenha razão, mas sempre está em primeiro lugar."
**KARL ALBRECHT
JOHN CARLSSON**

- **Logística de Entrada** – seu cliente interno é *Operações*: seus subordinados devem ter atitudes para atender prontamente às necessidades da produção. Sua importância, na ponta dos fornecedores, é equivalente à da atividade *Serviços* para a eficácia da cadeia agregadora de valor. A *hora da verdade* também existe na qualidade de suas atitudes visando à satisfação das necessidades daqueles que fornecem serviços e insumos em geral.

Os procedimentos operacionais desenhados para suas atividades descrevem com relativa precisão o que sua área ou departamento deve fazer, inclusive seus subordinados. Porém, não estamos tratando de procedimentos e sim de *atitudes* que você deve incutir na sua equipe – e em você mesmo – sobre qualidade e atendimento às necessidades dos seus clientes internos.

Caso o posicionamento de sua atividade esteja na cadeia secundária, a atitude de seus subordinados – e claro que a sua também – deve ser a de *agregar valor aos processos agregadores de valor*. Não é um jogo de palavras. Muitas dessas atividades estão no organograma em posição que induz a pensar que são áreas de controle e comando. Muitas vezes as descrições das atribuições e dos procedimentos operacionais confirmam a arrogância.

> CARLZON, JAN
> *Hora da Verdade*
> COP

O organograma expressa as relações de poder; a cadeia agregadora de valor diz como a empresa conquista a vantagem competitiva.

- **Infraestrutura:** se você é chefe nas áreas de finanças, controladoria, administração superior – incluindo alta gerência e diretoria –, auditoria, controle de qualidade, deve cumprir suas atribuições conforme as normas. Mas, para não ser obstáculo ao funcionamento da cadeia agregadora de valor – que, na verdade é o que garante as margens do negócio e o salário de todo mundo –, instrua seus subordinados que suas atitudes devem ser de facilitar e não complicar a vida de quem está nas atividades primárias. Exemplos de complicação são a criação indiscriminada de formulários, exigências burocráticas que engessam a empresa, reuniões desnecessárias, apego a minudências que tomam o tempo de quem tem que produzir.
- **Recursos Humanos:** sua equipe deve propiciar a maior eficiência das atividades primárias. As atitudes de seus subordinados contribuirão para a eficiência da cadeia agregadora de valor se exercerem bem os papéis de ajustar as estratégias de Recursos Humanos às estratégias da empresa, renovar os procedimen-

tos administrativos, dar significado e qualidade de vida aos empregados e facilitar as mudanças organizacionais e pessoais.

- **Tecnologia:** seja através de atualizados recursos de informática ou não, a atitude de sua equipe será a de aperfeiçoar os processos internos e a de desenvolver novos produtos através de pesquisa e desenvolvimento. O cuidado a tomar é que as pesquisas devem ser pragmáticas e relacionadas ao negócio da empresa; não se apaixonar pelas novidades tecnológicas ou se seduzir pela qualidade formal da descrição dos processos ao invés de reconhecer o quanto eles facilitam o trabalho de quem vai utilizar os procedimentos operacionais implantados.

- **Aquisição:** provavelmente sua empresa tem políticas e procedimentos de compras adequadas ao negócio. As atitudes de seus subordinados deverão ser de manter relações honestas e simplificadas com os fornecedores e negociações que preservem não apenas os custos e procedimentos administrativos – muitas vezes cheios de regras mesquinhas –, mas a permanência de relacionamentos positivos ao longo do tempo.

De chefe operacional a líder corporativo

Para ser um chefe operacional você acrescentou às competências técnicas outras relacionadas às atitudes de liderança e habilidades na aplicação de ferramentas gerenciais. O passo para ir adiante é saber enxergar a empresa além do seu espaço operacional, desenvolvendo em você mesmo e na sua equipe visão estratégica e sistêmica do negócio.

Se as decisões corporativas estão fora de sua alçada, é você quem as faz acontecer quando define metas de acordo com suas responsabilidades na cadeia agregadora de valor e coerência com a estratégia fundamental da empresa.

O conhecimento do seu papel no elo que ocupa na cadeia agregadora de valor é importante, mas precisa ser complementado com visão sistêmica da empresa. Para que servem as metas em última instância? Para dar lucro à empresa é apenas parte da resposta. Objetivos, metas, estratégias devem estar sistemicamente equilibrados e o chefe deve ser o protagonista deste equilíbrio.

Capítulo 15
METAS E OBJETIVOS ESTRATÉGICOS

Por mais eficiente que seja o processo de planejamento de uma empresa, por mais inteligentes que sejam suas estratégias, é na elaboração das metas e iniciativas para concretizá-las que as ideias se transformam em resultados. A alta direção produz as estratégias, mas são os chefes que as colocam em ação. Líderes estratégicos são empreendedores internos, capazes de gerenciar suas áreas como se fossem donos de um pequeno negócio. Uma empresa levou este conceito às últimas consequências, transformando cinco divisões em empresas independentes.

As metas não se isolam e se justificam por si sós. Estão integradas e balanceadas. Decisões dos chefes, desde sua definição até o controle, serão mais efetivas se eles compreenderem não só as razões estratégicas por que as metas existem, mas as relações sistêmicas de causa e efeito entre elas.

Chuta na área que o centroavante se vira!

Neste maravilhoso e complexo mundo globalizado, os altos dirigentes e executivos mundiais anualmente se reúnem em magnas reuniões em alguma parte do mundo. Pensam *fora da caixa, quebram paradigmas,* ouvem gurus das grandes universidades, avaliam pesquisas com as tendências demográficas, discutem onde investir, em que país, em que produtos, em que mercados.

O CEO mundial no seu *speech* diz o que quer para melhoria substancial do *market profile, management practices, acid test ratio, cost-benefit & critical path, assessment demand, awareness brand & cost, clerical work, earning yield, integrated management project, interlocking directorate, planning programming budgeting system, policy business, sales drive & appeal, strategy formulation*. É um pouco brega, mas algumas pessoas acreditam que dar nomes em inglês para termos corriqueiros em português é chique. Traçam as grandes políticas e estratégias e saem repetindo os mantras: *pensar global e agir local.*

Em casa, para agir local, chamam todos os da cúpula dirigente e tomam decisões sobre como cumprir as grandes determinações estratégicas com os recursos que a matriz não deu, mas com os resultados que ela exige. Decisões táticas locais são tomadas, planos são feitos, planilhas e orçamentos escritos.

O presidente tenta amainar os ânimos das disputas por recursos das áreas: Marketing quer mais verbas, Industrial quer mais equipamentos, Recursos Humanos mais participação, Financeiro diz que não tem dinheiro. Tudo concluído e combinado: textos, orçamentos, planos de objetivos, prioridades definidas, textos oficiais escritos, press-releases mandados para os jornais e revistas de negócios. Tudo pronto, só falta fazer acontecer.

Quem faz acontecer? Os chefes da linha de frente!

Se a empresa tiver estrutura de planejamento inteligente, os chefes serão convidados a participar da elaboração das suas metas, terão autoridade desde que não contrariem os objetivos estratégicos. Nas menos inteligentes, receberão uma lista das metas e serão exortados não só a cumpri-las, mas fazer com que os subordinados as cumpram *vestindo a camisa*. Nas duas situações, a partir daqui tudo é com os chefes.

Um empresário gaúcho de uma média empresa produtora de calçados me disse com aquele sotaque delicioso: "A gente planeja, chuta na área e os chefes se viram para fazer o gol!".

Por que muitos planos de metas não funcionam

Nos anos 70 do século passado foram moda programas chamados de *GPO* ou *Gerência por Objetivos*. Não eram inúteis e colaboraram bastante para superar métodos gerenciais que restringiam seus focos nas atividades, não nos resultados. É dessa época a distinção muito citada entre *eficiência*, fazer bem feito; *eficácia*, fazer o que deve ser feito; e *efetividade*, fazer o que contribui para o objetivo.

Porém, a *GPO* tinha vários defeitos. O mais grave é que os objetivos eram detalhamentos que começavam na determinação do presidente, passavam pelo controle dos diretores e, na ponta, impunham objetivos aos gerentes, chefes e supervisores. Toda a estrutura de metas da empresa e a energia das pessoas se dirigiam – como consequência – para atender a vontade do presidente. Classificavam os objetivos segundo estivessem nas anacrônicas faixas da pirâmide: *estratégica*, quem mandava e decidia; *tática*, quem controlava; e *operacional*, quem trabalhava.

Os chefes faziam o possível para cumprir os comandos da linha ascendente do organograma; não para agregar valor às necessidades dos clientes com os quais se relacionavam na *hora da verdade*.

Sem falsas ilusões: pela própria natureza do que é uma empresa, metas são e serão sempre *top-down* – vindas de cima. Isto vale também para os presidentes. Mas serão mais efetivas se forem capilarizadas, não pela linha de poder, mas segundo as diretrizes

GEORGE S. ODIORNE
Administração por Objetivos
Livros Técnicos e Científicos Editora

Ideias velhas
"O presidente determina uma meta que seja difícil de ser atingida, desdobra para cada diretor, depois para todas as pessoas abaixo dele."
Entrevista em uma revista de negócios em 2011

estratégicas: visão, missão, políticas, objetivos estratégicos, indicadores e metas.

Nesse nível, tomara que chefes e gerentes tenham superiores esclarecidos no dimensionamento possível das metas segundo os recursos existentes, inclusive os recursos humanos em número e capacitação, e nas melhores iniciativas para que elas sejam transformadas em valor. Afinal, são os chefes que mobilizarão suas equipes para os resultados acontecerem.

Uma das boas heranças do velho *GPO* foi ensinar aos chefes que as metas deveriam ter significância. Se alcançadas, alguma mudança importante deveria ser obtida em termos de melhoria de:

- **Qualidade**, no produto ou rotinas do trabalho.
- **Custo**, no tempo de processo e na maior margem para o preço competitivo.
- **Entrega**, no prazo certo, no local certo, na quantidade certa (tanto para os clientes internos como para os clientes finais).
- **Clima**, na satisfação dos empregados, na oportunidade de crescimento, na manutenção dos talentos.
- **Segurança**, no local do trabalho, na saúde das pessoas, nos riscos do usuário final.
- **Sustentabilidade**, do meio ambiente, dos recursos naturais, no respeito à comunidade. Este último requisito não constava do velho modelo. É moderno e deve ser incorporado ao conceito.

Ainda que bons líderes consigam fazer com que as metas sejam elementos de motivação e desafio para os subordinados – ótimo! –, metas são entidades de planejamento e controle.

Das metas decorrem as iniciativas: o que fazer para que elas sejam cumpridas na quantidade, prazo e qualidade necessários. A identificação das melhores iniciativas está diretamente relacionada aos níveis de competências técnicas dos chefes e de suas equipes. É na escolha das iniciativas que o chefe poderá dimensionar os recursos de que precisa, escolher quem de sua equipe será alocado em qual atividade, elaborar cronogramas e escalas de trabalho.

Envolver os subordinados no processo de definição das metas e iniciativas é a melhor maneira de dar qualidade ao trabalho e, como ganho extra, obter compromisso com o combinado. Mas, cuidado: o teor dos contratos não será o que *nós vamos fazer*, mas, sim, o que nós estamos combinando para *eu gerenciar* o que *vocês deverão fazer*.

CHEFIAR, SIMPLES ASSIM!...

Chefes demitidos, empreendedores e felizes

A decisão do presidente que assumiu depois do controle acionário da empresa ter passado para investidores externos, que injetaram capital para expansão dos negócios, era audaciosa e arriscada. Encerrar as atividades de cinco divisões e capacitar seus antigos chefes para assumirem o papel de empresários de pequenos negócios, fornecedores dos mesmos produtos e serviços que faziam internamente.

A empresa não investiria ou financiaria os novos negócios e as compras dependeriam dos preços serem vantajosos e da manutenção dos padrões de qualidade. Por outro lado, os novos empreendedores não teriam obrigação de exclusividade caso encontrassem condições de vendas mais favoráveis, inclusive entre os concorrentes.

Era uma tradicional empresa familiar que desde sua fundação tinha estratégia de verticalizar toda a cadeia produtiva. Operava uma frota de caminhões para entrega, marcenaria para produzir embalagens, oficinas de manutenção de veículos, lojas de vendas diretas, revista mensal de publicidade entregue aos clientes.

A resistência dos proprietários foi muito grande. O antigo diretor financeiro era o principal opositor. Fez cálculos detalhados mostrando que os custos com a compra dos produtos e serviços terceirizados ficariam até mais caros do que os feitos por empregados próprios, sem a segurança e o controle tradicionais.

Quando em uma reunião eu pedi mais informações, o presidente me explicou que seu interesse não estava em reduzir custos, embora achasse que em médio prazo isto aconteceria. Sua estratégia era focar toda a empresa em sua competência essencial: fabricação e venda por atacado de utensílios domésticos de cerâmica refratária. A energia de sua equipe deveria estar voltada a fazer isso com o máximo retorno sobre o capital investido, excelência na satisfação dos anseios dos clientes, processos industriais eficientes e líderes criativos e inovadores. Não queria desviar os investimentos para comprar madeira, pneus de caminhões ou se preocupar com falta de estoque nas lojinhas.

Todos os empregados das divisões extintas receberam seus direitos trabalhistas mais benefícios negociados com o sindicato. Os chefes que tinham interesse em ter seu próprio negócio receberam orientação jurídica de advogados e contadores de sua escolha. Poderiam durante seis meses continuar a utilizar as antigas instalações da empresa enquanto buscavam local para se instalar. Enquanto isso, receberiam o único investimento que a empresa se propôs a fazer: treiná-los para serem empreendedores.

Trabalhamos com eles durante alguns meses conduzindo workshops e consultoria para decidir visão, missão, políticas e outras declarações estratégicas. Depois, elaborando os objetivos, indicadores e metas segundo perspectivas financeiras, clientes, processos, inovação. Montamos em conjunto painéis de bordo para controlar e gerenciar o cumprimento das metas. Além do aspecto mais evidente da estruturação do plano de negócios, foram trabalhadas competências de liderança. O mais importante resultado foi a evolução de suas atitudes de chefes em uma empresa conservadora para as de líderes de seus próprios empreendimentos.

Kaplan & Norton: integração e balanceamento de objetivos e metas

Na empresa, todos os chefes buscam maximizar seus resultados individuais e assim são avaliados. Naquelas que associam bônus às metas alcançadas pode ocorrer competição destrutiva entre departamentos. Antes de cobrar as metas de seus subordinados o chefe deve defini-las e integrá-las à visão de futuro e à estratégia do negócio.

Os números dos resultados financeiros e das metas de produção são apenas alguns indicadores da gestão. É como se um piloto de avião tivesse que atravessar o oceano atento somente ao consumo de combustível e à velocidade. Os desastres empresariais costumam fazer mais estragos do que os acidentes aéreos e os chefes são suas principais vítimas. O alinhamento e o esclarecimento estratégicos corrigem distorções, mas estar alinhado a estratégias não basta – é preciso colocá-las em ação.

Existe um sistema adotado por muitas empresas em seu formato original ou ajustes customizados. A eficiência do *Balanced Scorecard*, ou *BSC* para os íntimos, decorre menos de sua aplicação formal e ortodoxa e mais de sua lógica integradora de objetivos, capaz de traduzir as estratégias da empresa em metas e iniciativas gerenciáveis pelos gestores de todos os níveis.

ROBERT KAPLAN, DAVID NORTON
A Estratégia em Ação – Balanced Scorecard
Campus

Para o chefe, o BSC serve mais do que um sistema de medidas, pois o ajuda a equilibrar os indicadores externos voltados para os acionistas e clientes e as medidas internas dos processos críticos do negócio, inovação, criatividade e crescimento. Ajuda o chefe a equilibrar as decisões das avaliações das consequências do desempenho passado de sua unidade e as iniciativas que determinarão os resultados futuros.

CHEFIAR, SIMPLES ASSIM!...

Os objetivos e as metas no BSC não são repartidos pelas linhas hierárquicas do organograma, mas pela tradução da visão e da estratégia segundo perspectivas dos resultados esperados pelos acionistas, avaliação que os clientes fazem dos seus produtos e serviços, processos de negócios e aprendizado e crescimento (Figura 28).

- **Finanças** – objetivos e metas que expressam o sucesso financeiro da empresa, portanto que contribuam para o atendimento das necessidades dos acionistas.
- **Clientes** – objetivos e metas que expressam a plena qualidade dos produtos e serviços oferecidos, portanto que contribuam para a satisfação das necessidades dos clientes.
- **Processos internos** – objetivos e metas que expressam como os processos internos possam alcançar a excelência, portanto que contribuam para a satisfação das necessidades dos clientes e dos desejos dos acionistas.
- **Aprendizado e crescimento** – objetivos e metas que expressam o fomento das iniciativas, mudanças, capacidade de melhorar, portanto que contribuam para a alta qualidade dos processos internos e da satisfação dos clientes.

Figura 28
O BSC fornece a estrutura necessária para a tradução da estratégia em termos operacionais.
ROBERT KAPLAN, DAVID NORTON

```
                PERSPECTIVA FINANCEIRA
                  • Objetivos
                  • Indicadores
                  • Metas
                  • Iniciativas

PERSPECTIVAS CLIENTES      VISÃO E        PERSPECTIVAS PROCESSOS
  • Objetivos             ESTRATÉGIA        • Objetivos
  • Indicadores                              • Indicadores
  • Metas                                    • Metas
  • Iniciativas                              • Iniciativas

               PERSPECTIVA APRENDIZADO
                  • Objetivos
                  • Indicadores
                  • Metas
                  • Iniciativas
```

O balanceamento integra os objetivos estratégicos, reduz os conflitos entre as metas e define um número gerenciável de indicadores e prioridades. Para as chefias da linha de frente, facilita seus diálogos com os da administração superior e seus pares de outros departamentos quando negociam e contratam metas para suas áreas (Figura 29).

CHEFIAR, SIMPLES ASSIM!...

Figura 29
Definição e balanceamento de objetivos, metas e iniciativas.
Adaptado de
ROBERT KAPLAN, DAVID NORTON

- **Visão** – declarada no planejamento estratégico. Sem clareza e compromisso de todos os níveis hierárquicos com a visão, o processo de balanceamento e integração resultará impossível.
- **Objetivos estratégicos das perspectivas** – responsabilidade funcional de todos os chefes é ponto de referência consensual conjunta para as equipes de projetos interdepartamentais.
- **Indicadores** – serão utilizados para medir a efetivação dos objetivos estratégicos; devem ser poucos e selecionados de modo a concentrar a atenção dos chefes para os fatores que decididamente levam a empresa à vantagem competitiva.
- **Metas** – medições quantificadas, inclusive com prazos. Podem ser por unidades, forças de trabalho. Metas devem ter responsáveis identificados; melhor que sejam gestores, mas não necessariamente. Podem gerar projetos interdepartamentais que agrupam transversalmente os cargos do organograma (Figura 30).

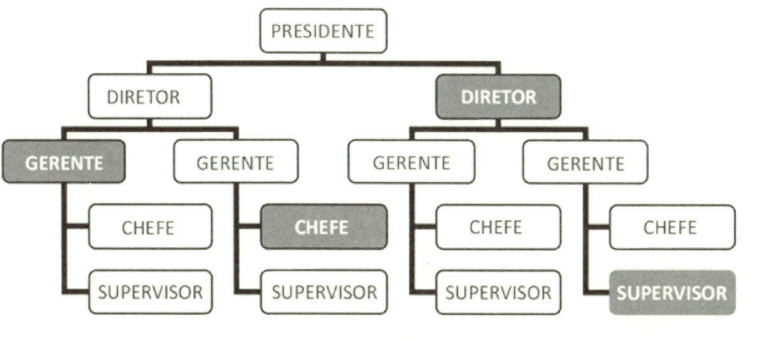

Figura 30
Metas podem determinar iniciativas sob responsabilidades múltiplas de áreas e níveis hierárquicos. Podem ou não ser agrupadas em projetos. Uma meta, obrigatoriamente, tem que ter um *dono*.

Mário Donadio

- **Iniciativas** – são ações ou projetos que fazem as metas serem alcançadas. As iniciativas exigem recursos, que serão traduzidos em orçamentos.

Dependendo da inteligência e das técnicas de planejamento adotadas pela empresa, talvez tenham de ser definidas suas metas pela ponta errada do processo: recebe um limite orçamentário e tenta fazer o melhor possível para que suas metas caibam nele. Isto significa colocar a energia da empresa para satisfazer as restrições, não para realizar sua visão. Mudar essa cultura está além de sua autoridade, mas é bom ficar alerta para os problemas que terá quando tiver que relatar os resultados de sua área.

O balanceamento integrado de objetivos e metas não deve ser reduzido a outro conjunto de planilhas e controles impostos às pessoas para colocá-las sob o jugo da alta administração; é instrumento inteligente para auxiliar as chefias a acompanhar objetivamente o desempenho de seus subordinados e equipes e integrar suas ações com as de outras áreas. Quando bem utilizado, é poderosa ferramenta de aprendizado estratégico e de melhoria contínua.

Não é necessário ter um sistema completo e rigoroso, com as ferramentas, painéis e tecnologias preconizadas pelo modelo. Sua lógica pode ser utilizada por qualquer chefe que queira ajudar seus subordinados de todos os níveis a:

- Estabelecer consenso em relação à estratégia.
- Integrar suas metas à estratégia da empresa.
- Alinhar metas departamentais e pessoais à estratégia.
- Identificar e alinhar iniciativas estratégicas.
- Realizar revisões estratégicas periódicas e sistemáticas.

Definir metas para otimizar o resultado global do negócio

No mundo ideal você terá participado de sessões de alinhamento estratégico. Nas grandes corporações, a menos que seja um dos executivos globais – parabéns! –, algum macrochefe veio de reuniões da matriz com uma lista de macro-objetivos, macroestratégias e macronúmeros que o presidente, os diretores e você têm que alcançar... e não se fala mais nisso. É um bom começo, pelo menos já está claro o que querem os acionistas.

A boa técnica aconselha que sejam programadas cinco reuniões interdepartamentais para responder a quatro perguntas geradoras de objetivos. Para que funcionem, eles não devem ser mais do que três ou quatro por perspectiva empresarial, caso contrário as prioridades estarão pulverizadas.

Nesse contexto, a redação dos objetivos tem uma gramática própria, é permitido que sejam amplos, sem prazo definido e muitas vezes não quantificados. Mas não podem ser fantasiosos ou, como se diz na gíria dos consultores, invertebrados gasosos:

- Aumentar o retorno sobre o investimento.
- Aumentar o lucro líquido por cliente.
- Reduzir o tempo de entrega dos produtos vendidos pelo telemarketing para qualquer praça do país.
- Capacitar os quadros executivos de todos os níveis, em todas as operações, de todos os países, em técnicas avançadas de liderança.

Dependendo de seu nível hierárquico e de outras variáveis, únicas em cada empresa, você entrará no processo em qualquer uma das reuniões descritas adiante.

Coordenando ou não, saiba o que é esperado em cada uma delas:

- **Primeira reunião** – dada a visão, ou tudo aquilo que a matriz ordena que façamos, quais objetivos estratégicos deveremos definir que obrigarão toda a empresa sob a **perspectiva financeira**? Quais os indicadores que permitirão medir se eles foram alcançados? Esses objetivos e indicadores deverão ser informados a todas as áreas para que os estudem, comentem e sejam trabalhados na segunda reunião, marcada depois de um prazo curto, mas razoável.
- **Segunda reunião** – dados os objetivos estratégicos definidos sob a perspectiva financeira, quais aqueles que deveremos definir, e que obrigarão toda a empresa, sob a **perspectiva dos clientes**? Quais os indicadores que permitirão medir se eles foram alcançados? Estes objetivos e indicadores deverão ser informados a todas as áreas para que os estudem, comentem e sejam trabalhados na terceira reunião, marcada depois de um prazo curto, mas razoável.
- **Terceira reunião** – dados os objetivos estratégicos definidos sob a perspectiva financeira e dos clientes, quais aqueles que deveremos definir, e que obrigarão toda a empresa, sob a **perspectiva dos processos**? Quais os indicadores que permitirão

medir se eles foram alcançados? Estes objetivos e indicadores deverão ser informados a todas as áreas para que os estudem, comentem e sejam trabalhados na quarta reunião, marcada depois de um prazo curto, mas razoável.

- **Quarta reunião** – dados os objetivos estratégicos definidos sob a perspectiva dos clientes e dos processos, quais aqueles que deveremos definir, e que obrigarão toda a empresa sob a **perspectiva da criatividade e da inovação**? Quais os indicadores que permitirão medir se eles foram alcançados? Estes objetivos e indicadores deverão ser informados a todas as áreas para que os estudem, comentem e sejam trabalhados na quinta reunião, marcada depois de um prazo curto, mas razoável.

- **Quinta reunião** – deverão existir apenas uns poucos objetivos estratégicos, talvez uma dúzia, e três ou quatro indicadores para cada um deles. Serão poucas prioridades, mas que deverão ser perseguidas por todas as chefias, de todos os níveis em toda a empresa, todo o tempo. O esperado da reunião será corrigir redundâncias, contradições e reforçar complementaridades que levem ao **balanceamento** e à **integração**.

Geração de metas a partir dos indicadores

É neste momento que os indicadores gerarão metas e também quando algumas delas serão atribuídas aos chefes, segundo suas áreas de atuação, atribuições e competências.

Pode haver certa sintonia com os cargos e funções instituídas, mas o mais importante é que as metas não estarão vinculadas à estrutura do organograma, mas à lógica de causas e consequências balanceadas e com poucas possibilidades de conflitos. A partir deste instante, o planejamento será por sua conta.

Para que possa ser gerenciada, uma meta deve ser clara desde sua redação. Gerenciar metas é comparar o que foi previsto com o realizado. Toda boa redação de meta deve deixar bem precisos e explícitos:

- **Alvo**: o que a meta acrescentará em termos de melhoria, ao cliente interno, ao cliente final, ou à eficiência da própria operação.
- **Quantidade**: o quanto a meta acrescentará, em que volume, em que unidade de medida.
- **Prazo**: em quantos dias, semanas, meses o alvo será alcançado na quantidade estabelecida. Melhor que seja uma data.

- **Benefício**: que valor a meta agregará para quem receber o produto ou serviço a que ela se refere. É o medidor da qualidade da meta, de sua *efetividade*. Metas são quantificadas, têm prazo definido. Podem ser partes ou etapas a serem cumpridas para alcançar os objetivos.

> - Diminuir o tempo de paradas não programadas das máquinas da divisão ALFA/em 50%/até 30 de janeiro de 2015/cumprindo os requisitos de qualidade especificados pela divisão BETA.
> - Renovar o quadro de chefes/tendo 80% dos postos ocupados por promoções internas/até 31 de dezembro de 2015/ plenamente capacitados segundo indicadores do plano de sucessão.

Dez mandamentos para gerar metas

1. Avalie cuidadosamente os objetivos e indicadores que levaram à criação de sua meta. Tenha muita clareza sobre o quê, quanto e por que cada um deles é importante para os resultados globais da empresa.

   VER:
   ESTRATÉGIAS E PRÁTICAS DE NEGOCIAÇÃO
   Capítulo 10

2. Avalie os recursos disponíveis: limites financeiros, mas também equipamentos, instalações, tamanho e competência de sua equipe. Se forem insuficientes, prepare-se para negociações intensas.

3. Cogite de aumentar a produtividade de sua equipe, maximizar o uso dos equipamentos, fazer mais com menos, como preconiza a diretoria de qualquer empresa. Cuidado, meta de cortar custos nem sempre é uma boa ideia, mas a prática diz que sempre há algumas gordurinhas a queimar. Guarde este segredo com você.

4. Não esqueça de que, além das metas, há um conjunto de atividades rotineiras que talvez não agreguem valor ao seu trabalho, mas que você tem que fazer. Elas consomem seu tempo e seus recursos. Dá para mudar alguma coisa?

5. Defina duas metas, lembrando-se de que você será cobrado por elas no futuro. Uma delas com os recursos existentes agora; outra, possivelmente com mais recursos. Serão os argumentos que você utilizará quando for negociar suas necessidades com seus superiores.

6. Somente depois que você tiver negociado com os superiores e pares quais metas e com quais recursos fará sentido listar as iniciativas. Elas serão as ações desempenhadas por sua equipe nos próximos meses.

7. As ações consumirão recursos. Veja se há consistência, e ajuste o que for possível. Não altere as metas – lembre-se de que elas já foram negociadas e outras áreas dependem de que você as cumpra.

8. Sua equipe deverá estar envolvida em todo o processo. Garanta que estão claros para todos os subordinados por que e o que será feito nos próximos meses.

9. Se houver algum plano de bônus associado a resultados tenha certeza de que todos entenderam os critérios. Trate isso como um jogo de regras limpas e não como um incentivo à competição predatória.

10. Organize tudo e prepare-se para preencher montanhas de planilhas e instrumentos de controle; dissemos que ser chefe é simples; ninguém disse que não dava trabalho!

Sem processos as iniciativas não funcionam

Bons planejamentos estratégicos levam a estratégias eficazes que, por sua vez, definem bons objetivos com indicadores e metas que permitem o controle de resultados. Bons técnicos sabem determinar as mais eficientes iniciativas para que as metas sejam alcançadas.

Tudo isso deverá ser traduzido em projetos e processos. Servirá para orientar o chefe no acompanhamento do funcionamento de sua unidade, no desempenho dos subordinados, na elaboração de padrões operacionais, para manter a situação normal, ou correção dos desvios entre o previsto e o realizado.

Capítulo 16
QUALIDADE, METAS E PROCESSOS

O chefe ou gerente é um *supervisor*, não um *super-homem* que sabe tudo. Descrever processos, elaborar normas, criar instrumentos de controle são competências técnicas específicas de áreas específicas que devem ser de responsabilidades de especialistas com competências específicas. Você não desenhará processos, mas não cairá na armadilha da disfunção quando há uma inversão: metas e qualidade subordinadas aos processos e não os processos subordinados a elas para facilitar e garantir resultados. A qualidade – valor ao cliente – relaciona-se aos processos, e é conseguida quando equilibrada com gestão inteligente e respeito às pessoas. O chefe pode colaborar com o bom desenho dos processos se compreender como são concebidos. Faz parte de seu trabalho corrigi-los quando não contribuem para a qualidade e cumprimento das metas.

Quando o chefe de Vendas não consegue vender

Você tem uma proposta urgente para imprimir, trabalhou no final de semana para dar resposta ao cliente com o máximo de velocidade e não perder uma venda de alto valor. Caprichou nos gráficos e tabelas. Concluiu a negociação na sexta-feira passada e sabe que o concorrente está somente esperando uma falha sua para ganhar o negócio. São dez horas da manhã e você acabou a revisão.

Tudo pronto, envia pela rede para a impressora coletiva. Meia hora depois vai conferir como estão indo as coisas e vê que a impressora está desligada. Sabe ainda que deverá esperar uns dois dias para que o almoxarifado entregue novo cartucho de tinta. O procedimento correto é somente entregá-lo mediante a entrega do antigo vazio. Vai falar com o pessoal do almoxarifado. Explicam que faz parte dos procedimentos para evitar compras excessivas. Além disso, o chefe do almoxarifado é muito zeloso, espera chegar um lote de cartuchos usados para comprar em volume maior, conseguindo assim melhor preço dos fornecedores.

Meio no desespero, procura a secretária de outro departamento e pede para imprimir lá. Ao ver o arquivo ela lamenta: para imprimir colorido precisa de autorização do seu gerente que somente voltará na próxima semana. Isto está nos procedimentos. Já são duas da tarde, fala com seu diretor por telefone pedindo que interfira. Ele sugere que vá conversar com o pessoal de comunicação, lá eles têm impressoras sobrando. Também não consegue nada, pois os procedimentos proíbem que imprimam material administrativo. Já são três da tarde.

CHEFIAR, SIMPLES ASSIM!...

Não é o que tinha combinado com o cliente, mas ajeita com ele de enviar o arquivo por e-mail. Trombou com um procedimento que bloqueava anexos nos e-mails corporativos. Tentou usar o seu provedor pessoal; havia outro procedimento bloqueando acessos não corporativos. Já são quatro horas da tarde. Resolve ir até uma gráfica perto da empresa e imprimir por sua conta. Sabe que será descontado do seu salário pois o sistema irá registrar que você saiu antes de findo seu horário de trabalho. Seu carro está parado em um estacionamento a cinco quarteirões da empresa devido a procedimentos que reservam as vagas nela somente aos altos cargos. Chamar um táxi também não é possível, outro procedimento operacional obriga que as autorizações de entrada na empresa devem ser solicitadas com um dia de antecedência, com informação sobre a chapa do carro, nome e RG do motorista. São cinco horas da tarde. Liga para o cliente. Já começou a reunião da diretoria que iria aprovar sua proposta. Lamentável, mas a do concorrente já estava sendo lida. Na reunião de avaliação dos resultados mensais sua competência como chefe de vendas foi questionada, pois sua meta não fora alcançada.

A arte de fanatizar processos, irritar os chefes e perder clientes

Nenhum chefe escapa de receber a notícia de que seu trabalho foi sistematizado. Especialistas em sistemas escreveram para ele um conjunto de manuais impondo que, de agora em diante, seus subordinados deveriam trabalhar deste jeito. Talvez tenha respondido alguns questionários, mais ou menos às pressas, e tenha sido entrevistado por um estagiário que não entendia nada do trabalho que ali era feito.

Ideias velhas
"Quem planeja não executa; quem executa não planeja."
TAYLOR – 1911

Junto com os manuais vem uma série de formulários a serem preenchidos que toma muito do tempo produtivo e que serve unicamente para controlar se os chefes cumprem aquilo que outros disseram para ele fazer. Os manuais podem ser óbvios, repetindo que não se deve acender chamas perto de material combustível, ou tolos, instruindo o pessoal da portaria sobre qual o melhor comportamento para irritar qualquer pessoa que tente entrar na empresa.

São *procedimentos operacionais* importantes, quando padronizam o modo de manejar com segurança uma empilhadeira no labirinto do depósito, carregando uma tonelada de delicados produtos eletrônicos. Também consolidam o plano operacional da empresa, documentam a tecnologia e dão uniformidade, perenidade e elementos para capacitação de empregados novos e melhoria do desempenho de todos.

Os padrões – seja o nome que tiverem – são perigosos e podem ser obstáculos à liderança quando reduzem o papel do chefe a fiscal de procedimentos. Isto é dar nomes novos aos velhos paradigmas funcionais, substituindo a obediência irrestrita a quem está acima do organograma pela aceitação de normas sem direito de flexibilizá-las, mesmo quando a dinâmica do trabalho real exigir ajustes e aperfeiçoamentos.

Os processos, por mais bem desenhados que sejam, são apenas uma parcela dos componentes do sistema sociotécnico da empresa. Tendo o cliente como centro e motor da qualidade competitiva, devem promover o sincronismo entre eles, a gestão e as pessoas (Figura 31).

Ideias velhas
"As atividades devem ser descritas em seus elementos mais simples; o papel do supervisor é controlar o processo."
Princípios de Administração Científica
TAYLOR – 1911

- **Processos** – orientados aos sistemas gerenciais, às regras e regulamentos; aos procedimentos técnicos e relações sustentáveis com o ambiente e comunidade.
- **Gestão** – orientados para a cadeia agregadora de valor; integração e balanceamento de objetivos e metas; projetos; mudança organizacional.
- **Pessoas** – orientados aos valores; melhoria das competências, equipes, empowerment, conflito, comunicação, treinamento e desenvolvimento.

Figura 31
Adaptado de
Triângulo de Serviços
ALBRECHT & BRADFORD
Serviços com Qualidade
Makron

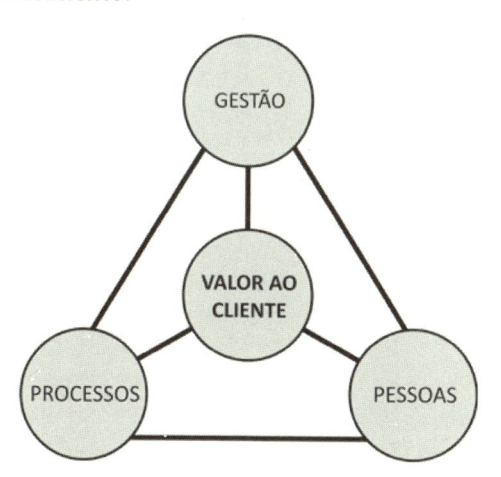

Há três perguntas que devem ser feitas para avaliar se além de eficiente – *fazer bem feito* – o processo é eficaz – *fazer o que deve ser feito*.

- **Agrega valor** ao elo seguinte da cadeia agregadora, tendo na ponta final a excelência de produtos e serviços capazes de surpreender favoravelmente o cliente?
- **Facilita o trabalho** dos empregados, aliviando a carga de rotinas e controles que não agregam valor e liberando seu tempo para trabalho realmente produtivo?
- **São ferramentas** que permitem ao chefe liderar seus subordinados e equipes a partir de indicadores de desempenho uniformes e bem definidos e aperfeiçoar constantemente os procedimentos operacionais?

Nada mais ineficaz do que fazer eficientemente aquilo que não deveria ser feito

Quando os telefones celulares ainda eram uma raridade e luxo, prosperavam as empresas de pagers. Hoje, todas estão falidas ou reduzidas a nichos de mercado sem muita expressão. Naquele tempo então, uma delas, com centenas de milhares de clientes, desenvolveu um procedimento operacional perfeito sob o ponto de vista do sistema de cobrança. Sempre que um cliente ficava inadimplente por mais de dez dias recebia uma mensagem em seu aparelho informando que os serviços seriam suspensos em quarenta e oito horas. Nos boletos de cobrança havia uma mensagem instruindo os bancos a não receberem pagamentos com mais de vinte dias de atraso. Neste caso, os futuros boletos tinham aviso que somente poderiam ser pagos mediante a comprovação da quitação do débito anterior.

O pessoal da área de TI construiu eficientes programas que automatizavam os procedimentos, e atendentes – cerca de oitocentas moças – foram treinadas em respostas padronizadas quando alguém ligava reclamando. Informavam que deveriam saldar sua conta e enviar o comprovante por fax. Feito isso, em menos de vinte e quatro horas teriam seus serviços restabelecidos. O processo também se integrava aos procedimentos contábeis gestores do fluxo de caixa, e outros sistemas financeiros e patrimoniais.

O primeiro sinal de que alguma coisa não ia bem foi quando os supervisores da central de atendimento aos clientes detectaram um aumento fora do normal do número de ligações e alguns momentos de linhas congestionadas. Fizeram o que o procedimento operacional recomendava: preencheram os formulários corretos e enviaram para o setor de TI. Eles cruzaram as informações com a tendência estatística do crescimento da demanda e houve uma re-

Ideias velhas
"Disciplina é obediência ao sistema existente. É absolutamente necessária para o bom andamento dos negócios. Liderar é manter a disciplina."
Entrevista em uma revista de negócios – 2011

CHEFIAR, SIMPLES ASSIM!...

comendação para que no próximo orçamento fosse prevista a compra de mais linhas telefônicas.

O segundo sinal da crise foi dado quando os empregados das lojas que vendiam pagers informaram que estavam recebendo clientes furiosos por terem seus serviços cancelados, mostrando seus boletos pagos no prazo. Seguindo o padrão descrito no processo, eram orientados a enviar o comprovante por fax, assim teriam seu problema resolvido. Seguindo o procedimento indicado, os supervisores das lojas preencheram os formulários corretos e os encaminharam para a área de marketing que cuidava das estatísticas de reclamações dos clientes. Essas informações, segundo os processos impunham, foram incorporadas a tópicos acrescentados na próxima campanha institucional.

Nessa altura dos acontecimentos, a demora para conseguir se comunicar com a central de atendimento já era de mais de trinta minutos, os clientes se amontoavam em filas nas lojas, ninguém conseguia mandar fax, pois as linhas estavam congestionadas. Os indicadores de inadimplência eram cada vez mais altos. Analisando os relatórios da contabilidade, o gerente financeiro chamou para uma reunião o chefe de cobrança, pois o fluxo de caixa começara a ficar preocupante.

Os números dos relatórios fornecidos pelo setor de mensagens mostravam que nenhum procedimento deixara de ser cumprido. Os avisos de corte estavam em coerência com o aumento da inadimplência; portanto, não era ali a causa do problema.

A crise chegou aos diretores quando o advogado de uma forte cooperativa de médicos entrou com um processo contra a empresa, pois vários pacientes não puderam ter seus pedidos atendidos devido aos médicos – que tinham suas contas pagas em dia pela própria cooperativa – estarem com as mensagens bloqueadas. A resposta do jurídico foi alegar que no contrato assinado pela cooperativa havia uma cláusula, em letras maiúsculas e em negrito, dizendo que a empresa de pager não podia se responsabilizar quando, por razões de ordem técnica, os serviços não pudessem ser prestados.

A crise acabou quando a matriz recebeu os demonstrativos contábeis com indicação do fluxo de caixa estourado, perda de mais de trinta por cento da carteira de clientes, cancelamento por parte dos bancos dos serviços de cobrança, jurídico abarrotado de processos e notícias na imprensa sobre tumultos na frente das lojas. Toda a diretoria foi substituída junto com alguns gerentes.

Ideias velhas

"Autoridade é o direito de mandar e de se fazer obedecer. O interesse do empregado não deve prevalecer sobre o interesse da empresa."

Princípios de Administração Industrial e Geral
FAYOL – 1920

Ideias velhas

"Liderar é garantir que os empregados cumpram as metas, obedecendo, sem se desviar, os procedimentos operacionais auditados regularmente."

Entrevista em uma revista de negócios – 2011

CHEFIAR, SIMPLES ASSIM!...

Ideias velhas
"Quando eu contrato uma pessoa eu quero seus braços. Lamentavelmente vem junto uma cabeça."
Atribuída a
FORD – 1920

A primeira decisão do novo presidente foi suspender todos os cortes de serviço e mandar mensagens a todos os clientes pedindo que aguardassem novos boletos com atualizações dos dados de cobrança. Isto provocou protestos no Comitê Gestor do Processo – algumas semanas depois todos foram demitidos também – e alegria das chefias operacionais que sabiam há muito tempo o que estava acontecendo, mas estavam com sua decisão engessada pelos procedimentos operacionais estabelecidos. Foram eles que responderam à pergunta que o novo presidente fez na primeira reunião: "Por que havia aquele surto de inadimplência?"

Ideias velhas
"O chefe deve fazer um fluxograma detalhado, estabelecer um padrão e obrigar que todos trabalhem da mesma forma. Depois, muita auditoria, até que nenhuma supervisão seja necessária, tamanha a disciplina."
Entrevista em uma revista de negócios – 2011

Não havia inadimplência! Quedas de energia tinham comprometido os arquivos; milhares de pagamentos em dia não foram computados; o corte automático dos serviços provocou enxurradas de reclamações que congestionaram a central de atendimento aos clientes; o fax não suportava as mais de mil tentativas de envio por hora. Como não conseguiam pagar, clientes brigavam com os caixas dos bancos que obedeciam as instruções dos boletos.

Todos os empregados, do balcão das lojas às meninas da central de atendimentos e os auxiliares administrativos da cobrança, sabiam disso o tempo todo. Os chefes, ainda que os ouvissem, não tomavam qualquer decisão, pois qualquer desvio do procedimento-padrão seria uma tremenda encrenca na próxima auditoria. Cumpriam sua obrigação preenchendo o formulário correto, no prazo exigido e para o órgão responsável. Ninguém, em qualquer momento, pensou no cliente.

Whiteley; Rocha & Albuquerque: sincronismo organizacional, processos, qualidade e clientes

A metodologia da elaboração de processos interessa naturalmente àqueles que os estão descrevendo. Entretanto, as outras chefias devem compreender como e por que são criados e implantados. A elas caberá fazer que funcionem. Geralmente a principal razão é a necessidade de redesenhar a organização tendo em vista a melhoria dos resultados. Boas metodologias não partem do simples aperfeiçoamento dos fluxos existentes, mas de perguntas:

- Como se agrega valor aos clientes internos e externos?
- Como, por quem e por que o trabalho é feito?
- Como é o fluxo de informação, materiais e serviços?

As respostas devem apontar para redesenhos que alinhem os processos com a estratégia, a visão de futuro da empresa e atendam a requisitos de qualidade:

CHEFIAR, SIMPLES ASSIM!...

- Orientar a organização para o cliente.
- Garantir qualidade e produtividade.
- Promover maior agilidade e objetividade nas decisões.
- Aumentar a vantagem competitiva da empresa.

Os passos típicos no redesenho de processos são:

1. **Análise do contexto:** nivelamento conceitual e diagnóstico organizacional.
2. **Descrição detalhada dos processos críticos:** diagnóstico e levantamento detalhado dos atuais processos.
3. **Desenho do novo processo:** desenho e especificação das atividades do novo processo.
4. **Planejamento da transição:** identificação das inovações e diferenças e definição das melhores estratégias para a mudança.
5. **Capacitação das pessoas:** divulgação, conscientização, comprometimento das pessoas.
6. **Gestão da transição:** mudança dos comportamentos das pessoas, avaliação do cumprimento das etapas, gerenciamento e *melhoria contínua*.

Nos passos de um a quatro os chefes têm pouca participação – não deveria ser assim, mas quase sempre é –, limitando-se a fornecer informações sobre como seu trabalho é feito. Os analistas integrarão as informações em um sistema que abranja toda a empresa.

É nos passos cinco e seis que a intervenção dos chefes é fundamental para o êxito das mudanças. É também nesses passos que residem os grandes vilões que destroem todas as boas intenções dos desenvolvedores dos processos. Muitos têm a ilusão de que, por serem estruturalmente lógicos, deveriam imediatamente ser aceitos por todos.

Geralmente o redesenho exigiu muitos investimentos de tempo e dinheiro e provocou expectativas em toda a empresa; dessa forma, a alta direção tende a considerar como reacionária qualquer crítica, mesmo quando a prática indica que algo não está funcionando bem.

A mais grave das ilusões de que o chefe pode ser vítima é a crença na infalibilidade dos procedimentos operacionais e padrões, desprezando as informações vindas da realidade do cotidiano da empresa. O papel do chefe no gerenciamento dos processos é essencialmente tomar decisões que lubrificam as engrenagens das atividades, com foco nos resultados, na qualidade e na agregação de valor.

Ideias que funcionam
"Transformar as organizações em processadoras de produtos e serviços, funcionando como um sistema integrado de processos, com indicadores de desempenho concatenados e instrumentos de gerenciamento horizontal abrangentes."
ALAN ALBUQUERQUE & PAULO ROCHA
Sincronismo Organizacional
Saraiva

Não-conformidade
Na terminologia da Qualidade é todo desvio no alcance das metas, ou do funcionamento de um processo, que deve ser objeto de correção. A causa pode estar no próprio processo, nas pessoas, nos equipamentos, na tecnologia adotada etc.

Mário Donadio

CHEFIAR, SIMPLES ASSIM!...

Ouvir os subordinados é a chave para não se perder. Um grupo de pesquisa no Japão estudou o quanto os diferentes níveis hierárquicos das empresas conheciam os problemas concretos e significativos que afetavam a qualidade dos processos. A maioria das causas, dos defeitos, dos custos e de outros problemas para os clientes estavam ocultos, como a parte submersa de um iceberg (Figura 32).

Figura 32
Iceberg da Ignorância
SIDNEY YOSHIDA
Citado por
RICHARD C. WHITELEY
A empresa Totalmente Voltada para o Cliente
Campus

Problemas revelados à alta administração

A alta direção conhece **4%** dos problemas

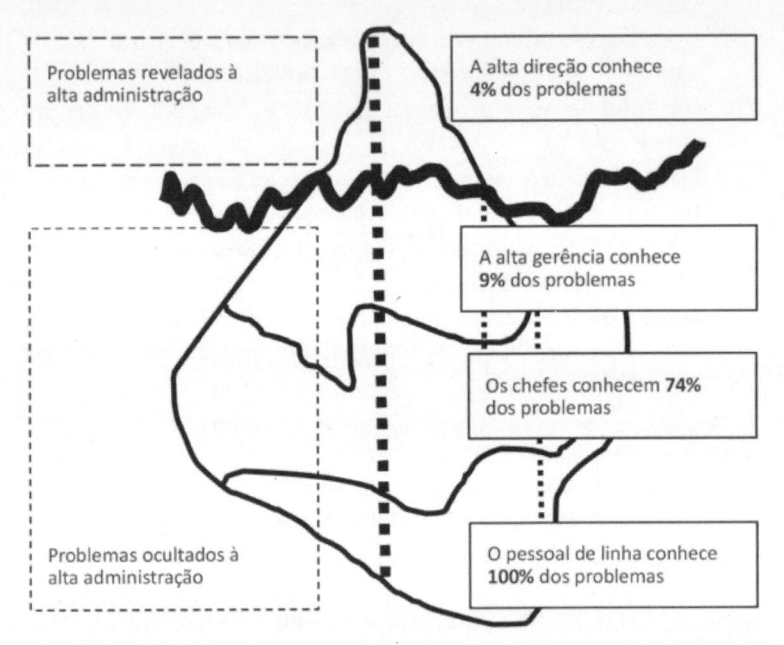

A alta gerência conhece **9%** dos problemas

Os chefes conhecem **74%** dos problemas

Problemas ocultados à alta administração

O pessoal de linha conhece **100%** dos problemas

Um monitor que acende uma luz e emite um som, quando o carro está acima da velocidade na estrada, é um exemplo de um processo elementar orientado para a detecção de *não-conformidades*. Um aparelho que automaticamente acelera quando o carro está abaixo da velocidade e freia quando a supera é um processo que libera o motorista para se ocupar do que interessa: as condições do tráfego ou se há um guarda escondido atrás de uma placa para multá-lo. Um processo inteligente deveria ser capaz de indagar a si mesmo: *"Por que estou regulado para a velocidade de 100 km/h?"* E então explorar qual velocidade deveria ser a mais segura, a mais econômica e a mais adequada para chegar ao destino. Nos automóveis, mesmo nos modelos mais antigos, este sistema já está instalado, fica em frente ao volante e se chama *motorista*. Nas empresas, gerencia os processos de modo inteligente e se chama *chefe*.

Shewart, Deming: Kaizen e melhoria contínua

Nas boas administrações as metas são integradas, balanceadas e orientadas para que a cadeia agregadora de valor encante o cliente. O chefe, principalmente em organizações muito grandes, com empreendimentos de alta complexidade nas tecnologias, ou que tenham operações em várias fábricas e unidades administrativas descentralizadas, deverá garantir, além das metas, que seus subordinados cumpram *procedimentos operacionais padronizados*, cujo conjunto é o próprio plano operacional da empresa.

Metas devem ser atingidas e os processos são provedores dos meios para que isto ocorra da melhor maneira. Entretanto, na realidade da operação, na fronteira estratégica da empresa, na *hora da verdade*, os chefes percebem, antes de qualquer outro dirigente, que há necessidade de correção dos processos e até de ajustes das metas. Há duas situações que exigem intervenção: quando há *não-conformidades*, seja nas metas e nos procedimentos, ou para melhoria do desempenho.

Muitas das ferramentas criadas na década de 30, difundidas no Japão na década de 50 e novidade no Brasil nos anos 90 – no auge do movimento da *Qualidade Total* – permanecem úteis. Por serem fáceis de aplicar e terem uma lógica sedutora, muitos caem na tentação de as tomarem como panaceia universal para tudo na empresa, desde o planejamento estratégico aos modelos de liderança. Sua aplicabilidade é testada há décadas em programas de aperfeiçoamento da qualidade, mas seu uso deve ser limitado para solucionar problemas do tipo:

- Melhorar os processos operacionais.
- Agilizar ações e processos decisórios.
- Garantir o cumprimento das metas.

Não é pouco: funciona ao corrigir as causas dos desvios e origem dos desperdícios. Isto é substancialmente melhor do que impor planos assistêmicos de corte de custos, que podem derrubar a qualidade dos produtos ou serviços, ou criar mais controles, quando o desejável seria maior descentralização e menos papéis a preencher.

Corrigir desvios operacionais e melhorar continuamente metas e processos

Procure se envolver e influenciar no desenho dos procedimentos operacionais padronizados. Se deixar por conta de especialistas em elaboração de normas, por mais que eles sejam bons técnicos,

Kaizen
"Hoje melhor do que ontem; amanhã, melhor do que hoje."

Nasceu de crítica ao taylorismo clássico e o termo ficou famoso depois de influenciar o método de produção da Toyota, ainda dos anos 50.

Uma leitura simples do ideograma japonês seria "mudança para melhor".

CHEFIAR, SIMPLES ASSIM!...

correrá o risco de ter em suas mãos calhamaços de restrições e montanhas de planilhas e tabelas para preencher, apenas para os auditores não criarem problema para você. Enquanto isso, seu trabalho útil – cumprir metas que agregam valor, desenvolver sua equipe, produzir resultados – fica em segundo plano.

Para gerenciar a melhoria contínua dos processos operacionais e corrigir problemas relacionados a metas não atingidas, é prático recortar etapas dos procedimentos operacionais, ou desvios localizados das metas, detectados nos controles normais de desempenho.

Cada recorte ou desvio – nunca o sistema empresarial ou os objetivos estratégicos – pode ser analisado como se fosse um ciclo denominado PDCA, associado ao termo japonês *Kaizen* para melhoria contínua (Figura 33).

PDCA vem dos nomes em inglês para *Plan* (planejar), *Do* (fazer), *Check* (controlar) e *Act* (corrigir para melhorar a qualidade).

Figura 33
PDCA, ou Ciclo de Shewart ou Ciclo de Deming

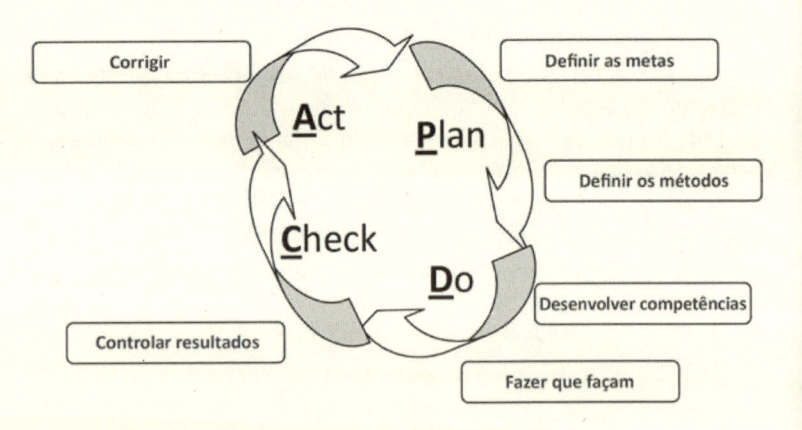

VER:
REUNIÕES, PARTICIPAÇÃO E COMPROMISSO
Capítulo 13

Plan – planejar

- Junto com seus subordinados revejam as declarações estratégicas da empresa (visão, políticas); compreendam bem quais são os indicadores referentes aos objetivos estratégicos relacionados à meta com desempenho a ser corrigido ou aperfeiçoado.
- Avaliem técnicas e métodos utilizados para produzir as metas. Eles devem ser específicos das competências suas e da equipe.

Do – fazer

- Avalie o nível de competência dos seus subordinados e que tipo de aspirações cada um tem em relação ao trabalho. Utilize a

CHEFIAR, SIMPLES ASSIM!...

Trilha Z para escalar o time e tomar decisões para treinamento e desenvolvimento.

- Ponha a máquina para funcionar e colete todas as informações sobre o desempenho em termos das metas definidas e da capacitação de sua equipe para as atividades.

VER:
TRILHA Z
Capítulo 13
Figura 10

Check – controlar

- Avalie os resultados dessa etapa do Kaizen. Foram alcançados os alvos, a quantidade, o prazo e o benefício planejados? Será muito mais eficaz se isto for feito junto com sua equipe.

Act – corrigir

- Tome decisões, sempre melhor em equipe, mas não ignore a **Trilha Z** para corrigir os processos. Se for necessário e possível, volte ao **Plan** e prossiga no ciclo PDCA.

Há uma variação, chamada SDCA, onde o **S** é de **S**tandard (manter o padrão). Não há diferenças práticas; apenas que ao invés de o chefe orientar suas decisões para o cumprimento e melhoria contínua das metas, concentra-se no controle e na garantia de que os padrões estão sendo respeitados.

Erro comum: considerar os padrões intocáveis e não avaliar se os processos estão coerentes com o que deve ser feito na realidade do trabalho. A insistência autoritária em impor procedimentos operacionais, que evidentemente contrariam a dinâmica produtora de resultados, além de provocar desperdícios, gera um conjunto de relatórios com informações fictícias, mas perfeitamente de acordo com o exigido pelo sistema, e subordinados treinados em dar respostas que os auditores querem ouvir.

Aproveite o SDCA para aperfeiçoar os *procedimentos operacionais*, dê sugestões para que sejam breves e práticos, ao invés de burocráticos e óbvios. Lembre-se: eles não são inúteis. Padrões garantem normalidade e previsibilidade das operações. Considere mais uma tarefa sua aperfeiçoá-los. Para seu bem, dos seus subordinados e da empresa.

Havia certo bolor taylorista em algumas apostilas dos anos 60 afirmando que existiriam chefes de primeira classe e chefes de segunda. *"Quem planeja não executa, quem executa não planeja."*

Não leve isso muito ao pé da letra, mas é bom conhecer os argumentos:

WALTER SHEWART
Idealizou o Ciclo PDCA por volta de 1930.

Depois,
EDWARD DEMING
o divulgou em seus trabalhos na reconstrução do pós-guerra no Japão em 1950.

Ideias velhas
"As decisões sobre processo devem passar pela gerência e não pelo trabalhador. O trabalhador deve apenas aprender a executar sua função; não pode perder tempo analisando o trabalho, visto que ele não tem capacidade para isso. Essa responsabilidade é da gerência."
TAYLOR, FREDERICK W.
Princípios de Administração Científica
Atlas

Mário Donadio   **177**

- *SDCA* – caberia aos chefes de segunda classe garantir que os procedimentos operacionais fossem cumpridos, tomar providência para mantê-los *conformes* e notificar os desvios. Claro que isso registrado em intermináveis relatórios e planilhas.

- *PDCA* – caberia aos chefes de primeira classe receber as informações daqueles de segunda e planejar e executar os planos de melhoria. Também contemplados com papeleira volumosa.

A realidade da operação impõe a integração de todos os níveis de supervisão e gerência na manutenção da *conformidade* e planos de melhoria dos processos operacionais. Também ambos estarão tentando passar os relatórios e o preenchimento das planilhas uns aos outros.

A grande competência do chefe é transmitir aos seus liderados os objetivos, valores e compromissos que sejam compartilhados por todos. As equipes podem aprender e, além de melhorar os resultados em conjunto, seus integrantes também desenvolvem sua competência individual.

Os Quatorze Princípios de Deming

1. Tenha constância de propósitos para melhoria de produtos e serviços.
2. Assuma a liderança no processo de mudança.
3. Introduza qualidade do produto desde o primeiro estágio.
4. Deixe de aprovar fornecedores na base do menor preço e sim em um relacionamento de confiança.
5. Promova a melhoria contínua.
6. Use a prática do trabalho para treinar.
7. Ajude os subordinados no seu trabalho.
8. Elimine o medo de ousar e inovar.
9. Elimine as barreiras entre departamentos e níveis hierárquicos.
10. Elimine slogans, exortação às metas dirigidas aos empregados.
11. Corrija os sistemas: neles está a maioria das causas de baixa produtividade.
12. Seja exemplo para os subordinados, melhor do que impor padrões de controle.
13. Remova as barreiras que impedem o subordinado de se orgulhar de seu trabalho.
14. Invista fortemente em treinamento.

Não se atole nos processos, suba para projetos

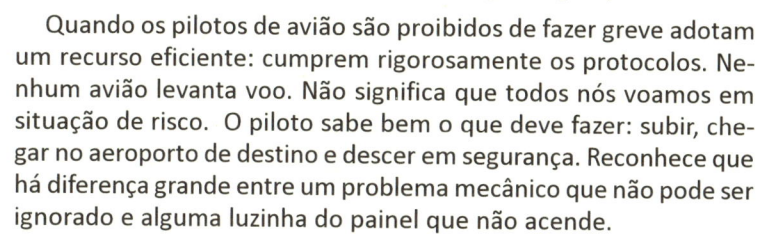

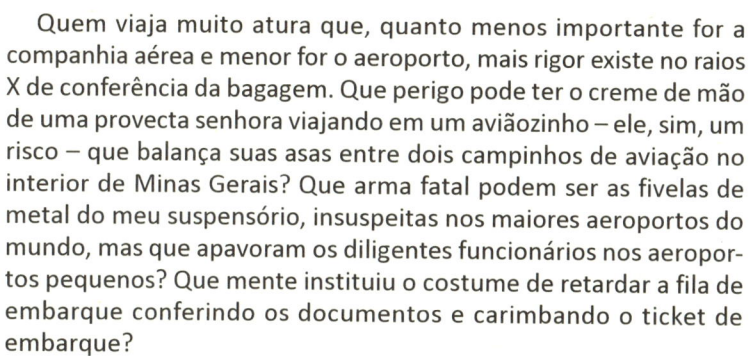

Quando os pilotos de avião são proibidos de fazer greve adotam um recurso eficiente: cumprem rigorosamente os protocolos. Nenhum avião levanta voo. Não significa que todos nós voamos em situação de risco. O piloto sabe bem o que deve fazer: subir, chegar no aeroporto de destino e descer em segurança. Reconhece que há diferença grande entre um problema mecânico que não pode ser ignorado e alguma luzinha do painel que não acende.

Quem viaja muito atura que, quanto menos importante for a companhia aérea e menor for o aeroporto, mais rigor existe no raios X de conferência da bagagem. Que perigo pode ter o creme de mão de uma provecta senhora viajando em um aviãozinho – ele, sim, um risco – que balança suas asas entre dois campinhos de aviação no interior de Minas Gerais? Que arma fatal podem ser as fivelas de metal do meu suspensório, insuspeitas nos maiores aeroportos do mundo, mas que apavoram os diligentes funcionários nos aeroportos pequenos? Que mente instituiu o costume de retardar a fila de embarque conferindo os documentos e carimbando o ticket de embarque?

Essas doenças acontecem porque o foco nos processos – são necessários e ninguém de bom senso quer eliminá-los – prevalece sobre o foco na própria razão de sua existência. O chefe precisa gerenciar os projetos tendo em mente que eles ordenam as atividades – *como* fazer as coisas – e não os resultados – *o que* e *por que* as atividades devem ser feitas.

Nos projetos as atividades são subordinadas aos objetivos. Basta essa afirmação para explicar a razão de a gestão de projetos ser uma das mais importantes ferramentas do chefe.

Mário Donadio

Capítulo 17
O FATOR HUMANO NA GESTÃO DE PROJETOS

O chefe passa grande parte do seu tempo em atividades rotineiras, repetidas, padronizadas; *tocando o barco* como é dito na gíria das empresas. São necessárias e devem ser cumpridas. Outras atividades têm importância crítica, são aquelas diretamente relacionadas ao cumprimento das metas. Elas se organizam em estruturas lógicas chamadas projetos. Outra situação comum é aquela onde a meta a ser alcançada depende de integração de atividades distribuídas por várias áreas gerenciadas por chefias diferentes. Algumas empresas já substituíram sua estrutura funcional por uma de projetos ou evoluíram para modelos matriciais de gestão.

Estrutura funcional
Unidades separadas executam atividades de mesma especialização.

Diga não ao impossível, planeje o possível

Um dia você resolveu organizar sua vida. Durante um sábado e um domingo listou todas as atividades, compromissos, metas a cumprir, tarefas obrigatórias. Aproveitou para acrescentar as reuniões regulares já agendadas, período de férias e datas previstas para auditorias, relatórios, exigências burocráticas.

Juntou essas tarefas com aquelas do cronograma de produção e plano de metas a cumprir até o final do ano. Não terá tempo de cumprir nem a metade do que lhe será exigido. Sua experiência ensina que outras tarefas, fora das já listadas, serão impostas a você. Podendo ou não dar conta de todas, só tem uma certeza: será cobrado por elas.

Estrutura matricial
Pessoas de diferentes funções alocadas em diferentes áreas da empresa se organizam em equipes de projetos.
Há duplo comando: gerente funcional e gerente do projeto.

Imagina que não há saída, continuará se debatendo de uma atividade a outra, sem avaliação das prioridades, sem sequer saber a quem delegar. Aceita que é essa a sua sina. Larga tudo e liga a televisão para assistir ao futebol.

Segunda-feira é chamado para uma reunião na sala da diretoria junto com seu superior direto. Recebe a incumbência de, em seis meses, alterar todo o esquema de armazenagem de matéria-prima para ocupar o depósito que estará pronto em quatro meses. Prometem todo o apoio da diretoria e recursos que você precisar. É uma oportunidade de ouro para você mostrar sua capacidade aos níveis superiores da empresa.

Agradece e aceita prontamente. Já na sua mesa, acrescenta mais uma obrigação à sua lista. Para não perder tempo, começa imediatamente a trabalhar na nova tarefa. Não sabe que está a caminho de, em sete meses, perder o cargo por não dar conta dos compromissos assumidos.

CHEFIAR, SIMPLES ASSIM!...

O que significa gerenciar projetos

As metas derivam dos indicadores de desempenhos dos objetivos estratégicos e não serão conflitantes se balanceadas segundo perspectivas orientadas para a visão. Quando entram no ambiente de projeto têm seu nome promovido para objetivo. Tanto faz, mas pode causar algum desconforto em pessoas apegadas a formalidades. Se um projeto não estiver vinculado a um objetivo não deveria sequer ser iniciado.

Competências para gerenciar um projeto
Visão otimista da equipe.
Inteligência emocional.
Dar significado ao trabalho.
Desenvolver competências.
Adequar estilo à situação.
Comunicação.
Empowerment.
Conduzir reuniões.
Visão estratégica.
Integrar e balancear metas.
Melhoria de metas e processos.
Conhecimentos básicos de projetos.
Incentivar mudanças.

As competências para gerenciar um projeto são as mesmas necessárias a qualquer atividade de gestão. Quando um chefe assume a gerência de um projeto é porque suas qualidades de gestor já foram observadas e reconhecidas. Entretanto, ele enfrentará situações nas quais deverá agir além do poder que possui ou influenciar níveis decisórios muito acima do seu cargo. Como complicador, na maioria das vezes terá que obter a aprovação de superiores e, de forma não incomum, em áreas distintas da sua ou pulando níveis hierárquicos.

Desde a proposta inicial, provimento de recursos e avaliação dos resultados, não devem ser ignorados alguns atores que podem influenciar positivamente o desenrolar das atividades dos projetos:

- ***Stakeholders*** – acionistas, dirigentes da empresa, clientes ou grupos influentes externos que estão ativamente envolvidos no projeto e cujos interesses possam ser afetados.

- ***Sponsor*** – *patrocinador ou padrinho*. No dia a dia, o projeto só prosperará se tiver seu apoio. Ele proverá recursos, removerá obstáculos, tomará partido do chefe em situações de conflito de interesses.

- **Gerentes funcionais** – nos projetos com equipes multifuncionais, o foco do gerente de projeto – qualidade: equilíbrio entre escopo, prazo e custo – pode entrar em conflito de autoridade com os gerentes funcionais, pautados para o trabalho técnico e zelosos das prerrogativas atinentes às caixinhas do organograma onde habitam.

Empreendimentos muito grandes, como construir uma barragem hidroelétrica, ou pôr em operação uma nova fábrica não são tarefas comuns conferidas a um chefe, a menos que ele seja um alto dirigente da empresa. Neste caso, contará com apoio de consultores especializados e com muita experiência anterior em planejamento e gestão de projetos.

Os projetos habitualmente entregues ao chefe são de amplitude menor, envolvem menos recursos e têm prazos mais curtos. Porém, independentemente do porte, todos têm as mesmas características:

> - Projeto é um esforço *temporário* empreendido para criar um produto, serviço ou resultado *único*.
> - Gerenciamento de projeto é liderar a *aplicação* de conhecimentos, habilidades, ferramentas e técnicas nas *atividades* do projeto a fim de *atender aos seus requisitos*.

Ao assumir um projeto o chefe está comprometido com resultados específicos; data de início e de fim bem definidas; recursos limitados: equipes, orçamento, equipamentos, instalações e informações.

As atividades normais de gestão focam rotina, manutenção, produção em série, sistemas e padrões rígidos. A gerência de projetos é orientada a mudanças, produtos e serviços singulares e concentração nos objetivos ao invés de nos processos (Figura 34).

Gestão comum	Gestão de projetos
Usa os sistemas existentes.	Ajusta os sistemas para atender demandas específicas.
Trabalhos repetitivos.	Trabalhos flexíveis.
Processos padronizados fixos.	Padrões e processos para atender às necessidades dos clientes.
Manutenção de funções repetitivas.	Flexibilidade para aproveitar oportunidades de mudança.
Chefe com controle sobre seus próprios subordinados e equipe.	Flexibilidade, alocação de recursos de outras áreas ou mesmo contratação externa.

Figura 34
Adaptado de
**DAVIDCLELAND &
LEWIS IRELAND**
*Gerência
de Projetos*
**RICHMAN
& AFFONSO**

A professora líder de projeto

Eu havia ajudado um grupo de empresários idealistas a desenvolver estrategicamente uma instituição mantida e administrada por eles. A missão definida foi: *"Promover atividades educativas associando e desenvolvendo o potencial de rapazes e moças adolescentes, dando-lhes uma perspectiva de futuro, capacitação funcional e fortalecimento dos valores que pudessem transferir para a comunidade"*.

CHEFIAR, SIMPLES ASSIM!...

A visão dos empresários e a vontade de fazer um bom trabalho dos profissionais da instituição facilitaram que os resultados tivessem um padrão muito acima do comum em organizações do terceiro setor. Em poucos meses o plano estratégico estava pronto.

As atividades antes dispersas foram agrupadas em unidades que executariam os macro-objetivos institucionais. Essas unidades tinham indicadores de desempenho, metas de médio e longo prazos e listas de atividades para cumprir. A visão mais ambiciosa, ao mesmo tempo em que motivava a equipe de profissionais da instituição, trazia uma barreira a ser vencida: falta de recursos. Eles estavam muito aquém dos aportes tradicionais dos empresários, era necessária a busca de organismos patrocinadores.

A proposta institucional era rica e bem fundamentada – especialistas souberam criar projetos formalmente bem elaborados para a captação de recursos. Parecia que não surgiriam mais impedimentos para que o sonho de ajudar os jovens da comunidade fosse realizado. Surgiram dois problemas: os projetos para captação de recursos eram perfeitos para os patrocinadores avaliarem se deveriam ou não aprovar os aportes financeiros, mas sua estrutura não era adequada para o gerenciamento. Depois, faltava um líder, comprometido com a visão e a competência em gestão de projetos.

Demorou alguns meses para que, entre dezenas de candidatos, fosse escolhida uma diretora para a instituição. Eu tinha algumas restrições à pessoa escolhida. Uma professora entusiasmada, porém com vivência anterior em escola com alunos de alta renda no interior do Estado; diferentemente dos meninos e meninas moradores da favela com os quais deveria se relacionar. Seu ponto forte eram valores de educadora, o ponto fraco era não ter experiência em gestão de projetos. Foi escolhida pela presidente da instituição, contrariando meu parecer. Ela – intuição feminina? – viu na professora algo que eu não tinha percebido: estávamos diante de uma líder. Eu estava errado.

A nova diretora nunca tinha lido um livro sobre elaboração de projetos. De planejamento tinha alguma habilidade em montar currículos, organizar horários de professores e preparar planos de aulas. Contudo, em poucos dias tinha lido, entendido e feito uma porção de perguntas sobre o plano estratégico. Havia escrito em um caderno um arrazoado de como ela entendia o trabalho proposto, quais as prioridades, como escalaria os profissionais da instituição e como aplicaria os recursos já disponibilizados pelos patrocinadores. Obtida a aprovação dos dirigentes da instituição, pediu duas semanas para apresentar seu plano de trabalho.

Neste meio tempo se reuniu com os funcionários e com eles elaborou os projetos das unidades com objetivos gerais, específicos, metodologia, recursos e pessoas responsáveis, estruturados como se fossem um plano de aula. Fez um cronograma e a distribuição das pessoas em um quadro colorido, como as escolas organizam os horários dos professores. Um projeto do jeito dela e impecável do ponto de vista técnico.

Após cada período, marcava reuniões para avaliação de desempenho. Resisti a fazer uma piada, perguntando se haveria provas. Todos percebemos naquele momento que sua gestão seria um sucesso. Alguns meses depois vi em uma reportagem na televisão imagens da instituição, referida como um exemplo de eficiência no atendimento de centenas de jovens e suas famílias em programas educacionais.

Algumas lições do caso: gestão de projetos é fator determinante do sucesso; pode ser aplicada em pequenos empreendimentos e não só em obras de grande porte; mais importante do que a terminologia técnica é ter lógica em sua estrutura. E, definitivamente, só funciona se houver um líder.

Guia PMBOK: planejamento e gestão de projetos

Todas as melhores práticas para planejamento e gestão de projetos estão descritas e validadas em uma bíblia dos profissionais especialistas chamada *PMBOK*, sigla para *Project Management Body of Knowledge*. É uma publicação do *PMI – Project Management Institute*, uma instituição sem fins lucrativos, fundada em 1969, na Filadélfia, Pensilvânia, pioneira na geração e na disseminação de padrões universais para *gerenciamento de projetos*.

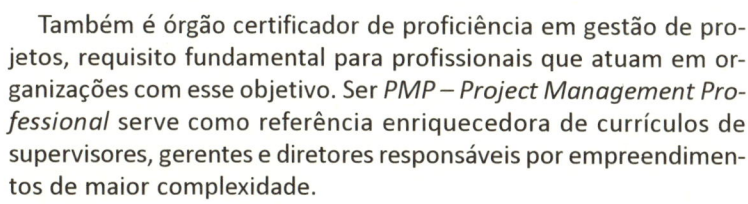

Também é órgão certificador de proficiência em gestão de projetos, requisito fundamental para profissionais que atuam em organizações com esse objetivo. Ser *PMP – Project Management Professional* serve como referência enriquecedora de currículos de supervisores, gerentes e diretores responsáveis por empreendimentos de maior complexidade.

Muitos livros – inclusive este! – respeitam as recomendações sobre as melhores práticas e facilitam a compreensão de alguns termos técnicos para o uso comum de não-especialistas. Além disso, explicam *como* fazer aquilo que o PMBOK diz o *que* fazer.

A primeira compreensão é sobre o conceito de *Ciclo de Vida* de um projeto (Figura 35).

CHEFIAR, SIMPLES ASSIM!...

Figura 35
Adaptado de
DAVIDCLELAND & LEWIS IRELAND
Gerência de Projetos
RICHMAN & AFFONSO

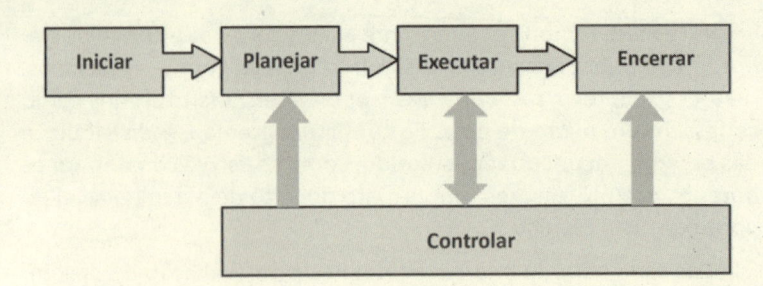

Iniciar → Planejar → Executar → Encerrar

Controlar

- **Iniciar** – estabelecer a base do projeto e obter aprovação e compromisso dos superiores, principalmente para prazos, custos e padrões de qualidade definidos.
- **Planejar** – orientar a execução, o controle e o encerramento do projeto, com ênfase no cumprimento das metas.
- **Executar** – coordenar os recursos humanos e materiais para realizar o trabalho.
- **Controlar** – acompanhar e medir o desenvolvimento do projeto, fazer ajustes para garantir o cumprimento do objetivo.
- **Encerrar** – concluir formalmente o projeto, documentar administrativamente o encerramento.

Nos grandes projetos cada uma das etapas do ciclo poderá levar meses ou anos. As ferramentas adequadas também podem ser sofisticadas ou mais simples, dependendo da complexidade dos projetos. Para aqueles em que o chefe atuará, este ciclo não deverá ser muito longo, talvez algumas semanas ou meses.

Em qualquer das fases o gerente estará ligado na *qualidade* do projeto. Acrescida ao conceito fundamental de qualidade – atender e superar as expectativas dos clientes – sua gestão deverá manter o permanente equilíbrio entre *escopo, tempo* e *custo* (Figura 36).

Figura 36
Qualidade do projeto é atender e superar as expectativas dos clientes, equilibrando escopo, tempo e custo

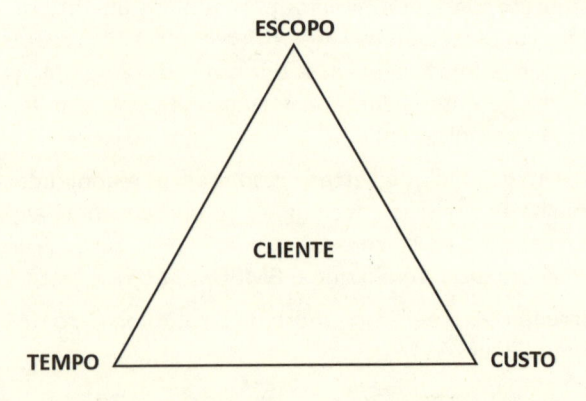

ESCOPO

CLIENTE

TEMPO — CUSTO

- **Escopo:** não é meta, tampouco objetivo. Descreve a abrangência do projeto, seus produtos, subprodutos e os grandes blocos de atividades que devem ser executadas. Explicita também o que não é escopo, para deixar bem claros os limites do projeto.
- **Tempo:** cronogramas que dividem o trabalho em tarefas e resumem as atividades de forma a registrar e controlar prazos. Capacidade de estabelecer pontos de partida, marcos de progresso e finalização do projeto.
- **Custo:** orçamentos com detalhamento dos custos destinados a cada tarefa e também quando ocorrerão no transcorrer do trabalho. É um plano de despesas divididas em fases do tempo.

Seja qual for o porte, duração ou volume de recursos alocados, nenhuma dessas etapas e conceitos de qualidade podem ser ignorados. Na pressão do trabalho diário o chefe pode ser pressionado ou cair na tentação de, dada uma tarefa, partir imediatamente para a *execução*. Caminho certo para retrabalhos, erros e desperdícios.

A descrição precisa e o rigor técnico imposto pelas boas práticas de gerenciamento de projetos podem desestimular um chefe já assoberbado de trabalho, mas é possível – sem comprometê-las – simplificar sua aplicação. A mudança será apenas na forma resumida em que documentos básicos são elaborados e nunca na lógica das atividades do planejamento, organização, controle e cuidados com a informação, a comunicação e o compromisso.

SOLER, ALONSO
Rosalina e o Piano
Brasport

Planejar e gerenciar projetos

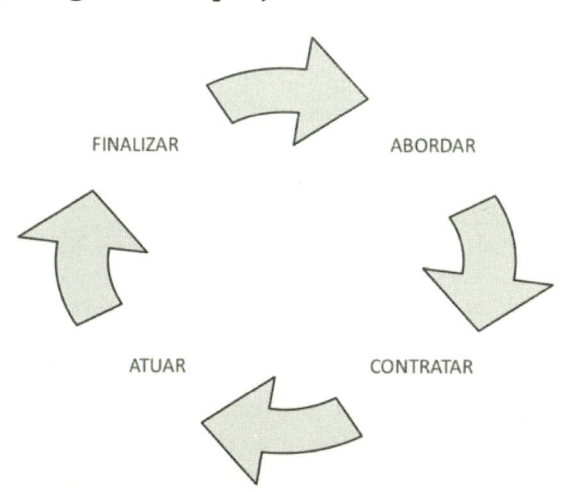

Figura 37
Adaptado de
*SisConsult –
Sistema de
Consultoria*
Formação de
Consultores
Internos
MÁRIO DONADIO
www.uniconsultores.net

Abordar

Apesar de o detalhamento dar a impressão de que levará semanas, um ou dois dias deverão ser suficientes. A velocidade é importante, mas lembre-se: qualquer tempo economizado agora significará desperdiçar muito mais tempo no futuro consertando erros (Figura 37).

DEFINIÇÃO PRELIMINAR DO ESCOPO

1. Tudo começa quando alguém pede um trabalho que exige concentração de esforços, fora da rotina e associado às suas competências técnicas, sejam ou não atribuições normais de suas funções. Peça um tempo para estudar o assunto. Nunca comece imediatamente, por mais que seja pressionado.

2. Pergunte, e, se não responderem, descubra quem são os stakeholders. Na verdade, embora seja o seu superior que esteja fazendo a encomenda, é preciso saber o que o principal interessado quer que seja feito. Prepare-se: será apenas a primeira das muitas vezes em que você terá de saltar níveis hierárquicos.

3. Converse com os stakeholders. Entenda perfeitamente o que está sendo pedido, avalie se há viabilidade, o tempo esperado, os recursos que terá, as pessoas que poderá alocar e qual o nível de prioridade para o projeto.

MEMÓRIA DA ABORDAGEM

4. Prepare uma memória do que combinaram. Nada de ata ou formulários. Apenas um breve resumo com a visão preliminar do escopo, recursos que serão disponibilizados, prazos etc. Muito importante: qual o grau e limite de autoridade de que você estará investido e quem será o sponsor do projeto.

5. Vá com essa memória ao sponsor. Combine com ele quais os recursos que realmente estarão disponíveis e deixe bem claro que a amplitude do escopo é diretamente proporcional aos recursos que efetivamente estarão disponíveis. Corrija sua memória; se for necessário volte aos stakeholders, acrescente os acordos feitos com o sponsor.

6. Nessa altura você já terá a lista dos gerentes funcionais com quem terá que se relacionar e que deverão disponibilizar os recursos – inclusive pessoal técnico – para seu projeto. Compreenda o ponto de vista deles: os recursos que passarem para o seu projeto serão tirados de suas necessidades funcionais. Negocie, não caia na tentação fácil de usar os nomes dos stakeholders ou sponsors. Eles transferiram a autoridade para você. Garantidos os recursos, conclua a sua memória.

Contratar

7. Resuma o que foi combinado em um breve texto a ser primeiramente apresentado ao seu superior hierárquico – não crie conflitos desnecessários, ele poderá ser seu aliado ou adversário no gerenciamento do projeto. Em seguida, convide todo mundo para uma reunião de contratação: stakeholders, sponsors, gerentes funcionais e seu superior hierárquico. Se não for possível, mande cópia para todos.

> SOW – STATEMENT OF WORK
> Declaração do Trabalho

8. Somente agora comece a redigir o seu projeto. Não complique o que pode ser simples. Deve ter mais a cara de uma agenda do que de calhamaços com tabelas e fundamentações acadêmicas. Lembre-se: você não está elaborando uma tese de doutorado, e, sim, criando uma ferramenta que explicará para os interessados o que está sendo feito e o ajudará no gerenciamento de seu trabalho. Basta que contenha:

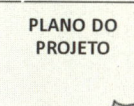

> PLANO DO PROJETO

- **Justificativa** – por que o projeto existe. Tire essas informações das reuniões com os stakeholders.

- **Escopo** – quais produtos serão entregues e quais não estão previstos; lista sucinta de blocos de atividades.

- **Objetivos** – para redigi-lo tente usar um acrônimo dos especialistas em projetos: *SMART* – inteligente
  Specific – específico, sem dar espaço para dúvidas
  Measurable – mensurável, com indicadores e medidas
  Agressive – agressivo, desafiador
  Realistic – realista, que possa ser alcançado
  Time-sensitive – definido no tempo, data do objetivo alcançado

> SMART

- **Agenda do trabalho** – uma lista razoavelmente detalhada das atividades; elas estarão organizadas em blocos lógicos e podem estar ilustradas por um fluxo ou gráfico com jeitão de um organograma: é a *WBS – Work Breakdown Structure*. Neste momento, a precisão da *WBS* depende do conhecimento e da experiência do gerente de projeto e de sua equipe.

> WBS

- **Responsabilidades** – quem é o gerente – você! – do projeto; sponsor; stakeholders; gerentes funcionais envolvidos e equipe de técnicos. Breve descrição de quais responsabilidades de cada um pelas atividades em uma *Matriz RACI*: este é o **R**esponsável; este **A**prova; este deve ser **C**onsultado; este deve ser **I**nformado.

> RACI

CHEFIAR, SIMPLES ASSIM!...

> GANTT

- **Cronograma** – distribuição das atividades no tempo, agrupadas em *pacotes de trabalho*. Com um pouco de prática será possível associar esses pacotes a produtos parciais e marcos de controle. Há várias maneiras de ilustrar o cronograma com gráficos e fluxos. O mais conhecido é o Gráfico de Gantt, igualzinho àqueles que você conhece e aplica nas suas tarefas normais de gestão.

> ROM

- **Orçamento** – *ROM – Round Order of Magnitude*, estimativa grosseira de grandeza. Nem sempre é possível determinar com detalhes os custos totais do projeto. Mesmo porque, costumam ser enlouquecedores os acordos com o pessoal da contabilidade sobre o que deverão ser considerados custos diretos do projeto, rateio das despesas fixas e variáveis. O *ROM* serve de referência para o gerente controlar os custos.

- **Premissa**s – um plano não é uma previsão do que realmente vai acontecer; tampouco, por mais cuidado que o gerente tenha em sua elaboração, garantirá por si só que o objetivo seja alcançado. Descreva aqui, sempre sucintamente, quais fatores que garantirão o sucesso, quais poderão comprometer os resultados e em que circunstâncias o escopo poderá ser alterado e, consequentemente, quais impactos em outros componentes do projeto.

9. Insista em ter uma reunião de *kickof* (pontapé inicial), formalizando o começo do projeto. Todos os relacionados no item *Responsabilidades* devem estar presentes. Empresas mais chatinhas em formalidades talvez queiram que todos assinem a aprovação normativa do projeto. Pode ser útil.

Atuar

> RELATÓRIOS DE PROGRESSO

10. Procure em todos os capítulos deste livro as habilidades de liderança, técnicas de trabalhar em equipe, comunicação, estratégia e metas, gestão das mudanças. Está tudo lá: *Simples assim!*

Projetos que se estendem por alguns meses, com alocação de recursos dependendo de conclusão de etapas intermediárias e entregas parciais de produtos podem exigir que o gerente preste contas do progresso.

Finalizar

11. O final de seu projeto deve ser planejado e o que fazer deve ser descrito na *WBS*. Portanto, utilizará tempo e recursos. É o momento da avaliação e da aprendizagem. Deverão ser obtidos explicitamente a aceitação dos stakeholders, a concordância do sponsor, o fechamento das contas com os gerentes funcionais. Muito carinho com a dissolução da equipe, reconheça publicamente as contribuições de cada um. Combine com seu superior imediato o retorno às suas atribuições normais.

12. Elabore um Relatório Final – sempre, por favor, sucinto. Coloque à disposição de quem queira conhecê-lo. Parta para outra!

Concorra ao seu próprio cargo

É possível o chefe trabalhar e até produzir bons resultados se perseguir metas e seguir boas rotinas. Poderá assumir compromissos amplos, e cumpri-los no prazo estabelecido, se criar times eficazes e delegar de modo a desenvolver parcerias e *empowerment*.

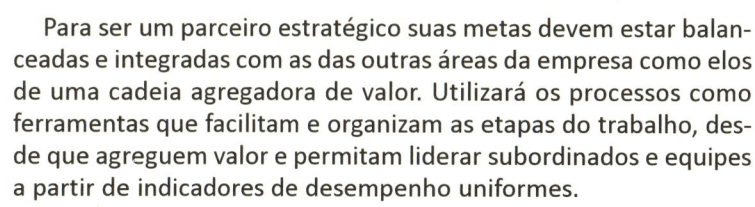

Para ser um parceiro estratégico suas metas devem estar balanceadas e integradas com as das outras áreas da empresa como elos de uma cadeia agregadora de valor. Utilizará os processos como ferramentas que facilitam e organizam as etapas do trabalho, desde que agreguem valor e permitam liderar subordinados e equipes a partir de indicadores de desempenho uniformes.

Poderá eleger prioridades e se concentrar naquelas que contribuam eficazmente para os resultados da empresa. Será um trabalhador eficiente e um líder reconhecido. Entretanto, este conjunto de atividades, mesmo quando resulte em metas alcançadas, estará disperso e pouco visível.

O chefe, ao final de um período, poderá se indagar: *"O que eu produzi de notável este ano, que diferença eu fiz para os negócios?"*. O cumprimento de metas, a correção no uso dos processos, a solução inteligente dos problemas e até a melhoria das competências dos subordinados são fatos, mas não são evidências de boa gestão.

Imagine-se sendo candidato ao seu próprio cargo, na sua própria empresa, sendo entrevistado por seu próprio diretor. Ele fará a pergunta clássica de qualquer selecionador: *"Quais suas realizações no último ano?"*.

Para que sua resposta seja convincente para exemplificar seu bom desempenho profissional você deverá relatar resultados tangíveis. Você deverá ter projetos concluídos com êxito.

Moral da história: organize suas atividades considerando seus resultados como objetivos de um projeto. Aplique seus conhecimentos, habilidades, ferramentas técnicas para atender às demandas dos stakeholders. Trabalhe com seu superior como se ele fosse seu sponsor, estabeleça relações de parceria com chefes de outras áreas.

Lidere seus projetos com flexibilidade, eles não são como programas de computador que basta apertar a tecla *enter* e andarão por si sós. Há mais uma competência a desenvolver: reconhecer que a mudança existe; mudar a você mesmo; mudar seus subordinados.

Capítulo 18
MUDANÇA PESSOAL E ORGANIZACIONAL

O chefe, estando na fronteira da empresa, é sempre o mais impactado pelas mudanças constantes, cada vez ocorrendo com mais velocidade. As mudanças nas tecnologias de informação são as mais visíveis, mas não são as mais comuns. A economia, as políticas governamentais e os comportamentos dos mercados globais são uma constante a influenciar as expectativas dos clientes e os processos organizacionais.

Neste quadro, os processos e os planos, por mais bem cuidada que tenha sido sua elaboração, podem se tornar obsoletos de um dia para o outro. As empresas devem cultivar sua capacidade de ser flexíveis e os chefes devem compreender que faz parte do seu dia a dia lidar com as mudanças. Isto afeta não apenas seu trabalho, mas também sua vida pessoal.

Ainda que seja capaz de ter flexibilidade para se ajustar a essas constantes alterações, é exigida dele outra competência: ser ele mesmo um agente de mudança dentro da empresa.

O caso do tablet novo

Na sexta-feira você aproveitou para passar no shopping e comprar o último modelo do tablet, com o mais recente sistema operacional do mercado. Leve, robusto, cheio de recursos, irá substituir seu notebook pesadão, que carrega puxando um carrinho. Antecipa a admiração de seus colegas pela novidade.

Aproveita, passa na livraria e compra uma revista com todas as dicas para aproveitar melhor o equipamento e os aplicativos que poderá instalar. Passa o sábado e o domingo transferindo arquivos do velho computador para a nova máquina. O tablet funciona perfeitamente bem.

Dentre os arquivos copiados está toda a programação da operação de sua área. Cenários confirmados há duas semanas pela matriz: metas detalhadas, distribuição das pessoas de sua equipe, orçamentos, previsão de vendas, distribuição do mercado segundo as estratégias. Uma semana de trabalho duro com sua equipe, motivada pelos desafios.

Exibe seu equipamento na reunião e está pronto para apresentar suas propostas, com argumentos disponíveis a um escorregar de dedos pela tela sensível ao toque. Chega o diretor da área, espeta o pendrive dele no gabinete do computador da sala e começa a projetar sua exposição.

Novidades da matriz: as condições financeiras mudaram, há incerteza quanto à cotação futura do euro e há orientação superior para segurar todos os investimentos anteriormente programados. Marketing traz novas informações sobre o perfil dos segmentos-alvo. Alterações demográficas detectadas pelas últimas pesquisas aconselham mudar as linhas de produtos e canais de distribuição. Isto provocará ajustes nos contratos firmados com os fornecedores. Haverá uma gritaria geral.

Olha suas planilhas no tablet, nem teve tempo de aproveitá-las. A reunião foi encerrada e todos teriam prazo de uma semana para rever seus planos operacionais. Volta desanimado para enfrentar sua equipe e informar que aquelas duas semanas de trabalho tinham sido inúteis.

Estava lá um arquiteto tirando medidas. Informou que, em mais ou menos um mês, toda a distribuição das salas, mesas e arquivos seria alterada para acomodar funcionários de um novo departamento criado. Você dá uma olhada na planta e vê que sua baia provavelmente estará longe da janela e perto do banheiro.

O departamento de pessoal manda pela intranet uma informação: suas férias programadas para coincidir com as dos seus filhos foram alteradas para o mês seguinte. Além do transtorno, terá que negociar com o hotel a devolução da reserva. O pior vai ser dar a notícia para a esposa que há dois anos queria conhecer aquela cidade de praia tão sonhada.

Na hora do almoço pega a revista de informática que não tivera tempo de ler em casa. Há uma reportagem especial mostrando que já estava nas lojas um tablet mais leve, com mais recursos e mais barato do que o seu.

Desculpe, um pouco de antropologia

Em todas as empresas há sempre um casal de bodes expiatórios responsabilizados por tudo o que impede qualquer aperfeiçoamento, atrapalha as mudanças, explica os erros e perdoa os reacionários. Ela atende pelo nome de cultura, ele pelo de clima e ambos têm amizade com uma comadre, a mudança.

Não é fácil mudar uma cultura, muitas vezes é impossível sem que fortes pressões externas estejam presentes. O clima é consequência da relação superior/subordinado. Este interjogo ocorre dentro de um quadro de costumes na busca de resultados e do próprio conceito do que é resultado. *Clima, portanto, é uma questão de liderança dentro de uma cultura em confronto com estímulos externos que a ameaçam ou reforçam.*

Nos capítulos anteriores, neste e no próximo, estão relatados casos de empresas diversas:

- O técnico que não sabia que era líder.
- Quando cumprir metas não é tudo.
- Tamanho não é documento, inteligência sim.
- É impossível contentar subordinados *mal-agradecidos*.
- Mudanças radicais nas competências essenciais.
- Não tratar todos igualmente, mas tratar desigualmente os desiguais.
- As barreiras à comunicação em um processo de fusão de empresas.
- Se não souber a resposta, mude a pergunta.
- Uma empresa única, onde não existiam conflitos.
- Todos queriam ganhar tudo, até que um chefe perdeu a vida.
- Trabalho em equipe é ótimo quando gera caixa.
- Um mau e perigoso exemplo de delegação.
- O presidente que matava reuniões.
- Novas estratégias, nova liderança: azar da concorrência.
- Chefes demitidos, empreendedores e felizes.
- Nada mais ineficaz do que fazer eficientemente aquilo que não deveria ser feito.
- A professora líder de projeto.
- Quando mexer em time que está ganhando.
- Bom, enquanto durou.

Conforme os temas dos capítulos, os destaques e os referenciais sempre foram aqueles relativos às habilidades fundamentais do líder, ferramentas, práticas e parcerias estratégicas.

Certos fenômenos são constantes em todos eles:

- **Houve decisões** da alta direção – por inteligência estratégica, necessidade de sobrevivência ou solução de problemas estruturais – que desencadearam o processo de *mudança das atitudes* dos líderes para a melhoria do desempenho organizacional.
- **As associações** de objetivos estratégicos de longo prazo com os projetos de *mudança de curto prazo* – de responsabilidade das chefias foram decisivas na conversão dos objetivos estratégicos em realidade operacional.

MARTIN, R.
"É impossível mudar a organização sem coragem e não há como induzir a coragem de cima para baixo, nem com base em exemplos. No entanto, é possível tornar as metas e os métodos bastante transparentes para que os empregados se disponham a assumir riscos calculados."
Mudando a Mentalidade da Empresa
Harward Business Review

- **Iniciativas** dos líderes para assumir os processos de *mudança organizacional*. Começando pela revisão das suas metas operacionais, de suas iniciativas e de seus próprios papéis: de controlador para facilitador; de controle da disciplina para comprometimento com o trabalho.

O processo de mudança começa por compreender como todas essas habilidades, práticas e estratégias se equilibram; como a alteração de um desses elementos afeta toda a estrutura da empresa. Antropologicamente – desculpe o palavrão – a frase pode ser lida ao contrário: *para mudar estruturalmente a empresa o chefe deve desenvolver suas habilidades, mudar suas práticas e rever suas metas, processos e iniciativas* (Figura 38).

Figura 38
A mudança é um processo contínuo que começa com a mudança individual que, por sua vez, é estimulada pelas mudanças estratégicas da empresa.

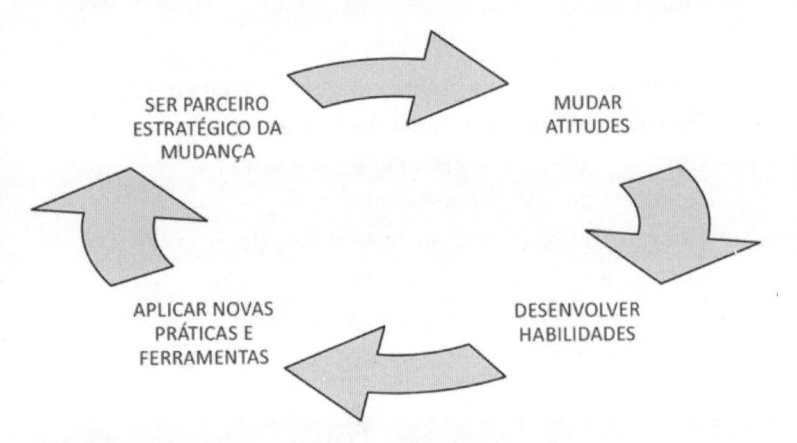

SER PARCEIRO ESTRATÉGICO DA MUDANÇA → MUDAR ATITUDES → DESENVOLVER HABILIDADES → APLICAR NOVAS PRÁTICAS E FERRAMENTAS

Por que mexer em time que está ganhando

Era uma vez uma empresa de sucesso, com mais de cinco mil empregados motivados, altamente treinados, com um plano-modelo de benefícios e participação nos lucros.

Uma correta análise de cenários indicou que seu principal negócio, as obras civis de grande porte, em alguns anos deixaria de ser prioridade de investimentos governamentais. Suas competências essenciais – que a faziam ganhar concorrências com sua qualidade imbatível e tecnologia de fazer o melhor em menor tempo – não eram suficientes para enfrentar concorrentes menores e em obras menos complexas.

Suas melhores oportunidades estariam em ampliar os negócios das divisões de projetos de tecnologia de comunicação, onde também possuía profissionais de alto nível.

Em resumo: o mercado seria outro; as condições de preço seriam outras; áreas fortes perderiam sua importância e áreas secundárias passariam a absorver os investimentos; o relacionamento com os clientes mudaria para atender às suas especificações, muitas vezes consideradas exóticas pelos engenheiros acostumados a dar a palavra final nos projetos.

Teve de demitir três mil pessoas, remanejar internamente outras mil, fechar escritórios em várias partes do Brasil e em outros países, vender prédios construídos especialmente para suas instalações e alugar outros de padrão inferior.

Todas essas decisões amargas produziram impactos pequenos no clima. A cultura empreendedora e de respeito às pessoas foi reforçada. Em alguns anos voltou à sua pujança de sempre. Não era a mesma empresa, mas os valores que a sustentavam desde a fundação foram mantidos. Seus dirigentes não gostavam de ouvir o chavão de que haviam renascido das cinzas, pois nunca alguém admitiu que havia morrido. O que houvera de fato fora uma inteligente reconstrução da empresa.

Definiram para três anos, contados a partir da decisão, a data-limite para que a empresa estivesse renovada. Começaram um grande movimento de mudança que, como tudo que faziam, teve padrões de excelência. Ao lado das decisões sobre investimentos, ajustes tecnológicos, substituição de pessoas e processos operacionais houve um cuidado especial para que, quando as mudanças estivessem implantadas, todo o quadro executivo tivesse suas competências individuais desenvolvidas, fossem elas identificadas nas avaliações passadas de desempenho ou decorrentes de estimativa de potenciais.

Em reuniões com os dirigentes da empresa recebemos a recomendação de que, no processo de mudança, fossem trabalhadas as novas definições de visão e missão, mas que os valores fossem rigorosamente reforçados. Entre eles, e principalmente, o respeito às pessoas, participação no processo decisório, trabalho em equipe, dar significado ao trabalho dos subordinados e qualidade de vida.

Prichard & Beckard; Kotter, John P.; Daryl R. Conner: tudo muda, tudo passará...

Uma das situações que, com razão, mais aborrecem o chefe é a constante mudança: de orientação, regras, padrões, condições, que vêm da alta administração. Perturbam, para quem está permanentemente em contato com o mundo concreto dos negócios, altera-

CHEFIAR, SIMPLES ASSIM!...

MAQUIAVEL
"Nada mais difícil de fazer, nada mais perigoso de conduzir, ou de êxito mais incerto do que tomar a iniciava de introduzir uma nova ordem de coisas, porque a inovação tem inimigos em todos aqueles que se têm saído bem sob as condições antigas, e defensoras não muito entusiásticos entre aqueles que poderiam sair-se bem na nova ordem das coisas."

Resiliência
É um conceito da física: a capacidade de um material sofrer tensão e recuperar seu estado normal quando ela deixar de existir. Pode ser a capacidade humana para enfrentar, vencer e sair fortalecido ao enfrentar adversidades.

ções de humor dos clientes, exigências dos fornecedores, regras governamentais, taxas de impostos, variação do câmbio. Sem contar desejos e vontades dos subordinados, colegas e superiores. Bem-vindos ao mundo das mudanças! Não é uma disfunção da sua empresa; pelo contrário. Os permanentes impulsos para a mudança indicam que ela possui políticas flexíveis.

Até há algumas décadas, era como se fôssemos um barco navegando em lago tranquilo, os altos executivos no leme apenas para confirmar o rumo e aproveitar o vento favorável. Os chefes cuidando do bem-estar dos marinheiros para que tudo se conservasse – observem, conservasse! – controlado dentro do planejamento de rota previsto.

Agora a navegação é em mar revolto, ondas altas, ventos que mudam de lado, tubarões e piratas atacando. Os chefes, entretanto, neste turbilhão, devem continuar cuidando para que os marinheiros façam o barco avançar, sendo resilientes – observem, *resilientes!* – às mudanças.

As mudanças ocorrerão de qualquer forma, podendo ou não ser traumáticas. As revolucionárias, existem nas empresas sim, derrubam presidentes que não percebem, não tomam decisões, não conduzem as empresas para que mudem. Caso o presidente fique refratário às necessidades, o mercado resolve *mudando* a operação da empresa para o túmulo.

A revolução tem características próprias, muito perigosas:

- **Imposta** – o novo poder assume, como nas incorporações e fusões, impõe novas regras, costumes e pessoas.

- **Controlada** – não há como não aceitar, todos devem obedecer e demonstrar claramente que estão do lado do novo, gostem ou não.

- **Rápida** – sem se preocupar com sensibilizações, treinamentos e adaptações.

- **Traumática** – produz estragos muitas vezes permanentes, sempre custosos, até financeiramente falando, para consertar. Favorece o surgimento de rebeldes e contrarrevolucionários que por omissão sabotam as mudanças.

Para que a mudança leve uma empresa para o futuro é preciso compreender estas forças fundamentais: influências externas interagindo com as *forças internas* e as *decisões estratégicas* (Figura 39).

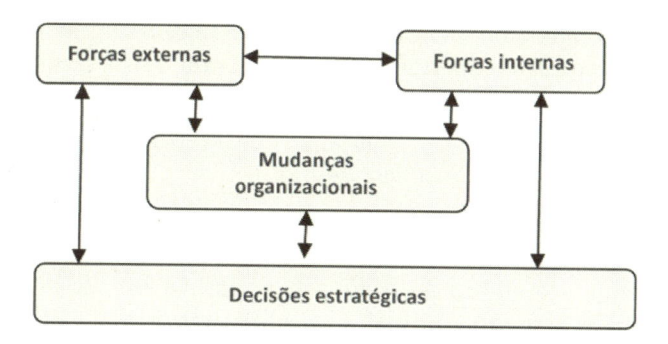

Figura 39
Modelo fundamental de mudança
Adaptado de
BECKARD & PRITCHARD
Lo que las empresas deben hacer para lograr una transformación total.
Norma

[Diagrama: Forças externas ↔ Forças internas → Mudanças organizacionais → Decisões estratégicas]

As decisões estratégicas são aquelas expressas em objetivos estratégicos, metas, iniciativas. Em casos de grandes transformações ambientais podem modificar até as declarações mais pétreas como missão, políticas e, no extremo, a própria visão da empresa.

Nestes últimos níveis, as forças internas podem ser terríveis fatores de resistência. Portanto, as mudanças devem ser sistematizadas:

- **Objetivo definido** – todas as pessoas, de qualquer nível hierárquico, devem estar alinhadas com a razão da mudança, como tudo vai ficar quando mudar, o que não vai mudar, quem e quanto cada pessoa será afetada com a mudança.

- **Planos definidos** – a mudança deverá estar estruturada em projetos, agrupados em programas, com escopo, liderança, recursos etc., perfeitamente claros, conhecidos e especificados.

- **Influência** – mudança é um fenômeno cultural, antropológico, e nesse contexto deve ser gerenciada. Mais do que amoldados ao novo, os chefes devem ser aliados da mudança e influenciadores de seus subordinados.

- **Feedback constante** – as resistências, conflitos, estarão presentes a todo momento; planos de comunicação, contatos permanentes das chefias sentindo o clima e superando resistências deverão ser permanentes.

- **Compromisso** – haverá compromisso e menor resistência se as pessoas – chefes e subordinados – participarem das decisões relacionadas às mudanças e conhecerem as consequências do que está sendo decidido na sua prática atual e situação futura.

Cultura pode ser descrita pelos artefatos produzidos pelas pessoas. Quando visitamos um museu, vemos nas vitrines urnas, armas, vestimentas, cerâmicas.

CHEFIAR, SIMPLES ASSIM!...

Mas há também as lendas e histórias do folclore de cada cultura, formas de se comportar diante da natureza e suas crenças em deuses e fenômenos.

A cultura da empresa, simplificando um pouco, pode ser compreendida da mesma forma (Figura 40):

- **A cultura é um sistema de interações entre *fenômenos*** – a existência de heróis, respeito a certos costumes, culto a totens comuns, crédito nas *lendas* e participação em *rituais*. Dentro deste espaço cultural, que torna cada empresa única, as pessoas encontram conforto, segurança, se sentem livres de ameaças e acreditam que estão em melhores condições do que em qualquer outro lugar.
- **Clima é de responsabilidade dos chefes** – é fazendo as coisas de um jeito diferente que se renovará a cultura e se criará um bom clima. Os acontecimentos externos à empresa que afetam seus negócios ou a vida das pessoas que nela trabalham são cotejados com a cultura. Se há demonstração pelas lideranças de que a cultura é capaz de dar respostas poderosas frente às ameaças e oportunidades, é provocado *naquele momento* um clima favorável.

Figura 40
Círculo virtuoso clima e cultura
Adaptado de
DARYL R. CONNER
Gerenciando na Velocidade da Mudança
IBPI Press

Clima de apoio à cultura → Decisões estratégicas → Novas expectativas → Novos costumes → Novos artefatos

Duas formuletas – como *fórmula* e como *muleta* – ajudam a simplificar o entendimento dos fatores que devem ser fortalecidos em um processo de mudança. Ajudam o chefe a equacionar as possíveis fontes de resistência (Figura 41).

CHEFIAR, SIMPLES ASSIM!...

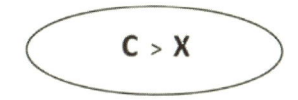

$$C = A \times B \times D$$

$$C > X$$

C = ganhos e aceitação da mudança
X = custo da mudança
A = nível de insatisfação com o estado atual das coisas
B = avaliação dos ganhos com a mudança
D = viabilidade da mudança

Figura 41
Fórmula da mudança
Conforme
BECKHARD & HARRIS
Citado por
CAMERON & GREEN
Gerenciamento de mudanças
Clio

Lembrando um pouquinho da matemática aprendida no Nível Fundamental da escola, a leitura das fórmulas ensina:

- Os ganhos e aceitação da mudança, **C**, devem ser maiores do que o custo, em dinheiro, tempo e turbulências, de implantá-la.

- Os matemáticos mais rigorosos prefeririam dizer que *"C é uma função dos fatores **A**, **B**, **D**"*; fatores, porque se multiplicam. Quanto mais altos forem os níveis de insatisfação, ganhos com a mudança e percepção de sua viabilidade, mais haverá adesão à mudança.

- A multiplicação traz também a indicação de que se um dos fatores for muito pequeno, ou mesmo zero, o nível de resistência, por ser muito menor do que **X**, pode inviabilizar a mudança.

Mudar a cultura e o clima

Talvez na sua empresa exista um programa estrutural de gestão estratégica das mudanças. Ótimo! Dependendo de em qual altura do organograma você habita poderá estar envolvido nele ou não. Se você não estiver, há algo de errado neste programa: é provável que ainda esteja contaminado com uma cultura antiga que ele teria obrigação de mudar.

Em bons programas de mudança estratégica você será envolvido em todo o processo. Em ótimos programas, as mudanças de sua área ocorrerão em um projeto, articulado com os de outras chefias, gerenciado por você. Tome estes cuidados para facilitar sua vida:

1. Tenha um projeto, conforme proposto no capítulo anterior: justificativa, escopo, objetivos, agenda, responsabilidades, cronograma, orçamento, premissas.

2. Explique claramente para todos os que serão afetados qual a razão da mudança, quais os riscos se nada for feito, o que todos ganharão quando ela acontecer.

Adaptado de
KOTTER, JOHN P.
Leadning Change
Harvard Business School Press

CHEFIAR, SIMPLES ASSIM!...

3. Tenha metas claras, visíveis quando alcançadas passo a passo. Comemore as vitórias parciais.

4. Seja um vendedor permanente de seu projeto. Comunique o tempo todo para todos o que você pretende, por que a mudança é importante. Doutrine especialmente os resistentes.

5. Não entre na briga sozinho, procure aliados – por favor, não é para derrotar adversários – ao seu projeto. Eles estarão entre os stakeholders, sponsors e outras lideranças.

> VER:
> REUNIÕES, PARTICIPAÇÃO E COMPROMISSO
> Capítulo 13

6. Se seu projeto estiver isolado de mudanças estruturais – muitas delas fora de seu nível de poder ou influência –, prepare-se para dificuldades, mas não desista.

7. Envolva as pessoas no processo decisório: elas resistirão menos a adotar novas ideias.

Se não houver um programa estruturado de mudança, se não lhe foi atribuído um projeto para você gerenciar as mudanças, as sugestões adiante serão úteis. Tome iniciativa para mudar o que estiver ao seu alcance. Se já há na empresa um clima de que é preciso fazer alguma coisa, você já tem meio caminho andado.

> Extraído da Palestra do autor no *Congresso da SLADE – Sociedade Latino-americana de Estratégia em Córdoba – Argentina.*
> Download da palestra completa em www.uniconsultores.net

Mude a você mesmo

- Mude a sua própria maneira de chefiar, apoiando mais e controlando menos.
- Prefira sempre trabalhar em equipe.
- Defina seus objetivos e metas na direção das estratégias e não da hierarquia.
- Tenha coragem de defender suas ideias.
- Ouse romper os limites burocráticos.
- Questione as normas e regras que atrapalham o trabalho seu e de seus subordinados.

Comece mudando os rituais

- Dentro de sua área desfaça os grupos cujas atribuições não diferem da rotina normal do trabalho ou não componham projetos formalmente estruturados.
- Peça seu afastamento de grupos e comissões que nada têm a ver com os resultados objetivos de seu trabalho.
- Elimine documentos e rotinas que você sabe que são inúteis ao seu trabalho ou de seus subordinados.

CHEFIAR, SIMPLES ASSIM!...

Com luvas de pelica e pantufas de lã, comece a desmontar os totens

- Use as salas de reuniões ociosas da empresa para suas reuniões.
- Questione o restaurante privativo; se você for um dos privilegiados deixe de usá-lo para marcar posição.
- Tire das paredes quadrinhos com exortações motivacionais pré-fabricadas.
- Solicite para atividades úteis o auditório nobre.

Agora chegamos à parte mais difícil: mudar os costumes

- Exponha seus subordinados a novas culturas através de viagens, estágios, cursos, congressos.
- Atribua responsabilidades maiores ou promova para ocupar cargos de influência somente subordinados não comprometidos com os antigos costumes.

Prepare-se para enfrentar os conservadores

Um dos argumentos mais fortes deles será o de que o clima está muito ruim. Pode ser: você, com o seu ótimo ataque aos rituais, totens e costumes, conseguiu abalar o referencial reacionário das pessoas e desencadear resistências.

Contudo, cuidar do clima também faz parte dos seus resultados, tanto quanto a satisfação dos clientes, o retorno sobre os investimentos dos acionistas e a educação contínua dos subordinados:

- Estimule os subordinados a serem empreendedores.
- Estimule o *empowerment*.
- Recompense sua equipe pelos resultados e não por comportamentos.
- Promova grupos de melhoria de processos.
- Envolva os subordinados na definição das metas.

Essas novas práticas começarão a dar novos contornos ao clima e à cultura

Seus subordinados terão resiliência para enfrentar os fornecedores voláteis; os clientes sempre volúveis, pedindo mais qualidade e menores preços; os novos concorrentes chegando; os atuais concorrentes nos calcanhares; as alterações tecnológicas a cada ano ameaçando a competitividade e os mercados enlouquecidos.

As três leis de Newton no processo de mudança

1 – *Tudo fica como está até que alguém faça algo para mudar.*

2 – *Quanto maior a massa de sucesso anterior, maior a resistência à mudança.*

3 – *Toda ação de mudança produz uma resistência igual em sentido contrário.*

MÁRIO DONADIO

Seus subordinados confiam na nova cultura, que ajudaram a renovar, sabem que ela dá respostas poderosas às ameaças e oportunidades e reconhecem em você o líder com competência para apoiá-los.

Simples assim!

Será mais fácil se começar pela sua área:

- Tenha um projeto.
- Saiba negociar e administrar conflitos.
- Não se esqueça das boas práticas de feedback e assertividade.
- Considere a maturidade dos seus subordinados e colegas de outras áreas para adotar o melhor estilo em cada situação.
- Avalie qual a motivação das pessoas para sua proposta de mudança.
- Aplique suas competências emocionais.
- Trate de polir suas lentes para evitar percepções preconceituosas e, finalmente,
- Cultive seus valores de líder.

Obrigado por ter chegado até aqui.

> Se você for um líder formador de líderes – chefe de Recursos Humanos, Treinamento e Desenvolvimento, consultor interno de Recursos Humanos –, temos ainda o que conversar.

Capítulo 19
LÍDERES DE TREINAMENTO E DESENVOLVIMENTO

Este capítulo é escrito para meus colegas, líderes dos departamentos de Recursos Humanos e especialmente líderes de programas de Treinamento e Desenvolvimento. Se outros chefes de outras especialidades e formação quiserem se sentar à nossa mesa serão bem-vindos, mas terão de tomar do nosso vinho.

Primeiro de tudo uma certeza: nenhum recurso será mais decisivo para o sucesso de uma empresa do que os recursos humanos. Chamo de *recursos* para manter a terminologia usual. Como estamos em família, não preciso tomar cuidado com o vocabulário. Kant, filósofo da moral, já dizia há séculos que o ser humano deve ser sempre a razão moral das ações; nunca meramente um recurso para produzir resultados.

Feitas as ressalvas apenas quanto ao vocabulário, mas não quanto ao sentido, são dos profissionais de Recursos Humanos as principais responsabilidades para o sucesso das empresas agora e, muito mais, nos próximos anos. Nessa linha, cabe aos profissionais de Treinamento e Desenvolvimento dar cada vez mais competência aos principais recursos das empresas. Finalmente, as operações que transformam estratégias em resultados são realizadas por chefes – sejam eles chamados de supervisores, gerentes ou diretores. Dentre as tarefas importantes, *desenvolver lideranças* é, talvez, a mais crítica de todas.

Sorrir, sem deixar a peteca cair

Ao chegar à empresa pela manhã, encontra pessoas pelos corredores cumprimentando você com sorriso simpático. Você conhece todas pelo nome, mesmo elas sendo centenas e lotadas em outros departamentos.

Carregando pastas e relatórios, participa de reunião da diretoria para encontrar solução para problemas de desempenho de diretores e gerentes. Dá palpites sobre a estratégia da empresa e sai com a encomenda de apresentar proposta solucionadora.

De volta à sua sala, avalia orçamentos de dezenas de hotéis: tem que conciliar comodidade, instalações e conforto com as demandas do diretor que quer que seja perto, dos gerentes que querem que tenha quadra esportiva, do setor de compras que quer que seja barato. Aproveita para conferir se todas as passagens de avião estão compradas e corretas, conforme as sugestões de horários de dezenas de participantes e dos instrutores que virão de diversas partes do país para a convenção anual de vendedores.

À tarde, se esconde na sala de reuniões; trabalha para equilibrar as complexas demandas da reunião da manhã, as diretrizes do planejamento estratégico, os conteúdos demandados pelas chefias e pela avaliação de desempenho, com o plano semestral de treinamento de operadores de empilhadeiras.

Manda a resenha para a diretoria e vai para a estrada de modo a chegar ainda em tempo no local do treinamento em finanças e corrigir possíveis falhas da organização.

Janta com dois professores que farão as apresentações no dia seguinte. Delicadamente tenta convencê-los de que não importa quantos livros escreveram e todo o saber que possuem – não trabalharão com alunos de uma universidade, mas com chefes em busca de informações práticas para seu trabalho. Contudo, sem receitas, por favor. Entretém os doutores com perguntas e comentários inteligentes, sobre finanças, política internacional, tendências de marketing.

Duas horas antes do começo do evento já está na sala, empurrando mesas, ajeitando cadeiras, distribuindo pastas, brigando com o operador que não consegue fazer o data-show funcionar. Meia hora antes, dá uma última olhada. Está tudo em ordem. Vai para o quarto colocar uma roupa mais formal. Dez minutos antes, chama o instrutor da manhã que ainda toma seu café.

Exatamente no horário apresenta o instrutor, observa os participantes e suspira – parece que o grupo foi com a cara dele. Agora só falta ir falar com o gerente de banquetes do hotel para garantir que o coffee break esteja de acordo e o cardápio do almoço agrade a todos. Não se cansa, tem prazer no que faz. Educar é seu negócio!

Parabéns: será para você mais uma semana igual a todas as outras.

Chefe não é líder de segunda classe

Nas suas origens, a gestão de recursos humanos era vista como um mal necessário e função secundária da área administrativa. Era, para muitos, tudo o que tirava a atenção do que de fato importava aos negócios: produzir e vender.

CHEFIAR, SIMPLES ASSIM!...

A evolução das empresas deu importância aos recursos humanos, mas o treinamento ainda era uma área prestadora de serviços, agendando cursos para atender demandas de setores diversos.

Há poucos anos, empresas líderes de mercado ensinaram que a vantagem competitiva dependia da competência de suas lideranças. Neste contexto, a antiga função treinamento assume dimensão de protagonista na estratégia empresarial e seus profissionais líderes corporativos da gestão das competências.

Os altos níveis hierárquicos, presidentes, diretores corporativos, gerentes gerais costumam receber treinamentos bem cuidados, em seu planejamento, métodos, padrão dos instrutores, qualidade dos recursos instrucionais e instalações onde são realizados.

Entretanto, o treinamento e desenvolvimento de chefias é muitas vezes contaminado por resquícios da velha percepção do que era gestão de recursos humanos e de qual era a importância estratégica desta função.

Os primeiros degraus que técnicos qualificados galgam para a carreira executiva começam nas posições de supervisores, gerentes e diretores de unidades menores. Também repousam sobre os ombros destes chefes a responsabilidade de ser a linha de frente das operações da empresa

Salvo as famosas exceções que confirmam a regra, costumam receber treinamentos não sistêmicos, muitas vezes repletos de conteúdos que não precisam e gincanas de conscientizações que não agregam valor ao seu trabalho.

Faz parte de este paradigma privilegiar o mínimo custo ao invés da adequação para o aprendizado. Isto vale quando conteúdos são espremidos – supondo que sejam de fato significativos para os chefes – em dia e meio de curso com turmas enormes em instalações desconfortáveis e materiais mal cuidados. Sem entrar na delicada questão do processo de escolha dos instrutores pelo critério do menor preço.

A mensagem que os chefes recebem é de que não passam de líderes de segunda classe. Cabe ao líder gestor das competências mudar esta situação, dando aos chefes o tratamento e o impulso que merecem como futuros executivos corporativos.

Bom, enquanto durou

Talvez eu tenha coordenado um programa de desenvolvimento de lideranças igual a este; melhor, não me lembro. Várias circunstâncias concorreram para alcançar o seu nível de excelência. A empresa com mais de 4.000 funcionários, em uma recomposição do quadro de acionistas, renovou sua diretoria. Cuidaram do saneamento financeiro, redefinição da estratégia, reestruturação administrativa e outras mudanças. As chefias antigas, burocráticas e indolentes, foram substituídas por executivos jovens e entusiasmados com seu trabalho.

Entre os novos diretores, assumiu o Ambiente de Pessoas – nome dado ao departamento de Recursos Humanos – um intelectual com doutorado em universidades europeias e desconfiado dos modismos dos livros ligeiros recheados de marketing e vazios de conteúdo. Sua referência cultural eram os clássicos da filosofia humanista e expoentes da literatura sobre comportamento humano nas empresas. Longe de ser um acadêmico, consolidara sua formação em décadas ocupando cargos em todas as funções da área de Recursos Humanos.

Foi um grande prazer negociar a proposta de *Formação de Líderes* discutindo modelos educacionais de Paulo Freire a Vygotsky, ao invés de quais bolachinhas servir no coffee-break. O quadro dos principais chefes departamentais era inchado com 180 burocratas que dormitavam em seus privilégios regimentais. Seriam substituídos por 35 líderes que atuariam como gerentes de Ambientes de Negócios, segundo a terminologia da moda naquele tempo.

Teriam o perfil de gerentes de projetos estratégicos. Em entrevistas e workshops foram selecionados internamente 70 candidatos segundo os critérios de conhecimentos especializados das diferentes tecnologias relacionadas aos projetos, visão sistêmica do negócio da empresa e, principalmente, valores de liderança. O costume anterior era a realização de provas de conteúdos que lotavam os cargos de chefia com concurseiros.

Os antigos chefes, sem o perfil adequado, mas capazes funcionalmente, foram lotados em tarefas administrativas. Outros não se adaptaram ao novo ritmo de trabalho. Por sua conta, pediram para ser transferidos ou optaram pelo plano de demissão voluntária. Por sinal muito vantajoso, criado pelo novo diretor que, impecavelmente ético, não achava justo punir os antigos funcionários pelos erros da administração anterior.

Durante três meses, duas turmas de candidatos aos novos postos se afastaram da rotina de seu trabalho e participaram de um programa intenso e concentrado, conduzido andragogicamente com estudo de casos, vivências, trabalhos práticos sobre a realidade da empresa e denso de informações técnicas. Além dos autores clássicos de liderança, foram estudados textos de filósofos sobre a realidade contemporânea.

A estrutura do treinamento não era a de uma grade de matérias fragmentadas ministradas por professores isolados como em um MBA clássico. Os conteúdos eram tratados transversalmente segundo a lógica de um processo de métodos, técnicas e ferramentas para abordar, contratar, liderar e avaliar projetos. Cada etapa do processo tratada no contexto do treinamento era experimentada simultaneamente em situações reais da empresa, e os participantes recebiam coaching de consultor experiente em processos de liderança.

Uma consultora especialista em comportamento acompanhava o crescimento do grupo nas dinâmicas das atividades normais. Tinha presença constante e articulava todas as mediações de aprendizagem – não as chamem de *aulas*, por favor – de especialistas convidados. Era chamada carinhosamente de *tia*. Mantinha o tônus do grupo em alta voltagem durante as semanas. Não havia provas ou avaliação no sentido clássico e o problema no final foi desestimular o grupo a varar noites para apresentar criativamente seus projetos. Todos eles foram realmente aplicados na empresa posteriormente.

Concluídas as duas turmas, um doce problema. Além dos 35 participantes escolhidos para os Ambientes de Negócios outros foram encaminhados para áreas onde demonstraram tanta competência que chamaram a atenção da diretoria. Os egressos do treinamento constituíam um celeiro de líderes. Foi replicado em várias outras capitais e participar dele virou o sonho de muitos funcionários. Foi doloroso fazer a última turma, mesmo havendo demanda e apoio da alta direção. Todos nós sabíamos que havia o risco de o treinamento ser banalizado pela rotina e perder a força motivadora de mudanças.

Mas o final da história não é feliz. Alguns anos depois, houve nova mudança societária. Os velhos dirigentes voltaram e recriaram as estruturas funcionais. Vencendo litígios trabalhistas, alguns antigos funcionários recuperaram seus cargos. Sobraram apenas os nomes moderninhos, e o Ambiente de Pessoas agora contrata cursinhos através de pregões vencidos por quem oferecer preços baratos.

Paulo Freire, Ludojoski, Knowles: educar adultos

Não devemos nos preocupar em chamar os processos educativos que ocorrem em uma empresa de *treinamento*. Alguns puristas não gostam, mas na terminologia empresarial é o nome que tem, embora ninguém desconheça as exigências que devem ser feitas a este processo para que seja educativo: éticas, técnicas e metodológicas.

Ninguém pensa em adestramento, mas, por via das dúvidas, a palavra vem sempre junto de outra, *desenvolvimento*, para que não esqueçamos de que não se trata apenas de adestrar alguém para executar tarefas, mas caminhar para níveis mais amplos de competências e desenvolver potenciais. Feita a ressalva, vamos ao óbvio: o chefe é um adulto e seu treinamento e desenvolvimento ocorrerão em um ambiente profissional.

- Por ser adulto, a cabeça do chefe não é uma caixa vazia onde sábios instrutores irão depositar informações exibidas em suas lindas apresentações em *PowerPoint*. De pronto essa verdade deveria eliminar as teratológicas avaliações de aprendizado, exigidas por desinformados demandantes, que os gerentes de treinamento são obrigados a aplicar ao final dos seminários.
- As novas habilidades e atitudes, bem como as ferramentas técnicas, serão mais bem assimiladas se forem do repertório do chefe, se forem conectadas à sua realidade profissional e não na sapiência do instrutor.
- O treinamento sempre será um fenômeno social total. Ao ser planejado deve considerar o conjunto de valores reais, profissionais, tecnológicos que sobre ele influem e dos efeitos gerais que dele resultam sobre os demais aspectos da realidade organizacional.
- A primeira condição do treinamento será despertar no chefe a consciência da necessidade de se desenvolver. Partir do seu mundo de trabalho, de suas condições profissionais, do conhecimento da empresa, com suas peculiaridades e estratégias.
- A motivação do chefe está vinculada ao reconhecimento do significado prático do treinamento. A motivação estará dentro do chefe.
- O chefe é personalidade adulta e em crescimento. Ao se confrontar com um problema, uma situação que não conhece, ele pode tender a resistir ao aprendizado. O chefe aprende de maneira dinâmica, a partir de problemas que lhe são próximos e significativos; em seguida, esse aprendizado gera um questionamento mais complexo.

MÁRIO DONADIO
"O adulto é impulsionado ao crescimento.
O treinamento deve criar clima de confiança e de experiências significativas para o adulto."
T&D Total – Ensinando as Empresas a Aprender
Qualitymark Editora

PAULO FREIRE
"Educação bancária é quando o educando recebe passivamente os conhecimentos do professor, deposita-os em sua cabeça e os devolve exatamente iguais nas provas e avaliações."

M. S. KNOWLES
Adult Education Andragogy Revisited.

- O chefe pode distinguir as experiências que o desenvolvem daquelas que lhe são inúteis. Se ele avaliar que o treinamento é significativo aciona o sistema motor de aprendizagem.

Falamos de andragogia – educação de adultos. Diferente de pedagogia, embora cause bastante polêmica entre os teóricos. Sem querer entrar na briga e ajustando os termos para a nossa realidade de treinamento e desenvolvimento gerencial:

> *"Um treinamento não andragógico manteria o chefe em situação de dependência, bem longe da situação de aprendizado. O andragógico proporcionaria ao chefe todos os conteúdos básicos necessários para estimular um processo de aprendizado contínuo."*

ROQUE LUDOJOSKI
Andragogia o Educación de Adultos.
Guadalup

Muitas vezes o andragógico é confundido com treinamento *ANTA – Amontoado Nulo de Técnicas Avulsas –*, onde os coitados e pacientes chefes são submetidos a arremedos de jogos psicologistas, gincanas sem sentido e devolutivas forçadas. Às vezes são divertidas, sempre são inúteis.

Treinamentos andragógicos têm requisitos e exigências técnicas, mas principalmente éticas:

- **Visão** – o chefe deverá ser o sujeito de seu aprendizado para o treinamento ser força de mudança ou confirmação de valores.
- **Objetivos** – definidos a partir das oportunidades criadas pelas mudanças no meio ambiente da empresa em face das suas competências essenciais.
- **Estratégias** – considera as necessidades explícitas reais dos chefes, as dinamiza e as leva a problematizações mais complexas.
- **Didática** – privilegia os grupos operativos e campos de processos interpessoais de troca de conceitos e referências.
- **Conteúdos** – decorrem dos objetivos e estratégias, gerados pelas relações dialéticas dos conhecimentos do instrutor e experiência dos chefes em processos de síncreses, análises e sínteses.
- **Recursos instrucionais** – os tradicionais, como grupos, cases, audiovisuais, livros, apostilas. Com muito critério e competência técnica: dramatizações, jogos, simulações. Muito rigor com a adequação às estratégias e didática.
- **Avaliação** – se for exigida, as clássicas: reação, melhoria do conhecimento, impacto nos resultados da empresa. Boas tenta-

Mário Donadio

tivas, mas a única eficaz será com o acompanhamento do desempenho futuro. Podemos ter certeza de que o chefe é capaz ele mesmo de avaliar seu aprendizado e significância do treinamento em sua atividade profissional.

Elaborar treinamentos que funcionam: sucesso de público e de crítica

A andragogia considera as características do que deve ser um treinamento voltado ao desenvolvimento das competências de chefes, gerentes e diretores da linha de frente dos negócios da empresa. O crescimento, a mudança e a educação somente ocorrerão quando outros aspectos da realidade profissional forem solidariamente impactados. Não pode ser estruturado e fragmentado em disciplinas, matérias ou blocos de conteúdos.

Cada necessidade real do chefe deverá ser atendida. Também não imagine que tudo será conseguido em um único seminário de dia e meio, sexta à noite e sábado pela manhã. Se não for um programa amplo, melhor não fazer!

- **O programa de treinamento deverá atender aos interesses da empresa e dos chefes, deve ser motivador e útil.**

Fale com todas as pessoas que mesmo não diretamente estejam afetadas pelo tema. Identifique o valor que o treinamento agregará ao trabalho de cada um.

- **Defina uma situação concreta associada à realidade vivencial do chefe e questões vitais à empresa.**

Compreenda qual o impacto benéfico que os resultados da empresa receberão e se isto é significativo para o chefe. O treinamento deverá aprofundar uma ou mais necessidades práticas do chefe.

- **Conheça as informações que os participantes já possuem que possam ter conexão com a proposta do treinamento.**

Leia relatórios, conteúdos de treinamentos anteriores, avaliação de desempenho – tudo o que possa ser útil para conhecer o repertório atual do chefe.

- **Introduza informações novas, outras maneiras de tratar o atual repertório.**

Seminários e workshops ainda são as práticas mais poderosas, mas não são as únicas e podem ser potencializadas. Forneça amplo material de leitura, sugira pesquisas, traga especialistas no assunto para falar, não tema exposições teóricas, organize grupos de estu-

---

MÁRIO DONADIO

"O aprendizado é uma operação interpessoal de troca de conceitos e referências.

O treinamento deve criar estímulos e espaços que tenham significado para o adulto exercitar sua lógica, informação e comportamento."

T&D Total – Ensinando as Empresas a Aprender
Qualitymark

do, visitas a outras empresas. Cuide para que tudo esteja rigorosamente vinculado ao contexto do treinamento.

- **Dar ao chefe a posse do aprendizado e explicitar os ganhos.**

Registre conquistas e documente o aprendizado, durante ou depois de seminários, workshops ou outros eventos de aprendizado. O que mudou na unidade do chefe em suas relações com subordinados e equipes: novas práticas, novos paradigmas, novos procedimentos, aperfeiçoamento em máquinas, simplificações de rotinas, novas estratégias.

- **Não deixar o processo estacionar, traduzir o modo de fazer em modo de pensar. E agora, para onde podemos avançar?**

Se for um seminário, valorize as respostas e estimule perguntas. Depois, volte, como no início do processo, a conversar com todos os envolvidos, explore os ganhos e as oportunidades de extrapolações.

Donadio: comunidade de aprendizagem fecundadora de lideranças

Os líderes de treinamento sabem que nas empresas os chefes não estão todos eles – com licença do uso de um termo querido aos pedagogos – no mesmo grau de prontidão para aceitar as propostas de desenvolvimento de suas competências. Também sabem que não daria certo montar um currículo como nas faculdades, com etapas para cada chefe aprendiz ir vencendo, talvez até com provas ao final de cada uma.

Porém, deve-se reconhecer que existe, neste conjunto de problematizações cada vez mais complexas, um crescendo de significados combinando interesses afetivos (o chefe quer aprender?) e cognitivos (o chefe precisa saber?), chamados de vetores, pois têm intensidade, direção e sentido. As boas universidades corporativas não caem neste engodo.

A pergunta a ser feita não é como criar grades de treinamento, mas como transformar a empresa em uma *comunidade de aprendizado – learning organization –* que desenvolva continuamente as chefias e seja fecundadora de líderes. Estes vetores são acionados não apenas nas salas de treinamento, mas nos estímulos em toda a empresa, todo o tempo, com todos os recursos.

- **Despertar** – desenvolver nas chefias a percepção do novo, a disposição para receber novas informações, novos fatos e tendências.

MÁRIO DONADIO

"O aprendizado é um processo de busca de oportunidades frente aos conflitos gerados pelas turbulências ambientais e conservadoras internas da empresa.

Este aprendizado mescla-se com a administração estratégica da empresa, cuja eficácia depende da transformação permanente e objetivada do adulto."

T&D Total – Ensinando as Empresas a Aprender

Qualitymark

- **Comprometer** – criar oportunidades para que os chefes transmitam aos colegas e subordinados os conhecimentos para os quais foram despertados; dar respostas voluntárias e reconhecer o aprendizado como significativo em seu crescimento profissional.

- **Ensinar** – ampliar os conhecimentos técnicos que serão valorizados e aplicados pelos chefes. Instrumentá-los com novas ferramentas gerenciais e desenvolver habilidades e atitudes de liderança.

- **Sistematizar** – desenvolver no chefe novos modelos mentais – paradigmas –, reconhecendo as relações de seus conhecimentos com o complexo estratégico dos negócios.

- **Inventar** – criar soluções originais, descobrir e inovar em questões práticas ou conceituais relativas à excelência dos resultados de responsabilidade do chefe.

- **Criticar** – estabelecer e aplicar eficazmente critérios para avaliar seus resultados, sua competência em liderar e o significado do aprendizado para sua profissão e sua vida.

Transformar a empresa em celeiro de líderes

Aqui não será tratado como criar um órgão de treinamento e desenvolvimento. Isto dependerá da concepção e da importância que a empresa tem sobre como lidar com suas competências essenciais e quanto acredita que vale a pena investir. O que mais impactará nos resultados é como o profissional compreende o seu papel: um prestador de serviços agenciando instrutores segundo demandas superiores, ou um educador contribuindo não só para a vantagem competitiva da empresa, mas também para a formação e o crescimento das pessoas para que exerçam, com ética e competência, seu papel de líder.

São apenas nove receitas:

Quadro na sala de um diretor de RH:
"Se você não acredita em treinamento, tente a ignorância!"

1. **Agir imediatamente** – não espere vir ordens de cima, identifique as necessidades e proponha projetos para quem deverá aprová-los.

2. **Treinamento é despesa** – assim como o consumo de água, luz, manutenção, treinamento deve ser despesa obrigatória e permanente. Não é investimento extemporâneo. Também não é commodities: pergunte ao chefe do setor de compras se ele levaria o filho para ser operado pelo cirurgião escolhido por ser o mais barato do mercado.

3. **Gente é o seu negócio** – retorno aos acionistas, satisfação dos clientes, qualidade nos processos, inovação e criatividade, estratégia, metas, projetos fazem parte do seu contexto. Entretanto, o negócio do treinamento é gente: começo, meio, fim e razão última de profissionais de Recursos Humanos.
4. **Esqueça o próprio umbigo** – o treinamento não existe para você mesmo. Se é certo que é imprescindível, não se pode deixar de perguntar: *"para quem?"*. Ele existe para ser útil à empresa.
5. **Invente uma paisagem** – os programas de treinamento devem mostrar o aprendizado às chefias como uma paisagem cheia de pontos estimulantes para serem visitados.
6. **Invente caminhos** – o processo de aprendizagem faz parte do objetivo da aprendizagem; cada objetivo alcançado é apenas o começo de outro caminho.
7. **Invente passeios** – cada evento deve ser rico de aprendizado, com as chefias recebendo conceitos e exercitando sua aplicação na prática do seu trabalho.
8. **Invente a você mesmo** – quanto mais você tiver competência técnica sobre o papel de educador, negócio da empresa, necessidades das chefias, mais será capaz de exercer o papel de líder de treinamento.
9. **Invente o prazer** – o que dá qualidade ao treinamento das chefias é a precisão dos objetivos, a adequação dos métodos, a competência dos instrutores. Cuide bem desses componentes e não leve os chefes a hoteizinhos de segunda, amontoados em quartos desconfortáveis, salas sem ar-condicionado, material didático malfeito. O chefe fará disso uma leitura de o pouco que a empresa se importa com ele e – pior – qual o tratamento que deverá dar aos seus subordinados.

Ensinar os chefes a aprender

- **Livros que você deve ter**

DONADIO, MÁRIO
T&D TOTAL – ENSINANDO AS EMPRESAS A APRENDER – Qualitymark

Há mais de doze anos texto de referência em órgãos de treinamento, universidades e MBA de Recursos Humanos. Aborda desde a programação de cursos e atividades, até questões mais complexas relativas ao planejamento estratégico do treinamento e desenvolvimento em uma empresa.

FREIRE, PAULO
DICIONÁRIO PAULO FREIRE – Autêntica

Nenhuma pessoa pode trabalhar em educação, mesmo nos limites do treinamento e desenvolvimento, sem conhecer a obra de PAULO FREIRE. Esse dicionário (organizado por STRECK, DANILO R.; REDIN, EUCLIDES e ZITKOSKY, JAIME JOSÉ) compila em verbetes escritos por mais de uma centena de autores as práticas e o pensamentos do mestre educador.

SENGE, PETER (et al)
A QUINTA DISCIPLINA, CADERNO DE CAMPO – Qualitymark

Um manual com sugestões para conduzir atividades em seminários e workshops em processos de *learning organizations*. Parte da filosofia para o prático. Compila textos de dezenas de autores descrevendo ferramentas, métodos, relatos, reflexões, exercícios e recursos.

ULRICH, DAVE
OS CAMPEÕES DE RECURSOS HUMANOS – Futura

Título mais adequado seria *paladino* – defensor das pessoas na empresa – mas preferiram uma tradução preguiçosa. Não importa: remodela a gestão de Recursos Humanos para o futuro; ensina os profissionais de Recursos Humanos a mudar seu modo de pensar, dando mais atenção aos resultados do que às tarefas, e assumir papéis distintos que os capacitem a liderar processos que adicionem valor a investidores, clientes e empregados.

- **DVD ao qual você deve assistir**

CONSULTOR INTERNO DE RECURSOS HUMANOS – Commit

Estratégias e práticas para liderar soluções e atuar como agente estratégico de mudanças corporativas relativas aos Recursos Humanos das empresas.

- **Livros que você deve recomendar aos chefes**

GALVÃO, MARCELO MARQUES
CRIATIVA MENTE – Qualitymark

O livro é um manual que orienta e detalha como explorar oportunidades para a solução de problemas e a tomada de decisões. A criatividade está dentro de cada um; é um processo de busca no caminho sem fim para o autoconhecimento.

GRAVATAS DE PEDRA, COMPETÊNCIA, MITOS E HERÓIS – Qualitymark

Conforme diz o autor: *"Dedicado a todos os Hércules que vivem nas empresas modernas, matam um leão por dia, correm atrás de corsas velozes, limpam estrebarias, guardam os pomos de ouro e descem aos infernos para conseguir demonstrar suas competências."*

ROCHA, PAULO E ALBUQUERQUE, ALAN

SINCRONISMO ORGANIZACIONAL, COMO ALINHAR ESTRATÉGIAS, OS PROCESSOS E AS PESSOAS – Saraiva

Instrumentos e ferramentas práticas, mas com nível de profundidade suficiente para a análise e o redesenho dos processos e do trabalho das pessoas e das organizações, visando o alinhamento com a estratégia do negócio.

SOLER, ALONSO MAZINE

ROSALINA E O PIANO – ESTUDO DE CASO EM GERENCIAMENTO DE PROJETOS – Brasport

Denso, didático, rigorosamente técnico e bem-humorado. Obrigatório para líderes e ferramenta para técnicos com atribuições relativas a planejamento. Acompanha o livro um DVD com filme de animação em arquivo executável contendo a história de Rosalina. A personagem apresenta seu projeto e ilustra os conceitos expostos no livro.

TRANJAN, ROBERTO ADAMI

RICO DE VERDADE – Gente

O autor alerta: pensamos em um trabalho com significado e deparamos com um fardo diário repetitivo e interminável. Pensamos em exercer a profissão com lealdade, mas nos flagramos abrindo precedentes com os quais nem sempre estamos de acordo. Pensamos em um trabalho ético, mas fazemos concessões em prol da garantia do emprego.

PEGADAS – Gente

A grande ilusão: pensar que o profissional e a pessoa podem, por um passe de mágica, se separar. Você leva a pessoa para o trabalho e a pessoa leva o profissional para casa. Por isso, encontrar o significado da vida no trabalho é gerar uma transformação completa, também fora do horário do expediente.

- **DVDs que você deve exibir para os chefes**

A ARTE DE GERENCIAR PESSOAS NA EMPRESA – Commit

Liderar dando significado ao trabalho, reconhecendo os valores e despertando o potencial dos colaboradores.

EMPREENDEDOR CORPORATIVO – Commit

Liderar oportunidades de negócios para a empresa.

LIDERAR, COMPETÊNCIA E RESULTADOS – Commit

As melhores práticas e ferramentas para liderar equipes, equilibrando o foco nas metas e processos com o desenvolvimento das competências dos colaboradores.

HABILIDADES FUNDAMENTAIS DO CHEFE E LÍDER – Commit

Obter resultados, desenvolver pessoas e equipes eficazes e comprometidas com o trabalho.

LÍDERES INTELIGENTES, EQUIPES COMPETENTES – Commit

Dois terços do êxito dos líderes dependem do uso de competências emocionais.

SEJA UM SAMURAI E NÃO UM ZUMBI EM SUA EMPRESA – Commit

Emanar poder pela competência ética e liderança são as artes gerenciais do gerente.

- **Textos técnicos que você deve sugerir aos chefes**
  (download livre)
  www.uniconsultores.net

- **Blog que você deve recomendar aos chefes**
  http://mariodonadio.blogspot.com

- **Soluções da UniConsultores para o desenvolvimento de lideranças**

Seminários e workshops modulados ou sequenciais

1 – HABILIDADES FUNDAMENTAIS DE LIDERANÇA

Superar comportamentos técnicos e adotar atitudes de chefe; contratar desempenho com os subordinados; aplicar as competências emocionais; dar significado ao trabalho dos subordinados; avaliar desempenho e estimar potencial; superar metas e desenvolver competências.

2 – FERRAMENTAS E PRÁTICAS DE LIDERANÇA

Comunicar, dar e receber feedback, ser assertivo; usar ferramentas de coaching para desenvolver desempenhos e competências; administrar conflitos e aplicar boas práticas de negociação; liderar times; delegar e dar poder aos subordinados (*empowerment*); motivar e obter compromisso de pessoas e equipes.

3 – LÍDER PARCEIRO ESTRATÉGICO

Pensar estrategicamente; definir metas orientadas para os resultados globais; melhorar continuamente a qualidade de processos, produtos e serviços; planejar e gerenciar projetos; liderar mudanças.

4 – PLANO DE DESENVOLVIMENTO INDIVIDUAL – PDI

Assessment através de entrevistas ou instrumentos apropriados para avaliar desempenho e estimar potencial; desenvolver competências de liderança através de coaching ou workshops para pequenos grupos.

- **Palestras técnicas e motivacionais**

Conteúdos e estrutura definidos caso a caso em conjunto com a empresa, conforme objetivos específicos, natureza do evento, perfil dos participantes etc.

AFINAL, O QUE É LIDERAR?

Valores do líder; inteligências e competências dos líderes; transformar subordinados em seguidores; formar sucessores; metas sim, competências também.

EMPOWERMENT: A CORAGEM DE SER LÍDER

Zumbis alpinistas de organograma; armadilhas do conforto burocrático; coragem para ser autêntico; ética dos samurais para emanar poder; como lutar se sua arma for de madeira; o caminho da liderança é o mesmo caminho da liberdade.

CANSADO DE OUVIR FALAR EM MUDANÇA? ENTÃO MUDE!

A mudança também muda; mudar por dentro, para mudar o que está fora; gerenciar na velocidade da mudança; o que acontece quando a mudança chega, para o líder e para os subordinados; resistência e resiliência, respostas positivas e negativas à mudança; regras de ouro para ser um líder de mudanças.

CHEFIAR, SIMPLES ASSIM!...

NÃO BASTA SER LÍDER, TEM QUE SER ESTRATÉGICO

Visão, missão e políticas, mais do que quadrinhos na parede; o que faz um líder parceiro estratégico; acionistas investem, clientes compram, processos dão lucro, o líder estratégico inova; a cadeia agregadora de valor; atitudes que ajudam e vícios que atrapalham; passos para ser um líder estratégico.

CORTELLA,
MÁRIO SÉRGIO
Qual é a tua obra?
Vozes

O líder é um instrutor e um parceiro de asas

- Abrir a mente – ficar atento àquilo que muda e estar sempre disposto a aprender.
- Elevar a equipe – o liderado percebe claramente quanto você é capaz de crescer e levá-lo junto.
- Recrear o espírito – as pessoas devem se sentir bem e ter alegria onde estão. Seriedade não é sinônimo de tristeza.
- Inovar a obra – liderar pressupõe a capacidade de se reinventar, de buscar novos métodos e soluções.
- Empreender o futuro – não nascemos prontos, também não somos inéditos, tampouco somos ilhas.

Outros Títulos Sugeridos

Gestão de Carreiras
na Era do Conhecimento

Abordagem Conceitual & Resultados de Pesquisa

2ª Edição – Revista e Ampliada

Autor: Hélio Tadeu Martins
Nº de páginas: 228

    O livro **Gestão de Carreiras na Era do Conhecimento** tornou-se, em pouco tempo, uma referência em sua área temática. Vem sendo adotado por diversos cursos de pós-graduação e citado em trabalhos acadêmicos e periódicos por todo o Brasil. Em pesquisa publicada pela Revista Nova (Editora Abril) em junho de 2004, realizada com executivos de RH e consultores de carreira, ficou no topo da lista dos livros mais recomendados para o desenvolvimento profissional.

    Nessa segunda edição revista e ampliada, o livro traz um capítulo adicional com novas reflexões sobre a gestão de carreiras na atualidade, tanto do ponto de vista individual como do corporativo. E mais uma vez, alia uma consistente abordagem conceitual a questões de ordem prática, estimulando o leitor a ampliar sua compreensão sobre o tema. Hélio Martins propõe um conceito de sucesso singularizado, que não é necessariamente sinônimo de ascensão hierárquica, status e ganhos financeiros.

    O objetivo do livro é dar algumas respostas, mas, principalmente, provocar questões que só podem ser respondidas via reflexão individual. Essa reflexão é também extensiva às organizações, no seu desafio de gerenciar carreiras frente às suas necessidades de atração, desenvolvimento e retenção de competências.

    O autor apresenta ainda uma ampla pesquisa, realizada em todas as regiões do País, que possibilita a verificação de como os indivíduos e as organizações brasileiras estão gerenciando carreiras na atualidade. A partir dos resultados deste levantamento e de uma ampla fundamentação teórica, o autor aborda a gestão de carreiras em seus diferentes aspectos e implicações, tendo como cenário o que se define como a Era do Conhecimento.

Outros Títulos Sugeridos

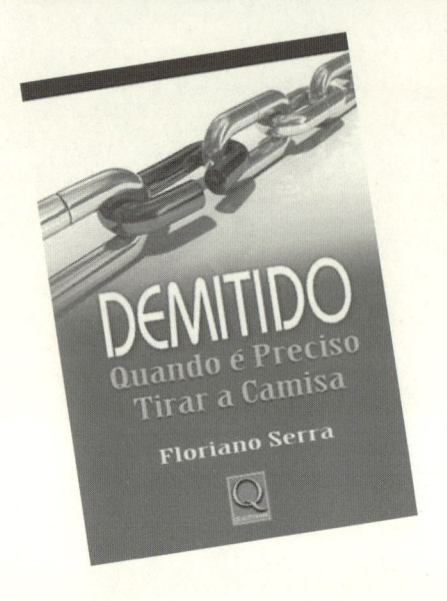

Demitido
Quando é Preciso Tirar a Camisa

Autor: Floriano Serra
Nº de páginas: 96

Cientistas indicam que os três maiores estresses que um ser humano pode enfrentar são: a morte de um ente querido, a separação matrimonial e a perda do emprego. Poucos acontecimentos na vida de uma pessoa são tão devastadores como a demissão do trabalho. Com raras exceções, a maioria das informações que o novo desempregado encontra no mercado orienta-o apenas quanto a aspectos burocráticos, sem dúvida, importantes, mas que serão inúteis se o estado emocional do demitido não estiver sob controle e se sua tentativa de retorno não estiver sendo feita de forma organizada.

Por isso, em **Demitido: Quando é Preciso Tirar a Camisa**, Floriano Serra faz uma abordagem inteiramente diferente do assunto. Aqui, seu foco é a figura do demitido e a preocupação é ensiná-lo a preservar sua autoestima e outras condições emocionais para que se mantenha competitivo. O autor dá ao demitido muitos subsídios úteis para que ele construa uma sólida base psicológica que o ajude a enfrentar a situação com menos sofrimento e mais motivação.

Experiente psicólogo e profundo conhecedor das estratégias corporativas com as quais conviveu por mais de 3 décadas, Floriano também fornece orientações úteis e práticas para que o demitido enfrente o processo de forma objetiva e realista, administrando seus sentimentos e emoções de maneira a não cair em "armadilhas" inconscientes que podem gerar ansiedade, culpa, estados depressivos, conflitos familiares e assim comprometer a lucidez necessária para dar a volta por cima.

Outros Títulos Sugeridos

Como Identificar a Mentira

Sinais Não-Verbais da Dissimulação

Autora: Mônica Portella
Nº de páginas: 128

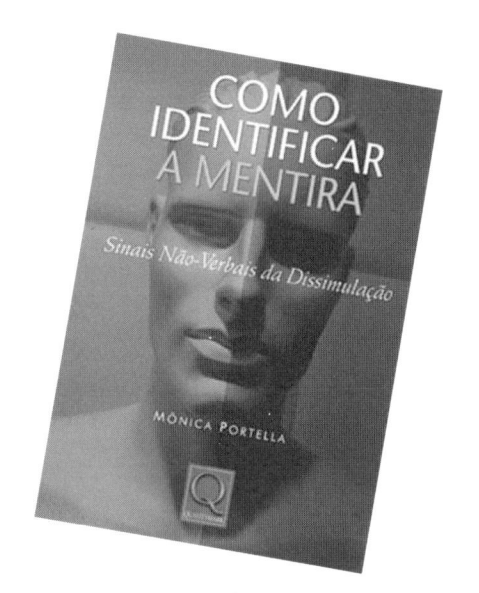

A obra tem por objetivo apresentar a linguagem não-verbal ao público leitor. A autora, com um texto simples e objetivo, leva a público a linguagem do corpo, aquela que fala por meio dos gestos e se antecipa ao pensamento.

Este livro serve de guia para profissionais das áreas clínicas, sociais e empresariais, pois ajuda na decodificação dos sinais do corpo. Em maior escala, pode ser aplicado à sociedade como um todo, visto que a dissimulação é uma característica crescente da atualidade.

Uma leitura obrigatória para todos aqueles que pretendem entender um pouco mais do ser humano e seus mistérios.

Outros Títulos Sugeridos

A Ética do Trabalho
Na Era da Pós-Qualidade

Autor: Sebastião Amoêdo
Nº de páginas: 144

O livro contribui para a implantação de posturas comportamentais nas organizações, oferecendo uma detalhada visão dos principais códigos existentes na iniciativa privada e no serviço público, além de um capítulo específico sobre "como instituir uma ética de qualidade" e um questionário para "auditoria ética".

O autor Sebastião Amoedo, apresenta também as exigências da SA 8000, o que complementa de forma contundente a ressurgência de uma nova sociedade, que sabe o que quer. A obra mostra ao leitor, que as exigências do cidadão contemporâneo não recaem apenas em produtos ou serviços de qualidade, mas também de natureza ética. Se há compra de um carro, um sabonete, ou um serviço financeiro, já se quer saber se aquela empresa recolhe impostos, remunera dentro do padrão de mercado seus empregados, explora trabalho infantil, polui o meio ambiente, e outros.

Este livro certamente, contribuirá para enriquecer a bibliografia da área, sendo preciosa fonte de consulta e referência. Sua Originalidade consiste em dedicar capítulos especiais a respeito da "ética pós-qualidade" e da "avaliação ética" ao tratar das exigências do consumidor anônimo, de produtos e serviços.

Esta obra contribui para uma fértil reflexão sobre o assunto. Todas essas questões, trazidas a debate com veemência pela sociedade contemporânea, são analisadas com maestria por Sebastião Amoedo, apresentando-nos este importante caminho que leva no rumo da qualidade de vida, que tem como destino o bem comum.

Entre em sintonia com o mundo

QualityPhone:
0800-0263311

Ligação gratuita

Qualitymark Editora
Rua Teixeira Júnior, 441 – São Cristóvão
20921-405 – Rio de Janeiro – RJ
Tels.: (21) 3094-8400/3295-9800
Fax: (21) 3295-9824
www.qualitymark.com.br
e-mail: quality@qualitymark.com.br

Dados Técnicos:

Formato:	16×23cm
Mancha:	12,5×19,5cm
Fontes Títulos:	Cambria
Fontes:	Calibri
Corpo:	10,5
Entrelinha:	12
Total de Páginas:	240
1ª Edição:	agosto de 2011
Gráfica:	Sermograf